熊楠林中二像

写真上　富田村付近の森で植物採集をする熊楠（右）。随行するは、左より多屋勝四郎、浜本熊五郎（明治三十五年十月九日）。

写真下　いわゆる「林中裸像」。森の中、裸でポーズする熊楠。詳しくは「解題」参照（明治四十三年一月二十八日）。

河出文庫

南方熊楠コレクション

動と不動のコスモロジー

南方熊楠

中沢新一 編

kawade bunko

河出書房新社

目次

動と不動のコスモロジー

解題

動と不動のコスモロジー

中沢新一

(1)

どんな人間でも、生まれたときに、自分で自分の名前をつけることはできない。人間は、親たちが決めた名前の中に、生まれてくるのである。そのために、物心がついて、自分に つけられた名前について考えるようになった子供は、そのときあらためて、自分と自分に名前をつけた大人たちとの、深いつながりを意識するようになる。子供につける名前をとおして、親たちはみずからの幻想を、子供に受け渡す。これにたいして、子供は、固有名にこめられた自分の固有性が、他者(親たち)の幻想の中に、その支えをもっていることに気づく。私とは何者か。この問いは、子供に名前がつけられたその瞬間に、もうすでに発生している。

　自分につけられた名前をつうじて、人間が知ることになるのは、どんなに固有で特別な存在にみえようとも、人間は生まれたときからすでに、個体性をこえた、より大きなものに所属しているという事実だ。近代社会の命名法の場合では、たいてい、その「より大きなもの」というのは、親たちの個人的な幻想の範囲を出ない。ところが、古代的ないしは野性的な思考法のおもかげを残した社会では、固有名は、その名前をつけられた人間に、個人をこえ、社会をこえた、宇宙的自然の一部分に自分が所属しているという、深い感情をあたえる力をもっているのだ。そこでは名前は、個体性や固有性を強く意識させる働きをもつと同時に、宇宙的自然と連続しあっているという、深々とした所属感情を意識させる。その少年に南方熊楠という名前があたえられた頃の紀州には、命名法の中にまだそういう野性的な力が、残存していたのである。

南方熊楠――これは、それだけでとても想像力を喚起する名前である。その音を聞いただけで、バイオ＝コスミックに雄大なひろがりやほの暗い深みが連想される。それは宇宙的自然の響きをもっているのだ。熊楠自身は、自分にあたえられたその名前が、ほかの土地の人間には、ひどく奇妙に感じられることに、早くから気づいていて、その名前の由来にはとても深い関心を寄せていた。親たちから聞いた話や、自分で調べたことをまとめてみると、彼の名前がつぎのようないきさつで命名されていることが、わかった。

今日は知らず、二十年ばかり前まで、紀伊藤白王子社畔に、楠神と号し、いと古き楠の木に、注連《しめ》結びたるが立てりき。当国、ことに海草郡、なかんずく予が氏とする南方苗字の民など、子産まるるごとにこれに詣で祈り、祠官より名の一字を受く。楠、藤、熊などこれなり。この名を受けし者、病あるつど、件《くだん》の楠神に平癒を祈る。知名の士、中井芳楠、森下岩楠など、みなこの風俗によって名づけられたるものと察せられ、今も海草郡に楠をもって名とせる者多く、熊楠などは幾百人あるか知らぬほどなり。

（「南紀特有の人名」本書69〜70頁）

神聖な樹木として、土地の人々から特別な感情をもって、ていねいなあつかいを受けていた楠の巨木とのつながりを表現するものとして、熊楠の名前が彼にあたえられたというのだ。熊楠の兄弟たちの多くも、同じ方法で命名されている。九人兄弟のうちの兄は藤吉（藤と楠はたがいにメトニミーの関係にある）、姉は熊（森の動物的生命の神秘的な深さを象徴する熊は、亜熱帯性の森の生命を象徴する楠と、たがいにメタファーの関係にある）、妹が藤枝と名付けられ、残りの兄弟六人ことごとく、名前の下に楠の字をいただいているのである。

なかでも、とりわけ熊楠の場合は、熊も楠も、この神聖な樹木から、受け取っている。名前のすべてが、楠の巨木の喚起するイメージと結びつけられている。そのために、彼はこの神樹と楠の木そのものに、名状しがたい一体の感情をいだいていたのだ。彼は、こう書いている。「四歳で重病の時、家人に負われて父に伴われ、未明から楠神に詣ったのをありありと今も眼前に見る。また楠の樹を見るごとに口に言うべからざる特殊な感じを発する」。自分の名前は、楠の神樹にちなんでつけられたのだ。楠神は、自分に深いつながりをもっている子供を病気から守り、この世に生存させようとして、不思議な力をあたえてくれた。そのために、楠の樹を見上げるたびに、熊楠は「口に言うべからざる特殊な感じ」をおぼえるのである。

この命名のエピソードは、熊楠の自然感覚の特徴を、よくあらわしている。彼は自分にあたえられた固有名をとおして、人間と自然との一体感や連続性を、体験している。またその樹木をとおして、彼の記憶にある最初の「神聖な感覚」が、もたらされたのだ。そればかりではない。自分の名前が楠の神樹に由来していることを、考えるたびに、熊楠の内部で、時間意識の遡行がおこっている。熊楠――その名前を意識するたびに、また楠の樹を見上げるたびに、現在の自分は、病気平癒を願って神樹に詣でる少年の時間に遡行し、さらにそれは楠の樹が生きてきた何百年という歳月に遡行し、さらには、その種が地球上に生存してきた何万年という歳月をも遡行していく。いま、ここにしかない固有の現象としての自分は、楠樹とのつながりを意識するとき、連続する大いなる創造力の流れの中に、自然と結びつけられていく。熊楠は、自分が味わっているこの名状しがたい感覚の本性が、きわめて古代的でプリミティブなものであることを、よく知っていた。

それは、十九世紀の人類学が「トーテミズム totemism」として、概念化しようとしていたものと、まったく同じ性質をもった習俗なのだ。熊楠という命名のエピソードを語ったあと、彼はつづけてこう書いている。「予思うに、こは本邦上世トテミズム行われし遺址の残存せるにあらざるか。三島の神池に鰻を捕るを禁じ、祇園の氏子胡瓜《きゅうり》を食わず、金比羅に詣る者蟹を食わず、富士に登る人鰶《このしろ》を食わざる等の特別食忌と併せ攷うるを要す」。

熊楠はここでは、トーテミズムを、もっぱら殺生や食事の禁忌と関連づけて、説明しようとしている。楠の神樹と深いつながりを意識している熊楠は、楠樹に一体感をいだいているために、とうていその樹を傷つけたりすることができなかっただろう。それと同じように、古代三島神社につながりをもっている人々は、その神池にすむ鰻と不思議な縁故があると考えられていたので、鰻を殺そうなどとは、とうてい思いつかなかったはずだし、胡瓜と縁故をもつ祇園の神の氏子たちは、自分の肉親も同然の胡瓜を、食べることはできなかった。このように、人間や人間の集団が、自然の動植物や自然現象などとの間に、不思議なつながりがあると信じて、その自然物の名前を自分につけたり、よほどのことがないかぎり、その自然物を殺して食べたり、害したりしない習俗の全体を、当時の人類学は「トーテミズム」と総称していた。熊楠は、自分の名前の由来ともなった紀州の習俗の中に、この古代的なトーテミズムの制度の、遠い残響を発見していたのである。

彼は第十一版『エンサイクロペディア・ブリタニカ』にもとづいて、トーテミズムなるものを、つぎのように説明している。

只今もっぱらトーテムと言うのは、米、阿、濠、亜諸州の諸民がそれぞれ、ある天然物と自家との間に不思議な縁故連絡ありと信じ、その物名を自分の名として、父子また母子代々襲用するを指す。最も多くの場合には、よほど差し迫った時の外は、自家の名とする物を害せず、また殺さず、しかして多くの場合には、その物がその人を守護し、夢に吉凶を示す、とある。

（「トーテムと命名」本書80頁）

これは、当時のスタンダードなトーテミズムの理解を、しめしている。南方熊楠がこの文章を書いている大正十年（一九二一年）頃には、すでにフレーザーの大著『トーテミズムと外婚制』（一九一九年）が発表されており、フレーザーのその本にたいする批判はたくさんあったものの、トーテミズムという概念は、当時の人類学では一種のファッションとなっていた。トーテミズムという言葉は、北米インディアンのオジブア語の表現「オトテマン」（この表現はだいたいのところ「彼は私の一族のものだ」という意味をもっている）からの、造語である。オジブア・インディアンは自分の所属する氏族の名前を、なまず、ちょうざめ、鷲、かもめ、鵜、雁、狼、てん、となかいなどのような動物の名前で呼んでいた。ここから、個人または集団を、特別な動物や植物の種と関連づけ、おたがいのあいだの不思議なつながりを意識している習俗のすべてを、「トーテミズム」と名づけるようになった。

トーテミズムは、いたるところで「発見された」。人類学者たちは、人々がちょっとでも、自分や自分の属する集団と自然物とのつながりを考えているようなところに、容赦なくトーテミズムの存在や残存の跡を、みいだそうとした。それをとおして、当時のヨーロッパの人類学は、非キリスト教的思考においては、人間と自然とがひとつの連続として考えられていたことをしめし、トーテミズムの中に文明がたどってきた「始源の状態」なるものを、結晶化させようと、もくろんでいたのである。トーテミズムは、人間を動物や植物に近づける。それはキリスト教思考が本質的と考える、人間と自然の非連続性の注文とは、あきらかに両立しない精神態度をあらわしている。だからこそ、トーテミズムという概念は、好都合だったのだ。トーテミズムなるものがしめす「自然偏向」の中に、当時の人類学は、未開人と文明人を区別する、最高の試薬をみいだそうとしていた。すこしでも自然との連続性の思考をしめしているものを、すべてトーテミズムの概念の中にほうりこむことによって、西欧的な文明にとって「有害なものとなるおそれのある諸観念が、トーテミズムのまわりに集まって一つの力のないかたまりとなって結晶する」ように、仕向けたわけだ。[注①]

南方熊楠は、当時のそういうトーテミズムの考え方を、そのまま受け継いでいる。ところが、彼の場合は、ヴィクトリア朝人類学の理論的企みの意図とはまったく反対に、自分の精神と肉体の内に、紀州の伝統的な命名法をとおして、この未開的、古代的なトーテミズムの思考が、滔々として流れ込んでいる事実を発見し、そのことに深い感動をおぼえているのである。自分が人間であると同時に、熊でもあり、楠でもあり、自然でもあることに、言い知れぬ喜びを感じている。ここには、熊楠の生命感覚のもっともヴィヴィットな部分が、明確にしめされている。彼は、トーテミズムの思考を生きていた人々と、共通の深い生命感覚をもっていたのだ。

（2）

現代の人類学は、トーテミズムなるものにたいして、フロイトの精神分析学や、フレーザーの研究に代表される十九世紀末的な理論とは、いささか異なる理解をしめそうとしている。前の時代の考え方だと、トーテミズムとして一括された現象にしめされている、「未開人の非理論性」が、強調されていた。トーテミズムをおこなう人々は、人間と動植物の間に、本質的なちがいをみいだそうとしないで、ふたつの領域を連続したものとして、とらえようとしている。ふくろう氏族の人間は、自分たちの祖先が本当にふくろうであったと信じていて、儀式のたびにその「トーテム動物」であるふくろうに変身し、一体化しようとしている。そればかりか、人間はみな同じ生物種なのに、ふくろう氏族とか楠樹氏族とかへび氏族とかの人間が、まるで異なる生物種であるかのようにあつかって、おたがいの集団の間の結婚をコントロールしようとしている。となかい氏族の人間が、となかい を傷つけたり、食べたりするのを禁じているのは、となかい＝人間同士の共食いや近親相姦を防ごうとするためで、ここにも諸現象の間に、明確なカテゴリーやクラスのちがいや非連続性をつかみだすことをしない、「未開人の思考」の特徴が、よくしめされている――前の時代の理論は、トーテミズムの中に、未熟な段階にある人類の思考能力の、典型的なあらわれをみいだそうとしていたのだ。

これにたいして、現代の考え方はもっと謙虚で、トーテミズムとして一括されたものをいったんばらばらに解体して、あらためてその中から「人類の思考能力の普遍性」や、人間の知性活動と自然との間に調和点をさぐろうとする「トーテミズムの哲学」などを、積極的にとりだそうとしてきた。その結果今日では、トーテミズムのおこなわれた社会で、人間が自然の種との間に「不思議な縁故連絡あり」と認めたのは、論理能力の欠如ではなしに、逆に、驚くほど精密な態度で自然を分類しようとする、知性の働きに裏打ちされながら、人間の社会と自然の多様性の構造との間に、ひとつの対応関係を、打ち立てようとする努力のあらわれであることが、認められるようになった。また、そこには、現代のエコロジー思想をはるかに凌駕するような深さをもった、未知の自然哲学が、隠されていることまでわかってきた。こういう現代のトーテミズム理解を参考にしてみると、南方熊楠が深い共感をしめしてみせた、トーテミズム的自然感覚にたいして、さらに深められた理解を得ることができるかもしれない、と私たちは考える。
人類学のトーテミズム理論は、おもにオーストラリア大陸を舞台にして、花開いた。そこで、現代のアボリジニー研究者が、それについて、どんなことを語っているのかを、まず聞いてみることにしよう。たとえば、エルキン教授は、こう書いている。

トーテミズムは、フレーザー博士たちが考えたような、結婚をコントロールするための機構以上の、もっと深遠な働きをしています。それは自然哲学であり、生命論であり、宇宙論であり、同時に人間論でもあり、アボリジニーたちの社会構成や神話に、影響をあたえ、彩りを添えるものであり、彼らの儀礼に生命を与え、現在を過去に結びつけ、彼らの生に意味を与えることのできる力をもった、恐ろしく重要なものだったのです。トーテミズムをとおして人間は、自然のおこなう活動や種の多様性との間に、「生命を付与してくれるもの」としての、密接な絆をつくりあげることができますし、またこの絆のおかげで、彼らは行く末定かならぬこの世界のただ中にあっても、自信を失わずに生きてこれたのでした。注②

アボリジニーは、トーテミズムの組織をとおして、自然の中に生きる人間の位置や、人生の意味に、明確な哲学をあたえようとしていたのである。彼らはおもに狩猟に頼っていきていたから、自然は征服したり、一方的にコントロールしたり、勝手に利用できるものではなく、おたがいの間には、人間同士の間に必要な倫理以上にデリケートな、相互的なエティカルなつながりが存在していなければならない、と考えていたのである。

そこでは、自然と人間との間には、生まれた時から、いやもっと正確に言うと、女性が妊娠を意識したその瞬間から、密接な絆がつくられた。たとえばあるアボリジニーの女性が「エミュー鳥」のトーテムに属する泉のほとりに、水をくみに来て、そこで急に、どうやら自分は妊娠したと気づいた時には、じつはこの土地に住む精霊が、彼女の子宮に飛び込んできたのである。となると、当然、生まれてくる子供は「エミュー鳥」のトーテムに属することになる。子供は、この鳥にちなんだ名前をあたえられることになり、彼の「生まれトーテム」はエミュー鳥ということになる。この子供が一生、エミュー鳥と自分との間に、密接な絆が存在していることを意識するようになるのは、当然だ。

一人のアボリジニーは、同時にたくさんのトーテムに属している。儀式のためのトーテム、ジェンダーのトーテム、氏族のトーテム、結婚のためのトーテムなど、生まれトーテム以外にも、たくさんのトーテムがあり、そのどれもが人間と自然との間に、不思議な対応関係をつけている。そのために一人の人間は、この複雑なトーテミズムの機構をとおして、たくさんの自然物と絆を結ぶようになる。そこで、楠樹を氏族トーテムとする男が、同時に儀礼の場面では熊トーテムのメンバーとして活躍し、結婚相手を探す時には、しまふくろうトーテムの一員として、松トーテムの女を妻に選ぶというように、人間の世界でおこることと、自然活動や自然種との間には、たえず密接な絆が意識されつづけることになるのだ。

トーテミズムはこうして、個人とその個人の人生の意味を、つねに宇宙的自然とのつながりとして、思考しようとする。個人は大地の特定のスポット、特定の現象に結びつけられ、社会集団の構造は自然界がしめす種の多様性の構造との対応として、思考される。人間は、自分が不思議な絆をもつとされる自然物にたいして、一定の責任があるとされる。そのために、自分の「受持ち」である自然物にたいしては、注意深く、礼儀正しい態度で接しなければならない。そうやって、一人一人のアボリジニーが、自分の「受持ち」の自然にたいしてエティカルなふるまいをおこなうことができれば、社会全体としてみれば、人間は宇宙的自然の全域にたいして、心のこもった正しいつきあいが、可能になる。

トーテミズムをとおして、人間はかつて、個体——社会——自然——宇宙をつらぬく、トータルな哲学、人生論、自然論、宇宙論をもった人間を、形成しようとしていたのだ。トーテミズムは、自然や生きた宇宙にたいしては、キリスト教などよりもはるかに倫理的な深さをもった、スピリチュアルな人間をつくりあげることができる。そこから、現代の（キリスト教的）エコロジー思想をこえる、宇宙的な深まりをもった、未知のエコロジー思想を構想することができる。楠樹をみずからのトーテムと「信じる」南方熊楠の思想の中に、私たちはそういう未知のエコロジー思想の萌芽を認めることが可能だ。トーテミストとしての熊楠。そこには、いまだに未来のものに属するエコソフィアが、息づいている。

(3)

ところで、こういうトーテミズム的なエコソフィアには、共通の生命哲学が潜在している。それは、宇宙的な生気論(Vitalism)とでも呼ぶべきもので、アメリカ・インディアンやオーストラリア・アボリジニーのような見事なトーテミズム体系を発達させた人々にはじまり、紀州の楠の神樹への信仰にかすかにとどめられた残響の中から、古代の自然思想の存在を感得した南方熊楠の生命思想にいたるまで、あらゆる形のトーテミズム的思考の中に、この生気論は息づいている。

この生気論のもっとも見事な表現のひとつを、私たちはデュルケームが『宗教生活の基本形態』に引用した、北ダコタ・インディアンの賢人による、つぎのような言葉のうちに、みいだすことができる。そのダコタの賢人の語る形而上学によれば、生命ある存在と物事とは、創造的連続性の流れにあらわれた「凝固物」のようなものにすぎない、というのである。

あらゆるものは、動きながら、ある時、あるいはほかの時に、そこここで一時の休息を記す。空飛ぶ鳥は巣を作るためにある所にとまり、休むべくしてほかのある所にとまる。歩いている人は、欲するときにとまる。同様にして、神も歩みをとめた。あの輝かしく、すばらしい太陽が、神が歩みをとめた一つの場所だ。月、星、風、それは神がいたところだ。木々、動物はすべて神の中止点であり、インディアンはこれらの場所に思いを馳せ、これらの場所に祈りを向けて、かれらの祈りが、神が休止したところまで達し、助けと祝福とを得られるようにと願う。注③

ここに語られているダコタ・インディアンの言葉は、レヴィ＝ストロースも指摘しているように、ただちに『創造的進化』におけるベルグソンの言葉を連想させる。それには、テイヤール・ド・シャルダンによる類似の表現をつけ加えることもできる。彼らは、いずれも宇宙の内奥に「大いなる創造力の流れ」を、みいだそうとしている。あらゆる事物、あらゆる生命体の中に、この「流れ」は貫かれており、逆にこの「流れ」の方から見ると、一つ一つの存在は、「流れ」の連続の中に生まれた休止点として、とらえることができるのである。この生気論は、連続と非連続という、この宇宙にあるすべての現実がしめす二つの面を、トータルにとらえようとする欲求にもとづいている。ベルグソンのすばらしい表現を引用してみよう。

大いなる創造力の流れが物質の中にほとばしり出て、獲得できうるものを獲得しようとする。大部分の点で流れは中止した。これらの中止点が、われわれの目にはそれだけの生物主の出現となる。つまり有機体だ。本質的に分析的かつ総合的なわれわれのまなざしは、これら有機体の中に、数多くの機能を果たすべく互いに協力している多数の要素を見て取る。しかし、有機体生産の仕事は、この中止そのものにすぎなかった。ちょうど、足をふみいれただけで、一瞬にして、幾千もの砂つぶが、互いにしめし合わせたかのごとく一つの図案となるというような単純な行為だ。注④

この文章は『道徳と宗教の二源泉』に出てくる。この本の中で、ベルグソンはおもにデュルケームの研究によりながら、トーテミズムをとりあげて、詳しい検討を加えた。そして、その中で、彼は人類学者でもないのに、まったく正確にトーテミズムの内奥に隠れている思想を、理解したのである。彼にそんなことができたのは、「ベルグソン自身は意識していなかったにしても、彼の思想がトーテム住人の考えと調べを同じくするためであった」からだ。持続するもの、創造力の流れ、その持続や流れの中にほとばしり出る休止点としての生物、こうしたベルグソン哲学の言葉は、人間と自然の間に連続するものを、神聖な力の流れとして直観し、あらゆる存在をその流れの中に出現する中止点としてとらえて、おたがいのあいだに秘められた関係をとりだそうとする、トーテミズムの宇宙哲学の表現が生まれてくる場所と、同じところから、生命をくみあげてきている。トーテミズムは、こういう生気論の、もっとも豊かな自然的表現なのだ。

ここで私たちが、私たちの南方熊楠の思想の中にも、同じ生気論の構造をみいだすことはできないだろうか、と考えてみるのは、当然のなりゆきというものである。彼は、ベルグソン以上に、トーテミズムの現実に、深い共感をいだいていた。熊楠は人類学の本を読んで、トーテミズムの概念を正確に理解していたばかりではなく、それを自分自身の体験として、内面から「生きる」こともできたのである。ある意味では、彼はあのダコタの賢人が表現した形而上学が生まれてくるのと同じスピリチュアリティの場所から、独自な生命直観をくみ上げていたはずだ。それは、熊楠の中で、どのように表現されていたのか。

ここでも、重要な手掛かりをあたえてくれるのは、あの南方マンダラである。私たちはここで、南方マンダラとして表現された熊楠の思想を、生気論的に解釈しなおしてみるという、興味ある試みに、取り組んでみることにしよう。

熊楠は、ベルグソンが「大いなる創造力の流れ」とよび、ダコタ・インディアンが「動くものとしての神」と表現したものを、密教的な言葉で「大日如来」と、一言で言い切ろうとしている。「因果は断えず、大日は常住なり。心に受けたるの早晩より時を生ず。大日に取りては現在あるのみ。過去、未来一切なし」（第一巻『南方マンダラ』341頁）。熊楠の言う大日如来は、時間的な現象の外にあって、過去から未来にむかう非可逆的な時間的前後には、まったく縛られることのない自由の中にある。またそれは、空間でもない。空間の中にある事物も空間そのものも、大日如来の内部にあるが、大日如来そのものは、空間の次元性や構造などの一切から自由なものとして、空間現象の外にあるからだ。つまり、この大日如来というものは、この世界の中に現れた現象ではないのだが、世界自体は大日如来の変態または退嬰として、大日如来本体の上に、作りだされてくるものなのである。

しかし、大日如来はたんなる無ではない。それは無限の創造力を内包している。その創造力が、宇宙の元基を、マンダラとして産出するのだ。マンダラは大日如来の内部に生まれた特異点から、エネルギーとなってほとばしり出て、空間と時間をつくりなす。空間としてのエネルギーからは、物質が発生してくる。その物質は、さらにもう一度、純粋状態のエネルギーと出合うことによって、生命を生み、そこには自由な意識が宿ることになるのだ。つまり、マンダラとなって出現する大日如来は、ベルグソンの言う「大いなる創造力の流れ」となって、物質と生命体と意識の現象を、自分の内部から押し出してくるわけだ。真言密教のマンダラ論は、この意味で、まぎれもない生気論（ヴァイタリズム）であり、しかもその哲学的、生命科学的な精密さにおいては、抜群の洗練度をもった生気論なのである。

トーテミズムの形而上学やベルグソン哲学は、世界の事物や生命あるものの存在を、宇宙をつらぬいて流れる「創造力の流れ」の休止ないしは固化した形体として、とらえている。これにたいして、密教では、生命や意識の形成を、マンダラの構造化運動として、とらえようとしている。マンダラはフォルムと力の統一体である。大日如来は、大いなる創造力として、力の流れであると同時に、その力に拘束と方向づけをあたえる、フォルムの情報をもふくんでいる。生命がつくりだされる時、力とその力にたいする拘束であるフォルムとは、同時に、一体となって事をおこなう。密教では、創造力そのものが、フォルムと力の統一体として、とらえられている。こういう考えにたてば、生命や事物は、力の側面から見れば「流れ」であると同時に、フォルムの側面から見れば「休止」または「停止」であるという、二面性をもつことになる。つまり、密教思想は、ベルグソン哲学とは違うやり方で（因果や縁にもとづく不断の変化の相に、焦点を合わせるやり方で）、連続するものと非連続なものという名でベルグソンが呼んでいる、現実の二面を、統一的に把握する試みに挑戦してきたのだ。注⑤

　このようにして、マンダラの密教思想とトーテミズムとは、世界と生命のとらえ方において著しい共通点をもっていることが理解される。どちらも、独特なやり方で、生気論的な思想を表現している。トーテミズムはより直接的な方法で、人間と自然とを連結させる。人間の社会と自然の秩序との間には、一つの知性的な対応関係がうちたてられ、それをとおして、人間は自然の内奥にひそむ「大いなる力の流れ」と同じものが、自分の生命を生かしてあることを知る。このとき人間は、あらためて自分と宇宙的自然をつないでいる、真実の絆をはっきりと理解することができるのだ。

マンダラのやり方は、表現においてはずっと知的に高度に組織だてられているが、根本的な自然思想においては、トーテミズムと同じ直観に依拠している。それは、人間の中の知性的なものと、人間の自然である感性的なものの間に、新しいレベルでの調和を発見しようとする。マンダラの密教思想を生むような社会では、もはやトーテミズムを支えていた野性的な生の様式は、滅びかかっている。そういう世界にあって、密教は人間と自然の間に、ふたたび隠れた連絡の通路を開こうとしていたのだ。知的であっても豊かに感性的であることができ、都市的な生を生きながらも、宇宙的自然との連絡を失わない人間を、マンダラ思想はつくりだそうとしていた。そうだとするならば、トーテム社会の人間の自然感覚と、マンダラ思想の高度に抽象的な生気論を、一人の中に、ともどもに合わせ持っているような人間がいたとしたならば、どんなにすばらしい奇跡を生むだろうか。

それが、熊であり、楠である名前をあたえられ、密教思想と近代科学との出会いの中から、あの独創的なマンダラの思想を生み出した、南方熊楠その人なのだ。トーテミズムの太古の記憶を呼びさまされながら、みずからのトーテムである楠の神樹の前にたたずむ熊楠と、土宜法竜にあてて、南方マンダラの思想を説明する長大な手紙をしたためている熊楠の中では、同一の自然直観、生命直観が働いている。名は体をあらわす。しかし、熊楠の名ほど、その人の生命体の様式そのものを、見事にあらわしている名も、めったにはない。

（4）

トーテミズム的な人間の意識の内側を、想像してみよう。彼はもちろん一人の人間として、社会の中で生きている。しかし、彼は同時に、自分のアイデンティティが、人間のつくっている社会の中だけで、完結していないことをも知っている。彼は同時に、たとえば「熊」として動物の領域への通路を開かれているし、「楠」として植物の生命の内面世界へのつながりをも持っていることを、いつも感じ取っていることができるのだ。トーテミズム的な主体は、自分の魂が、単一のフォルムの中に、おさまりきらない多層性を内包していることを、知っている。動物や植物や風や雷のような自然現象の領域へ向かう、たくさんの逃走線を豊かに内包する魂をかかえて、トーテミズム的な人間は、地球上の生をトータルに生きようとする。

この宇宙はマンダラとしてつくられている、と考えるような人間の生も、単一、単層なフォルムの内に、とどまっていることはできない。マンダラは多層的なフォルムの構造体としてつくられているし、またその全域には力がみなぎっていて、それによっていたるところで変化や変態がくりかえされているからだ。「大いなる創造力の流れ」が休止するところにあらわれる有機体のフォルムも、マンダラの思想では、因果や縁をつうじて流れ込むヘテロな力によって、つぎつぎと別のフォルムへの変態を、おこしていくのだ。別のレベルの構造体への飛躍や退行がたえまなくおこり、その変化をつうじて、また変化によって、有機体は生きるのである。

近代社会のたいがいの人間は、生命の内奥でおこっている、この宇宙的な変容のプロセスに気づくことがない。ところが、トーテミズムやマンダラを生きる主体は、自分の魂の内部に、いつも異質な領域からヘテロな力が流入し、それによってフォルムが分裂をおこしたり、変態への欲求がわきおこってくる様子を、ヴィヴィッドに体験していようとするのだ。近代の世界の中で、このような「変化する全体性」をかかえてしまった人間が、どのような人生を生きることになるのか。これは、じつに興味深いポストモダン的テーマではないか。私たちは、ここでその典型として、南方熊楠の人生を、考えてみることができるのである。

熊楠の人生は、大きく分けると、三つの位相でなりたっている。この三つの位相は、あざやかな対照をしめしている。まず彼は（1）空間を放浪した。つぎに彼は（2）空間の中での動きを止め、不動点で沈潜した。そして最後に彼は（3）その場で動きつづける、マンダラの主体として完成したのである。この三つの位相は、「変化する全体性」をかかえた魂が、この世界の内にあって、どのように自分を表現していくか、その三つの可能性のあり方をしめしている。熊楠は、その人生をとおして、その三つの可能な位相のすべてを実現し、体験したのだ。

若い熊楠の人格形成は、地球上を驚くべき距離にわたって空間移動をおこなう、バガボンドとなったあたりから始まる。明治十九年、熊楠二十歳のときだ。このあたりの事情をまず彼の書いた有名な『履歴書』によって、見てみよう。

明治十六年に中学を卒業せしが学校卒業の最後にて、それより東京に出で、明治十七年に大学予備門（第一高中）に入りしも授業などを心にとめず、ひたすら上野図書館に通い、思うままに和漢洋の書を読みたり。したがって欠席多くて学校の成績よろしからず。十九年に病気になり、和歌山へ帰り、予備門を退校して、十九年の十二月にサンフランシスコへ渡りし。商業学校に入りしが、一向商業を好まず。二十年にミシガン州の州立農学に入りしが、耶蘇《やそ》教をきらいて耶蘇教義の雑《まじ》りたる倫理学等の諸学課の教場へ出でず、欠席すること多く、ただただ林野を歩んで、実物を採りまた観察し、学校の図直館にのみつめきって図書を写し抄す。

（「履歴書」本書299〜300頁）

熊楠は授業に出るのは嫌いだったが、図書館や知り合いの書庫などで本を読んで勉強するのは大好きだった。授業を聞くのと、一人で本を読むのとは、どこが違うのだろうか。

教科書のつまらなさがまずひとつの大きな理由である。教科書はスタンダードな知識を伝達しようとしている。そのために、記述が通り一遍で、権威によって承認された事実しか載せようとしない。そのために、教科書には、探究の要素が徹底的に欠如することになる。探究とは、動き、変化していくものだ。承認された事実の向こう側に、つねに逃走していこうとする、知性の欲求に、それは結びついている。こういう探究の要素を欠如させた教科書の授業が、熊楠のような知性に、面白いはずがない。

別の理由もある。同じ本を、教師が声を出して読んできかせるのと、それを一人で読むのとの違いを考えてみると、授業では教師が教壇から語り、生徒は自分の椅子に姿勢を正しくして、それを聞くという、ディスクールの権力的な伝達方式をとおして、本の著者の声が聞こえてくるのにたいして、孤独な読書では著者と読者は、本を媒介にして、直接向かい合うことができるという違いがある。だから、どんなに面白い内容をもった本でも、授業という言葉の権力的伝達を通過すると、生気を欠いた、つまらないものに変貌してしまうのだ。

ふつうの子供は、それをがまんすることができる。彼らは親や教師や社会のような、「他者の欲求」に上手に答えることが、この世でうまくことを運ぶ秘訣だということを、知らず知らずのうちに、刷りこまれてきたからだ。欲望とは、他者の欲望である。精神分析学の語るこの命題の、もっとも露骨な実践の場所は、じつは学校なのである。ところが、熊楠は、それを認めることができない。彼は、自分で納得のできないかぎり、外の権力というものを、認めなかった。彼は学問が大好きだった。学問は、彼を常識やドクサから解き放ち、彼に自由をあたえてくれるものであったからだ。ところが、学校とは、人間に自由をもたらすはずの知識に、権力の原理が人間のコンプレックスを利用して、たくみに忍び込み、知識を他人にたいする支配欲や優越感のための道具にしてしまう危険性をはらんだ、アンビヴァレントな場所なのだ。学校は学問をするところだが、本当の学問好きは、学校を嫌う。熊楠は、他者の欲望よりも、自由を求める自分の欲求に、すなおにしたがって、学校を捨てている。

つぎに彼は、国家や家からの逃亡を企てて、それを実行した。「ぶらぶら病」にかかって、大学予備門をやめて、和歌山の実家にもどった熊楠を、両親らは、結婚させて、身を固めさせようとした。熊楠の生を、常識の認めるひとつのフォルムに、したがわせようとしたのである。彼はフォルムの捕獲網からの逃走を実行する。彼はアメリカに向かった。空間への逃走の開始である。それ以後、彼は地球上の空間の、大移動を続けていくことになる。サンフランシスコからミシガンへ、さらにフロリダ、キューバへ、ついには海を渡ってイギリスへ。彼は狩猟民のように、陰花植物を求めて、空間を移動していく。その運動は、ある時は同じ動きを続けるサーカス団と同調することもあったし、また時がくればふたたびサーカス団と別れて、単独の運動にもどっていくこともあった。

アメリカでも、彼は学校に落ちつくことはなかった。授業をさぼって、熊楠は山野を歩きまわって、ひたすら「実物」の世界の観察に没頭するのである。実物の世界とは何か。世界についての直接的な知識、これを熊楠は「実物の世界」と呼んでいるのである。自分と世界との間に、いっさいの表象のシステムを差しはさむことなく、世界を見ること。本や知識によって媒介された知性の目をとおして、世界を体験すること。遠くから自然を眺めているのではなく、実際にその自然の内に入り込み、空間的、知的な距離を無化してその自然を生きること。熊楠は、知性に直接性の状態をつくりだしたい、と考えていたのだ。それが実現されるようになれば、表象のシステムをなりたたせている均質化や一般化や単純化のグリッドをとおして、世界を見る悪習は改善されていくようになるだろう。そのとき、彼の前には、複雑に入り組んだ原因を巻き込みながら、多次元的な動きと変化をおこなっている、自然のあるがままの姿が、あらわれてくるようになる。カオスとしての自然を、あらかじめつくられた表象のシステムをとおして、単純な秩序に還元してしまうのではなく、カオスの中に存在している高次元の秩序が、みいだされていく。偉大な自然観察者をめざすことによって、熊楠はのちに彼が理論化することになるマンダラ思想を、まずアメリカの大自然のふところで、実践していたのである。

ところが、ロンドンに落ちついた熊楠は、今度は大英博物館を利用して、徹底的にブッキッシュな研究に没頭するようになる。当時の英国は、いろいろな現代的な学問の誕生の時期にさしかかっている。そこには、古典世界からの延長として形成されていた古い学問の体系と、その体系を食い破って生まれでようとしていた新しい現代の科学とが、同居しあっている、過渡的な状態が実現されていたのだ。たとえば、熊楠の研究領域にいちばん近い所では、博物学（ナチュラル・ヒストリー）の中から、現代生物学が生まれようとしていた。

博物学は、ヨーロッパがアメリカやアフリカやアジアの未開社会やエキゾチックな社会と、本格的に出会うようになった十八世紀から十九世紀にかけて、英国を中心にして、発達してきている。外の非キリスト教世界から流入しだした、おびただしい量のヘテロジニアス（異質性をもち、ヨーロッパの体系になじまないもの）なオブジェや情報を、まがりなりにも自分たちを中心にしたシステムの中におさめこむために、ヨーロッパは新しい知的な装置の発明を、必要としていたのだ。そこから博物学が、誕生した。博物学は、地球上のあらゆる場所から集められてきた、動物や植物や鉱物や歴史伝承などに関する膨大な情報を、ひとつの巨大な知のシステムに包摂しようとする試みだった。それは、連続性の原理と、距離変形の原理の、ふたつの特徴ある原理によって、なりたっている。

博物学は、十八世紀のバロック哲学から、ヘテロジニアスなものをとりあつかうためのノウハウを、伝授されていた。バロック哲学は、世界をひとつの巨大な連続体として、とらえようとした。それによれば、空間の中のどんな微小な部分もからっぽではなく、無限小のモナドによって充満しているし、ひとつの生物種とそれによく似た別の生物種の間には、かならずふたつをつなぐ中間的な種が存在する（あるいは存在した）はずなのである。こういうバロック哲学にヒントを得て、博物学は実在の世界の中に、システムの内部にはおさまらないが、さりとて外の世界に悪魔払いしてしまうこともできないヘテロジニアスなものが存在できるための、「中間性の領域」を、つくりだそうとした。この中間性の領域（古代イラン哲学では、それは muadus imaginalis 想像の世界と呼ばれていたし、のちに二十世紀のシュールレアリストたちは、そこに芸術家の自由な創造力の生きる場をみいだそうとした）を、接着剤のようにして、博物学はおびただしい数と量のオブジェできたこの世界を、ひとつの連続した全体としてとらえることができるのではないか、という知的な可能性にかけていたのである。注⑥

こうして、博物学的な書物や博物館のインスタレーションの中では、一カ所に集められた「もの」たちが、普遍的システムの原理にしたがって（これもバロック的な考えだ）、並べられ、整理されることになった。この知的な操作によって、自然物が存在する空間的距離の体系には、著しい変形が加えられる。南アメリカの奥地の自然と、ヨーロッパの自然は、本の中の数頁、博物館の中の壁を隔てるだけで、ひとつの空間の内に、並列されることになった。美しいガラスキャビネットの中では、広大なアマゾン流域に生息する鳥たちが、自然の中ではとうていありえないよう近距離で、一カ所に同席するという、目を見張るような光景が、出現した。旅によって生まれた学問である博物学は、地球の空間性にたいする概念に、根本的な変化を加えた。それは、空間的距離の概念をつくりかえ、書物の中での、あるいは博物館の中での、新しい知的な旅を実現したのだ。

大英博物館に居場所を見いだした若い熊楠は、そこで空間を移動するのではない、新しい旅の概念に触れたのである。もともと彼のおこなってきた大旅行は、いっさいのフォルムからの逃走と、知的な興味によって、つき動かされていたものだ。旅をすることによって、旅人の頭脳の中では、たえず変更を加えられて形を変えていく、地図ができあがっていく。それは、メルカトールやその他さまざまな手法で描かれた地図とは異なる、体験がつくりあげる独自の空間モデルだ。旅はカルトグラフィー（地図作成法）として体験されるとき、はじめて意味をもつようになる。熊楠は、陰花植物を追って、遠く空間を旅してきたが、いまや彼は大英博物館の中で、新しいカルトグラフィーの世界を、発見したのである。肘掛け椅子の人類学には、十九世紀的な意味がある。その博物学の理想を、インスタレーションとして実現した大英博物館の中に、熊楠は空間移動としての旅とは異なる、新しい旅の方法をみいだすことができたのだ。

しかし、熊楠は博物学が実現してきたような、世界をまるごとにつかまえるための方法というものに、満足することはできなかった。いっぽうでは、博物学の体系を食い破ってその中から、現代の科学が誕生していた。博物学者としてビーグル号に乗り込んだダーウィンは、『種の起源』を書きあげたときには、すでに現代の生物学者となっていた。博物学がそこに地球上のヘテロジニアスなもののいっさいをつめこもうとした「中間性の領域」からは、いっそう形のない（アンフォルメル）抽象的な「生命」なるものが、科学的概念として、生まれ出てきた。顕微鏡をのぞきこむ生物学者たちは、空間の微小部分を埋めつくす生気にみちたモナドにかわって、パストゥール的なヴァクテリアや細菌を発見しつつあった。

十九世紀までのヘテロジニアスは、奇妙ではあっても、まだなんらかの形態、フォルムをもっていた。ところが、現代の科学は同じところに、アンフォルメルな力の実在を、みいだし、それを実験で検証し、計量化し、理論的に表現できるものにしようとしていた。博物学がつくりあげてきた偉大な体系は、しだいに色あせてきた。新しく浮上してきた、この形のない「大いなる創造力の流れ」を表現できる、いまだかつてない生命のカルトグラフィーの方法が、求められだしていた。そのはげしい過渡的な時代に、南方熊楠は、生まれながらのトーテミストとして、また未来のマンダラの思想家として、ヨーロッパ近代科学とは異なる視点に立った、新しい生命のカルトグラフィーを構想しようとしたのだ。

しかし、ロンドン時代の熊楠には、まだその構想は固まっていなかった。すべてを統一し、表現に深遠なる生命をあたえる、体験の核が、この時代の彼にはまだ欠けていた。彼が空間の旅を終え、熊野の山中に不動の根拠地をみいだしたとき、彼ははじめてそれを体験する。

（5）

広大な空間を移動していく旅人から、不動の根拠地でひたすら生命の源泉に沈潜していく隠棲者へ。ほぼ三年間にわたり、那智の山中に立てこもったこの時代、熊楠は大いなる魂の深化を体験している。

彼がつねづね主張してきた、「実物の世界」との出会いが、この時ほどみごとな完璧さをもってなしとげられたことはない。彼はそこで、表象のシステムを媒介にするのではなく（あの驚異的な読書家の熊楠が、熊野の山中では、わずかな書物しか読んでいない）、自分の肉体を直接に自然のただなかに挿入するようにして、自然の領域に、深く沈潜していったのだ（この時の森の体験については、第五巻『森の思想』において、より深い、包括的な検討が加えられる）。

採集道具を携えて、熊楠は、森の中を歩いた。熊野の原生林は、恐ろしく複雑な構造をもっている。ここには単一なもの、単層の構造、単純なフォルムというものが、いっさい存在しない。基本的には、熊野の森は、熱帯や亜熱帯のジャングルと同じ植物の生態系の構造をもっている。熱帯にあるのと同じ種類の植物が、体格を小さくするだけで、温暖な日本の気候に適応をとげて、繁殖している。森の構造も、ジャングル的と同じように、多層的で、複雑なネットワーク組織をつくりだしている。単一の植物層が、広い区画を占領するということがない。ひとつの種類の植物があると、同じ種類のものは、ずっと離れた場所に生育しているので、単一のブナ林や松の群生などが、広い範囲にわたって形成されるということが、おこりにくいのだ。つまり、この森の中では、すべての植物が「群れ」をつくらず、単独者として、生きている。単独者たちは、同類のあるいは異種の植物との間に、「対話」の状態をつくりだしている。じっくりと時間をかけておこなわれる、この「対話」をとおして、森には全体として機能する、ひとつの理性的な秩序ができあがっている。ここは、一見するとあまりにもごちゃごちゃした、カオスの状態をしている。しかし、気をつけて観察して見ると、そこにはまぎれもない秩序が存在している。ヘテロジニアスな要素が寄り集まって、見事なパッチワーク状の構造をつくりだしているのが、熊野の原生林だ。この森にはロゴスがある。しかし、そのロゴスは、恐ろしく複雑な成り立ちをしている。

原生林は、その複雑な成り立ちをとおして、自由な空間とは何か、ということについても、ひとつの明確なイメージをあたえてくれる。ここでは、ひとつの空間の中に、おびただしい種類の植物が、生活している。単一の種類の植物が、広い範囲にわたって生育しているのとは違って、この森では、生育の速度も、必要とする日照時間も、専有する空間の量も、寄生植物や寄生動物の種類も違う、たくさんの植物が、それぞれの独自な生命条件にしたがって、自由な成長をとげようとしている。しかし、そこにあるどの植物も、森全体で形成されるネットワークの課すある種の「拘束」から、自由ではない。そのために、そこでは一種類の植物だけが、自分だけサイズを大きくして、周囲の植物から日照時間を奪ってしまうことはできないような、上手な拘束が働いて、それぞれの植物が生命条件の独自性を保ったままで、しかも森林全体の複雑性とバランスが損なわれることがないという、精妙なメカニズムを作動させるのだ。

このメカニズムをとおして、森は種の単一化に向かう傾向を、阻止しつづけ、そこに驚くべき複雑さでできた、ひとつの宇宙を出現させるのである。森の植物は、どれもが自由だ。しかし、その自由は拘束に裏打ちされている。しかし、その拘束は、集団の均質化や単一化をめざす権力とは、異質なものである。森の中から、権力への萌芽をたえず取り除き、拘束に裏打ちされた自由にしたがって、それぞれの植物が「対話」をくりかえしながら、全体としての森をつくりだしていく。原生林には、植林地や北方の森林には見ることのできない、ひとつのエティック（倫理）が、存在している。

ところでそれは、私たちが南方熊楠の人生の中に感ずる、ある種のすがすがしさの内に秘められているエティックと、同質のものではないだろうか。熊楠は、生命のディグニティを尊重した。そういう生命同士が対話する状態を、楽しんだ。しかし、その場に、権力が介入してくると、たちまち、機嫌が悪くなった。権力は、いろいろな形をとるが、そのどれもが、対話状態を阻んで、拘束的自由を楽しんでいる個人同士を、単一の方向、単一のフォルム、単一の従属にしたがわせようとしている。原生林的なエティックは、そういう権力を排除する。熊楠の好んだ生き方は、たしかに、森が実現しているエティックに、共通するものを持っている。

このような森を不動に根拠地に、熊楠は彼の思想を深めていった。博物学にも、近代科学にもみたされないものを感じていた彼は、そこで独自の生気論にもとづく、森羅万象を相手とする東洋の新科学を、構想しようとしたのだ。

この時代の彼は、ほとんど毎日のように、那智の原生林に出入りし、森の生命と一体化していたようなところがある。この森の中に実現されている、諸存在のつくりだす複雑な生命的な秩序を、毎日目のあたりにしていると、ヨーロッパの博物学が表現しようとしていた「宇宙の複雑性」でさえ、単純すぎる抽象に思えてくるのだった。博物学では、人間精神によってとらえられたあらゆる事物を、ひとつの巨大な普遍システムにしたがって、秩序化する努力がおこなわれた。そのシステムは、雲母箔の集積体に似ているところがある。雲母の一片一片は、局所的な領域をあらわしていて（鳥類、その内部のペリカン類、その内部の……）、その一つ一つは厳密な分類のシステムによって、構造化されている。そして、その雲母箔は集められて、階層構造にしたがって、積み重ねられ、ついには巨大な全体を形成するようになる。

このように、博物学的な宇宙の作り方を見ていると、どんなにこの宇宙の複雑さを尊重しようとしても、やっぱりそれは生命的なプロセスを論理的なシステムに従属させようとする、ある種のファロス的な力によってつくりあげられている、すぐれてヨーロッパ的な作物なのだという気がしてくる。その事情は、博物学の分類学的な知性を否定しながら、形成されてきた、近代科学の場合にも、言えるのではないだろうか。熊楠が、土宜法竜宛書簡の中で、語っているように、近代科学の利用している論理道具は、複雑な世界の実相をとらえるには、あまりに単純にできているのである。現象の推移を表現するのに、それはただ「因果」のロジックを、使うことができるだけだ。あるいは、因果論理が通用しないところでは、確率表現を使って、事態を切りぬけようとしている。ところが、熊楠の考えでは、因果の錯綜としてできあがっているこの世界をとらえるためには、因果論理よりももっと柔軟で、もっと複雑な構造をもっている「縁の論理」というものが、存在しているはずで、未来に生まれ出るであろう惑星的な新科学は、その「縁の論理」の創出を、めざさなくてはならないはずなのである。

この縁の論理は、熊楠の中では、生気論としての特徴をもつことになるだろう、と予想されている。熊楠は、縁の論理を、彼のいわゆる南方マンダラの、重要な要素として、とりあげている（第一巻『南方マンダラ』解題）。マンダラの全領域（つまりは、森羅万象において）では、たえまない運動と変化がおこっている。その運動と変化は、たくさんの要因を同時に巻き込みながら、多次元的におこっている。その様子が、仏教の言う「縁」の概念に対応しているのだ、というのが熊楠の考えである。この考えにしたがえば、縁の論理というのは、マンダラの全領域(それはグローバルなレベルから、ローカルなレベルまで、すべての領域でおこるのだ)でおこる、この複雑な運動と変化を表現するための、知的な方法にほかならず、とりわけそれは、生命のような複雑な現象を相手にするとき、驚くべき能力を発揮することになるだろうと期待される。

熊楠が考えているこの縁の論理は、二重の意味で、生気論的である。ひとつの理由は、縁の論理が生命のプロセスそのものにフィットする、すぐれた柔軟性をそなえていることのうちに、みいだすことができる。生命プロセスは、複雑な多層構造をとおして作動しているフィードバック機構として、つくりあげられている。このフィードバック機構は、つねに多次元的に働いている。そのために、そこでおこっていることを理解するためには縁の論理のような、複雑な構造が必要となるのだ。人間は、それをとおして、生命プロセスにより密着した表現を得ることができる。それに、たとえそういうものを作りだすことができなかったとしても、宇宙は縁の論理によって動く、と理解するだけで、博物学や近代科学をつくりだした、生命と世界にたいして権力的にふるまう言葉の力から、自由でいることができるのではないか。縁の論理は、表象システムと無の中間の領域で機能する。だから、熊楠はそれを、科学の表象システムからの逃走として、発明しようとしていたのである。

縁の論理が生気論的であることの、もうひとつの理由は、熊楠のマンダラの全領域に運動と変化をつくりだしているのが、じつは「大日如来」にほかならないからである。南方マンダラにおける大日如来は、ベルグソン哲学の語る「大いなる創造力の流れ」と、多くの共通点をもっている。もちろん大日如来の概念は、真言密教の高度な形而上学に裏付けされているので、空間や時間のようなものは、この大日如来とどのような関係があるのかとか、物質や生命は、大日如来としての宇宙の中で、どのようにして発生してくるのか、などという問題について、一貫した思考を展開している。

しかし、ここで重要なのは、大日如来が宇宙の創造力の本体として考えられている、という点だ。大日如来を、未発の力を内蔵した容器として、イメージすることもできる（それを、プラトンが「コーラ」と呼ぶ、宇宙的な容器の考えと比較してみるのも、面白いだろう[注⑦]）。その容器には、時空についてのあらゆる幾何学の可能性が、内包されている。この大日如来が内蔵する力が、外にむかって自分を展開しようとするとき、それは空間をつくりだし、時間に支配される宇宙をつくりだしていく。したがって、真言密教における大日如来を、無限の創造力とフォルムに関する情報をふくんだ、統一体としてとらえることができる。そして、そこから自分の外に出て行こうという力が、大いなる創造力としてほとばしりでる時、その運動の中から、すべての事物と有機体とが、新しい種類のマンダラ構造体として、この宇宙につくりだされ、またそこにはたえまない運動と変化が充満することになるのだ。

ロンドン時代までの熊楠の頭の中は、言ってみれば巨大な博物館のようなものだった。あるいは、おびただしい情報を収蔵する、東洋人の誇りをもった、優秀なコンピューターのようなものだった、という気もする。彼は、空間の大移動をおこない、いろいろな言語で書かれた大量の書物を読み、学者たちと論争した。この当時の彼は、バロックの天才ライプニッツを理想として、彼の言う「一切智」を学びとろうと欲望した。しかし、そこには、まだ何かが決定的に欠けていた。ライプニッツの一切智への欲望は、彼の独特な生気論的な哲学を背景としている。注⑧それは、たんなる知識や知的真実への欲望ではなかった。このバロック哲学者は、同じバロキズムの音楽家バッハと同じように、「大いなる創造力の流れ」としてとらえられた神の栄光を讃えるため、彼の学問を構想したのだ。そのライプニッツの「神」にあたるものを、ロンドン時代までの熊楠は、まだ体験したことがなかったのである。

そのことは、土宜法竜宛書簡に、読み取ることができる。ロンドン時代、熊楠はこの真言僧に向かって、いきいきとした仏教論議をふっかけた。そこで彼がしめした仏教理解はとてもユニークなもので、いまでも同じ論議をむしかえせば、停滞した仏教の世界を、少しは活性化できるのではないか、と思えるほどだ。しかし、そこでの熊楠は、結局は「頭のいい人」にとどまっている。彼がそこで語っている言葉は、仏教の根源をささえる、深い霊的な体験からほとばしり出るものではないのだ。

だが、那智の隠棲時代に、すべてが変化をおこす。気が遠くなるような孤独の中、彼は書物の知識から離れて、ひたすら思考に沈潜した。昼は森の自然に没入し、夜は自分の心をのぞきこんだ。この瞑想的な生活をとおして、彼にはすべてのことに「了簡がついてきた」のである。内界と外界を隔てる壁が崩壊し、彼の思考はそこにあらわれた中間性の領域（これこそが、古代イラン哲学の語る **mundus imaginalis** の真実の姿だ）で、自由な活動を開始した。この世界をつくりなすあらゆる事物と生命をつなぐ、真実の連続性の場にたいする直観が、彼の内部に開かれてきた。彼は驚きをこめて、それをあらためて「大日如来」と呼んだ。宇宙の真実をかたちづくる、統一と多様の謎、連続性と非連続性の謎を、彼の瞑想的な頭脳は、明瞭に理解することができた。彼の思想は、このとき、森のバロック哲学の核心に触れたのだ。

そのすべての変化は、日本の森の中でおこったのである。熊であり、楠でもあるこの日本人は、森を不動の根拠地として、日本思想の可能性の中心、その宇宙樹の根元に立っていた。

（6）

しかし、ツァラトゥストラもいつかは山を降り、ヨハネですら砂漠の放浪をやめなければならない時がくる。熊楠にも、森を出る時が来た。明治三十年（一九〇四年）九月三十日、熊楠の熊野植物調査は完了し、彼は山を降りる。

この年の秋から、友人の喜多幅武三郎などの誘いに応じて、南紀の小都市田辺での生活がはじまった。はじめは気ままな独身者の暮らしを、楽しんだ。彼のまわりには、面白い人物がたくさん集まってきた。変わり者、あぶれ者、大変な博識、遊び人、要するに、この小さな田舎町で、力を持て余している人間たちが、こぞって熊楠の周囲に、集まりはじめたのである。熊楠自身も、彼らとの交遊を楽しんだ。新地の三業地で、夜毎に芸者衆をあげての、遊興が続いた。そうかと思うと、ふらっとまた森の植物採集に出かけてしまう。終日の読書、検鏡、写生、またまた読書。生活費には、さして困らなかった。けっして十分ではなかったけれど、父親の残してくれた遺産が、熊楠の勝手気ままな独身生活を、ささえてくれていた。

だが、明治三十九年七月、その彼もついに家庭をもつことになった。土地の闘鶏神社宮司田村宗造の娘松枝と、彼は結婚したのだ。まもなく子供が生まれた。もはや、彼は偉大な空間の旅人でもなく、森の瞑想的な隠棲者でもなく、田舎町の生活者であり、夫であり父親である、家庭の人としての人生をはじめたのだ。身勝手な空間の逃走は、もはや許されない。森の人は、庭園のトーテミストとなる。彼の深遠なるマンダラは、深い那智の原生林を出て、人間たちのつくる明るい町の中に、引き出されてきた。

このとき、南方熊楠が、どのように生きたか、どのような生の様式をみずから創出したのかを知ることは、現代の私たちにとって、きわめて興味深いテーマである。私たちが生きている世界からは、沈潜すべき「森」は失われているし、逃走を企てるべき空間の距離さえも、そこからは追放されつつあるからだ。空間の外もなく、深遠への入口もいたるところで閉鎖されつつある、この世界の中で、なおも私たちは、自由な精神を生きつづけることができるのか。すべてが表面となっていくこのような世界にあって、なおも私たちには、「自由な空間」を創造する可能性などが、残されているのだろうか。巨人はいつだって、縛られる。しかし、私たちが知りたいのは、この世界をつくるもろもろのフォルムに縛りつけられたあとの巨人が、どのように自分の人生を、独自の様式としてつくりあげることができたか、ということだ。熊楠のマンダラが、生活の場所でどんな変容をとげたのか。これは切実なポストモダン的主題である。

熊楠は、自分がどんなフォルムの限界をもつき破っていくほどに強い生命力をかかえた人間だ、ということを、はっきり意識していた。たとえば彼は、柳田国男にあてた書簡の中で、こんな告白をおこなっている。

小生は元来はなはだしき疳積持ちにて、狂人になることを人々患《うれ》えたり。自分このことに気がつき、他人が病質を治せんとて種々遊戯に身を入るるもつまらず、宜しく遊戯同様の面白い学問より始むべしと思い、博物標本をみづから集むることにかかれり。これはなかなか面白く、また疳積など少しも起こさば、解剖等微細な研究は一つも成らず、この方法にて疳積をおさうるになれて今日まで狂人にならざりし。

（柳田国男宛書簡、本コレクション第二巻『南方民俗学』497頁）

人が癇癪をおこすのは、他人からしたくもないことを要求されたり、自分の欲求がみたされなかったり、思い通りに事が運ばなかったりするときだ。欲望が外の力や条件によって、阻まれるとき、抑圧を要求されるときなどに、癇癪は爆発する。しかし、熊楠の場合は、本人もそう言っているように、人格の根源にかかわるような、もっと病的な性格をもっている。彼はしょっちゅう癇癪をおこしていた。それも、ひどい癇癪をである。

こういう病質を治すためには、ふつうは遊戯に熱中するのがよい、とされている。これは遊戯が、小さな、局所的な「自由の空間」を、癇癪持ちにあたえてくれるからである。遊戯の世界は、いくつかのルールでできていて、偶然とか運動能力とかの他の要素が、その遊戯空間の中には、なるべく入ってこないようにつくられている。ルールさえ守っていれば、遊ぶ人はその空間の中で、自由を楽しむことができる。そのとき、彼の生命力は、この小さな自治的な空間の中に移し変えられて、そこでボールの運動やダイスが導入する偶然などと、戯れる。こうして、癇癪持ちのかかえた爆弾は、ひそかに処理されることになる。生命は、多次元への分裂を好みだす性格がある。それに、ピュアな条件のもとにおかれた生命は、偶然や自発的な運動や身軽な方向変更などを、おこなうようになる。スポンテニアスに向かおうとする傾向を内在させた生命は、同じような内部原理でできた遊戯の空間の中にいるときには、心からの寛ぎを感ずることができる。そのとき、さすがの癇癪持ちも、我を忘れて、偶然や運動と戯れる。

ところが、熊楠のかかえる癇癪は、それぐらいのことでは、おさまりがつかないほどの強さなのだ。そこで、人間相手の遊戯ではだめだ、と悟った熊楠は、遊び相手を自然の中に求めることになった。異常なまでの癇癪持ちの熊楠は、一人のプレーグラウンドを、広大な植物の世界に発見したのである。

博物学が、彼に自然と遊戯するためのルールをあたえてくれた。分類というルールである。分類の行為は、とりとめもなく広大な自然の世界に、分割の原理を導入してくれる。これによって、カオスはコスモスにつくりかえられ、コスモスの内部には、たくさんのテリトリーや、たくさんの小部屋、たくさんの整理棚がつくられて（陰花植物というテリトリー、粘菌の小部屋、リンネ専売特許の整理棚などなど）、博物マニアはそのうちのどこかの小部屋の管理者を自認することによって、こよなき快楽を味わうのだ。

しかし、多くの遊戯の場合とちがって、博物学のルールは、自然の内奥にむかって開かれているという特徴をもっている。分類は世界に秩序をあたえるが、バイナリー・オポジション（二項対立）の原理によって展開していく分類の運動そのものは、内部を閉じてしまうことができない。自然の中からは、新しい種が、際限もなくあらわれてくる。生物の生態は、つぎつぎと未知の謎の前に、人間を連れだしていく。自然を相手にするこの遊戯には、勝ち負けもなければ、結末もない。このゲームは、たえまなくカオスをコスモスにつくりかえていく運動によって、つき動かされ、そのプレーグラウンドは、自然の生み出したものと人間の知性が触れ合う境界面上で、永遠に続けられるものなのだ。

分類によって、自然の中に何かの秩序が発見されるたびごとに、人間の知性には、輝きと喜びがあたえられる。しかし博物学者はそのとき、奥深く進入してきた人間の知性の光に触れた自然が、いっしょに喜びを感じているさまを、幻想する。植物も昆虫も、このときもはや「物」ではない。自然を前にし、標本を前にした人間にとって、そのとき内界と外界の壁は崩壊し、人と自然がたがいに交感しあう、その奇妙な中間領域の中で、エロティックな快楽にも似た、不思議な知的興奮を味わうのだ。これは、たしかに、遊戯をこえる遊戯ではないか。注⑨

それに、熊楠も語っているように、博物学の研究には、ボールやダイスやカード（ときには性の快楽）などを使ってする遊び人の場合とは、遊びの相手にたいする、比較にならないほど細心の心づかいが要求されるのである。癇癪なんかおこしていたら、せっかくの貴重な植物標本も、すぐにだいなしになってしまう。極度の精神集中（事実、仕事中の熊楠の集中度は、異常なものであった、と伝えられている）、細心の観察、微妙な力加減、こうしたことのすべてが、博物学者の仕事を、手工業品をつくるときの、職人の手仕事に近づけていく。

職人は、自分があつかっている材料の一つ一つを、細心の注意をこめて、とりあつかおうとした。職人が細心の注意を、マテリアルにたいして注ぐとき、作り手の内部にも最善の条件がつくりだされ、マテリアルの変形も、もっともいい条件でおこなわれる。職人たちの伝統では、その細心さが、よくマテリアルにたいする愛情として、表現されてきた。すべての愛情は、自分と他者の壁を崩壊させる。フォルムの壁がこえられる。博物学者の語る「自然への愛」は、ここではたんなるレトリックであることをこえて、唯物論的な真実を語っているのだ。

こうして、町の中でおこなわれる植物の研究は、分類的知性の快楽と手仕事の効能を結合するものであったから、いっさいのフォルムをつき破っていく分裂的な力をひめた、熊楠の生命力を、いっとき、マテリアルの複雑微細な表面に、開放していく働きをすることになったのである。ここには、生命と知性のつながりを理解する上にとって、とても重要な意味が隠されているように、思われる。このプロセスを、生気論的な言葉で、少し分析的に考えてみよう。

生命力の唯物論的な流れは、大脳のニューロン組織を通過するプロセスで、抽象的な、機械状の流れに変換される。生命力は、もともと多次元的な方向に拡散し、スポンテニアスな運動にしたがおうとする特徴をもっているために、大脳組織の中で変換されるこの抽象的な、機械状の流れも、多方向的、多次元的、偶然的な運動をおこなおうとする。つまり、生命力の流れは大脳において、リゾームに変換されるのだ。しかし、ふつうの人間の大脳のニューロン組織は、このリゾームの活動にふさわしいようには、つくられていない。人間の脳組織自体は、リゾーム的につくられているが、じっさいの人格が形成されてくるプロセスで、リゾームは抑圧されてしまうからだ。その成長のプロセスで、おびただしい数のニューロンの間には、ダーウィン的な選択がおこなわれて、人格構造を形成するのに必要なニューロンだけが選びだされて、それらの間にはしっかりとした連結が、かたちづくられるようになるのだ。

こうしてできあがった大脳の神経組織は、リゾームの活動を抑圧するように働き出す。このために、たえまなくリゾームに変換されつづけている生命力は、人格の構造を前にして、いつも息苦しい、圧迫感をおぼえることになるのだ。とくに、それは創造的な人間の場合に、いちじるしい。その生命力の欲求に素直にこたえるために、人間は大脳で変換されつづけているリゾームにふさわしい表現や遊戯の方法をみいだそうとするのだ。表現も遊戯も、ともに人間の知性にかかわっている。たんなる生命エネルギーだけでは、高度な表現やルールをもった遊戯は、おこなうことはできない。芸術表現や遊戯の中で、戯れているのは、唯物論的な生命力そのものではない。それは大脳において、抽象化された、機械状の流れに、たえまなく変換されつづけているリゾームに、ほかならないのだ。注⑩

熊楠のひどい癇癪が、博物学の研究のような、高度に知的な活動によって、いやされることができたのも、そのことにかかわっている。森の奥深くを歩き回っているときには、彼はすべての感覚を動員して、自然に没入していた。このとき、彼の生命は、言語や表現の機構によるのではなく、エネルギーの直接性をとおして、自然と触れ合っていた。実存的に自然の中を生きた、と言ってもいい。しかし、田辺の自宅の部屋にあるとき、彼は抽象化されたリゾームをとおして、自分の生命力の本性に触れていたのである。分類的知性と手仕事の結合からなる、町の中での博物学の研究は、遊戯以上のたくみさや強さをもって、爆発的な彼のリゾームに、表現の場をあたえていた。

博物学は、芸術のように、外界のフォルムを解体し、あらためてそれを創造するフォルムとして誕生させる、というやり方で、リゾームを表現したりはしない（もっとも、熊楠などはおびただしい細密画的な採図をおこなっているので、彼の博物学が芸術から無縁であるとは、言いがたい）。それはあくまでも科学だから、外界のフォルムを尊重する。しかし、それはフォルムのつくりだされる空間そのものを、内側と外側に向かって、際限もなく、微細に折りたたんでいくやり方で、空間をリゾーム化するのだ。熊楠は、自分のやっている博物学の研究が、人間の精神の中に、どんな空間をつくりだしているのかについて、はっきりした認識をもっていたように思われる。それは、近代のヨーロッパに誕生した博物学をなりたたせているエピステモロジーよりも、もっと大きな射程をもつ構想の内部に、位置づけられるものにすぎなかった。

博物学と現代科学を、南方マンダラが包み込んでいる。その反対ではない。南方マンダラは、まだ萌芽の状態にある。しかし、その基本的な設計図は、すでにしめされた。それは大脳に発生しつづけるリゾームにたいする、きわめて完成度の高いカルトグラフィーをめざしている。熊楠の癇癪は、じつに多くのものを生んだわけだ。

(7)

田辺に暮らす熊楠の生活にとって、植物学の研究とならんで、重要な意味を持っていたものが、もうひとつある。それは書くことだ。文章を書くこと。手紙を書くこと。履歴書を書くこと。書くことには、熊楠の生活の、精神活動の、不可欠の要素だった。自分の生活から、博物学の研究が奪われたら、たちまち発狂してしまうにちがいない、と熊楠は書いている。しかし、書くことも、またそれにおとらず重要だったのではないか。書いた文章が雑誌に発表されることだとか、自分の本が出るなどということに、執着する熊楠ではなかったが、彼から手紙を書くことも、日記を書くことも、論文を書くことも、すっかり奪ってしまったら、どうだろう。彼は、その爆発的な分裂する脳をかかえて、おそらくは発狂してしまうのではないだろうか。

熊楠の文章には、独自の文体がある。そして、私の考えでは、その文体こそは、博物学の研究とならんで、熊楠の大脳に発生しつづけるリゾームにふさわしい、構造を備えているのだ。顕微鏡をのぞき、標本を作っているうちに、癇癪がおさまった。それと同じように、彼はあの独自の文体をとおして、みずからのかかえる巨大な創造力の流れを、表現の領域に、ほとばしらせていたのではないか。文体の研究が、熊楠の場合には、ふつうの作家の場合とはちょっと違う意味をもつことになる。熊楠の文体は、彼の無意識にではなく（それはたいていの作家のケースで、ここではフロイト的な精神分析が、威力を発揮することになる）、彼のリビドーとその抽象態である彼のリゾームにかかわっている。音楽を理解するためには、作曲家の無意識ではなく、彼のリビドーの動きにまで、たどりつかなければならない。それと同じように、熊楠の文体を理解するためには、まず彼のリビドー分析やリゾーム分析が必要なのだ。

彼の書く文章は、たいていめちゃめちゃに面白いが、そこにはいくつかの重要な特徴がある。ちょっとした新聞記事のように、人を喜ばせるために、他人を意識して書いた文章には、その特徴はあまりはっきりとは、あらわれていない。しかし、他人が理解しようが、どう思おうが、そんなことを少しも斟酌せずに、思うさま書いた文章には、どれも共通し

十二支考の下書き

熊楠は大きな論文を書き出す前に，こんな下書きをつくって，頭に浮かんだアイディアをカオス構造として書き出した。文章をつくるときには、このカオス構造が独特のセリー構造に変形されるのである。

た文体上の特徴がある。そのいくつかを、列挙してみよう。

まず、彼の書く文章は、たいてい完結したことがない。多くの論文では、たくさんの謎がつぎからつぎへと読者に投げられたあと、別に結論らしき部分もないままに、いきなりあっさりと、文章はおしまいになってしまうのだ。それに、どんないかめしそうな論文でも（『燕石考』だけは例外だが）、起承転結めいた構造をもってもいない。論文の中の一つ一つの話題は、音楽でいえばソナタのような論理構造があたえられるかわりに、きわめて自由な状態に配置されているセリー構造に、ちりばめられているのだ。

それに一つのことを話題にしているところに、突然、別の話題が割り込み、熊楠の関心は今度はそっちのほうへひっぱられて、どんどん広がっていき、読んでいるほうは、自分がいったいどこへ連れだされてしまったのか途方に暮れていると、ふたたび、何の前触れもなく、はじめの話題に連れ戻されて、中断していたところから、ふたたび話の展開がはじまっていくのである。しかし、それならばいいほうで、ときには、いったん中断された話題についに戻ってくることがなかったというケースもある。全体に熊楠の文章では、どこが最適な入口で、どこが決まった出口であるかが、わからない。どこを入口にしてもよさそうな気もするし、どこからでもこの文章のジャングルから出ることが可能なような気もする。ようするに、熊楠の文章は多数の出入口を、同時にもっているのだ。

つぎに重要な特徴としては、話題がしょっちゅうジャンプしていく点を、あげることができる。その文章を推進させていく関心は、けっして単層、単一ではなく、いつも複数のレベルの話題の間を、熊楠の文章は、自由自在に飛び移っていく。たとえば（『履歴書』本書339～361頁）、植物学の話をしていたかと思うと、それはいつのまにか自分が住んでいる熊野が、ほとんど南洋の未開社会と同じようなところだという自慢になり、今度は急に思いだしたように、まことに気に入らない隣人の話になる。こんなに法律のこともわからない奴らがいてこまる、と愚痴をこぼしたあと、続けてシベリアのシャーマンの間に伝承される女人病の話題に移る。そこからまた迷惑千万な隣人の話にもどり、それがつぎには日本にいつ梅毒が伝わったかの詮索に、変わっていく……

このように熊楠の文章は、異質なレベルの間を、自由にジャンプしていくのである。異質なレベルの間をつなぐ、蝶番のようなものは存在する。しかし、それとてたいした内的、論理的なつながりがあるわけでもない。むしろ話題転換の正確なイメージは、カタストロフィ数学でいう折り目の部分に近い。しかも、飛躍していく隣同士の話題の間には、天と地ほども意味領域が、かけ離れているものもある。話題と話題が、なめらかに接続されていくことよりも、熊楠はそれらが、カタストロフィックにジャンプしていくことのほうを、好むのだ。

そしてもうひとつ重要な特徴、それは卑猥への情熱である。熊楠の書く民俗学論文は、しばしば柳田国男から下がかった話題に走りすぎると、文句を言われていた。モノトニアスな文章展開を好んだ柳田国男からすると、いくつもの話題が同時に交錯し、しかも、きまって重要なところで猥談の突入がおこって、せっかくの厳粛な雰囲気を台無しにしてしまう熊楠の文章には、趣味的に認めがたいところがあったのである。これにたいして熊楠は、いろいろと理由をつけて反撃をしているが、私たちの見るところ、彼があげているもっともな理由よりも、大事なのは、文章に猥談を突入させることによって、彼の文章にはつねに、なまなましい生命が侵入しているような印象があたえられる、という点だろうと思う。バフチンならば、これを熊楠の文体のもつカーニバル性と言うだろう。言葉の秩序の中に、いきなり生命の唯物論的な基底が、突入してくるのだ、このおかげで、熊楠の文章は、全体としてヘテロジニアスな構造をもつことになる。なめらかに連続する言葉の表面に、随所にちりばめられた猥談によって、たくさんの黒い穴がうがたれるようになり、その黒い穴からは、なまの生命が顔を出す。これを、文体のフラクタル構造と呼ぶこともできる[注⑪]。

　こういう構造をもった文章でなければ、熊楠は書いた気がしなかったのだ。手紙にせよ論文にせよ、何かを書くということは、熊楠の中では、自分の大脳にたえまなく発生するリゾームに、フォルムをあたえて満足させる、という以外の意味を、もっていなかったからだ。彼にとって、書くことは、まぎれもない生命活動だったのである。そしてそのとき発生する生気論的な表現のフォルムが、日本語の構造の中に転写されるとき、熊楠に独特なあの文体が生まれた。

　言うまでもなく、彼の文体は、あの南方マンダラと、たくさんの構造上の共通点をもっている。南方マンダラの全領域は、つねに活発な創造力によって、つき動かされている。そこには、無数の出入口がある。マンダラの内部には、どこから入っても、全体の動きにつながっていける。それにそこでは、事は因果律では運ばない。ひとつの因果の展開中に、途中で別の因果が侵入を果たし、より複雑な縁が発生する。縁は全体としてセリー構造をしている。なにごとも、ここでは起承転結で事が運ばないようにできている――こうして見ると、南方マンダラの構造を、文章表現に移し変えると、そこに熊楠の文体が、生まれ出てくるのだ、とも考えることができる。自分の生命活動に密着した文体こそが、真実の文体である。この意味では、熊楠はまぎれもない文体家（スタイリスト）であった。

　彼は、日本語で書かれる文章の世界に、ひとつの「自由の空間」を創出しようとしていたのである。文章の中で、自由について語れば、それで「自由の空間」が生まれるわけではない。自由を語る必要はない。それは、ただ言葉を通じて生み出される、生命の文体の中にしか、存在しない。何を語るかではない。どう語るかが、重要なのだ。田辺に暮らす生活の人、熊楠が創出した文体は、そのときあきらかに、彼が那智の森でみいだした、あの限りない精神の自由の空間に、つながっていたのである。文章をとおして、彼は動き、変化する。だが、それを書いているときの、彼の体は動かない。

（8）

ここに、『林中裸像』と呼びならわされた、一枚の写真がある。明治四十三年の一月に撮影されている。

大きな松の木の下に、腰巻きをつけただけの、くわえ煙草の熊楠がいる。背景に広がる森。まるで、熊楠は、熊野の森深くにたたずんでいるように見える。森の人熊楠のイメージどおりの写真だ。こうやって、彼は森の中を生きていたのだろう、と誰もが納得する、見事な写真だ。

ところが、この写真は、深い森の中で撮影されたものではない。田辺の町の背後に、ちょっと分け入っただけの、小高い岡の上で、この写真は撮られた。みんなは、この写真に一杯食わされてきたのだ。このときの彼は、すでに山を降りた人、田舎の小都市の気ままな生活者にほかならない。

なあんだ、と思ってはいけない。私には、この写真こそが、人生の三番目の位相に、彼の人生の最後の位相に踏み込もうとしている彼の精神を、もっとも見事にとらえたものだという気がするのだ。彼はこのさきもう、広大な距離を駆って旅をすることはないだろうし、世間との交渉を絶って、那智の森の奥深くに沈潜する、隠棲者となることもないだろう。熊楠は旅を終え、山を降りたのだ。動から不動へと、大きく揺れ動く人生の振幅をとおして、熊楠はマンダラとしてつくられているこの生命的な世界の、中心部に降り立つことができた。森の孤独の中で、彼の生命と思考は、マンダラのほぼ完璧な構造にしたがって、統一された状態を生きることができた。そのマンダラ状の生命活動が、いま町の中に踏み込もうとしているのだ。

何を語るか。どう行為するか。中国の『十牛禅図』も語っているように、巷のただなかにあって、森の悟りを表現できなければ、大乗菩薩の修行は、完成にたどりついたとは言えない。熊楠はこのとき、南方マンダラという彼の牛を引いて、博物学とエクリチュールを小脇に、颯爽として、巷のただなかに、踏み込んだのである。もうこの先は、森の中にあったときのような、幸福に統一された状態は、目に見える形では、訪れることがないだろう。しかし、それは消えてしまうのではない。マンダラは動き続ける。町の中にあって、深淵と表層の中間に開かれる領域で、見た目には少しも動いてはいないのに、精神と表現と行為においては、たえず動き、めまぐるしく変化する、新しいマンダラが出現することになるのだ。動いているのでも、止まっているのでもない。ひとつのスポットに静止したまま、高速運動をつづけるオートジャイロのような、絶妙な生の様式が、これから生まれる。町の裏山に登り、裸のままカメラの前に立った熊楠は、人間の世界の中にも、自由の空間、マンダラとしての生を実現することができるのだ、と写真の中から、現代を生きる私たちに語りかけてくるのである。

注① レヴィ＝ストロースの『今日のトーテミズム』（仲沢紀雄訳、みすず書房、一九七〇年）の出現によって、トーテミズムの概念は根本的に現代化された。これによってトーテミズム概念の十九世紀的な完全性は解体されたが、かえってそれによってトーテミズムという殻の中に隠されていた生気論的な哲学の本質はむき出しにされるようになった。

注② A. P. Elkin, *The Australian Aborigines*, Angus and Robertson, Sydney, 1938, p. 156.

注③ J. O. Dorsey, *A Study of Siouan Cult*, XIth Annual Report (1889-1890), Bureau of American Ethnology, Washington, 1894.

注④ アンリ・ベルグソン『道徳と宗教の二源泉』。この文章は、レヴィ＝ストロース『今日のトーテミズム』の中で、トーテミズム哲学の生気論的構造をしめすものとして引用されている。

注⑤ マンダラを生んだ密教思想は、古代科学をベースにして発達してきた。そのために、マンダラ理論の生気論は「大いなる創造力の流れ」が「休止」に変化するプロセスを科学的に記述しようという努力を重ねてきた。マンダラ理論が現代の新しいタイプの科学者に注目されているのはそのためである。

注⑥ アジアやアフリカからもたらされた宗教的な芸術を前に、英国人とフランス人はそれぞれ独特な反応をした。英国人はヘテロジニアスなものを博物学という知的なシステムにおさめる方法を発明することで、それを処理しようとした。ところが、フランスではシュールレアリズムという芸術の新しい形態を生んだ。博物学は西欧的人間の構造を変化させなかったが、シュールレアリズムの方は、変化の可能性にかけたのだ。

注⑦　プラトンの『ティマイオス』に登場する宇宙論思想に、この原初の「受容器＝コーラ」の考えが出てくる。コーラは宇宙の時‐空構造以前の「原‐宇宙」の構造を表現しようとするもので、いまの物理学がビッグバン宇宙よりも根源的な存在として重視しはじめている「原‐幾何学」（ホイーラー）の世界と、多くの点で共通点をもっている。大日如来についても、このような数学的なとりあつかいが必要で、しかもそれは可能だと私は考えている。

注⑧　Marie-Noëlle Dumas, *La pensée de la vie chez Leibniz*, Vrin, Paris, 1976. にライプニッツ哲学と生気論の関係が詳しく研究されている。

注⑨　分類的知性の可能性や豊かさを強調したのは構造主義だが、分類行為のもつこのエロティックな側面はあまり重視されてこなかった。しかし、私の考えでは、構造主義的知性とは本来、この内界と外界の壁が崩壊する中間領域でこそ自分の能力を発揮できるものなのである。

注⑩　フェリックス・ガタリは次頁のようなカルトグラフィーによって、精神の内部でおこっているこの複雑なプロセスの本質をとらえようとしている（Félix Guattari, *Cartographies Schizoanalytiques* Galilée, Paris, 1989, p. 40）

ガタリはこのカルトグラフィーによって、生命の唯物論的な秩序と言語的＝意味的な秩序を統一的に理解しようとしているが、彼（とドゥルーズ）の思考のユニークさは、その二つを媒介する位置にリゾームを導入した点にある。

注⑪　生命活動と文体の構造との関係については、ドゥルーズ哲学の生気論的文体を分析した次の本が参考になる。M. Buydens, *Sahara–L'Esthétique de Gilles Deleuze*, Vrin, Paris, 1990.

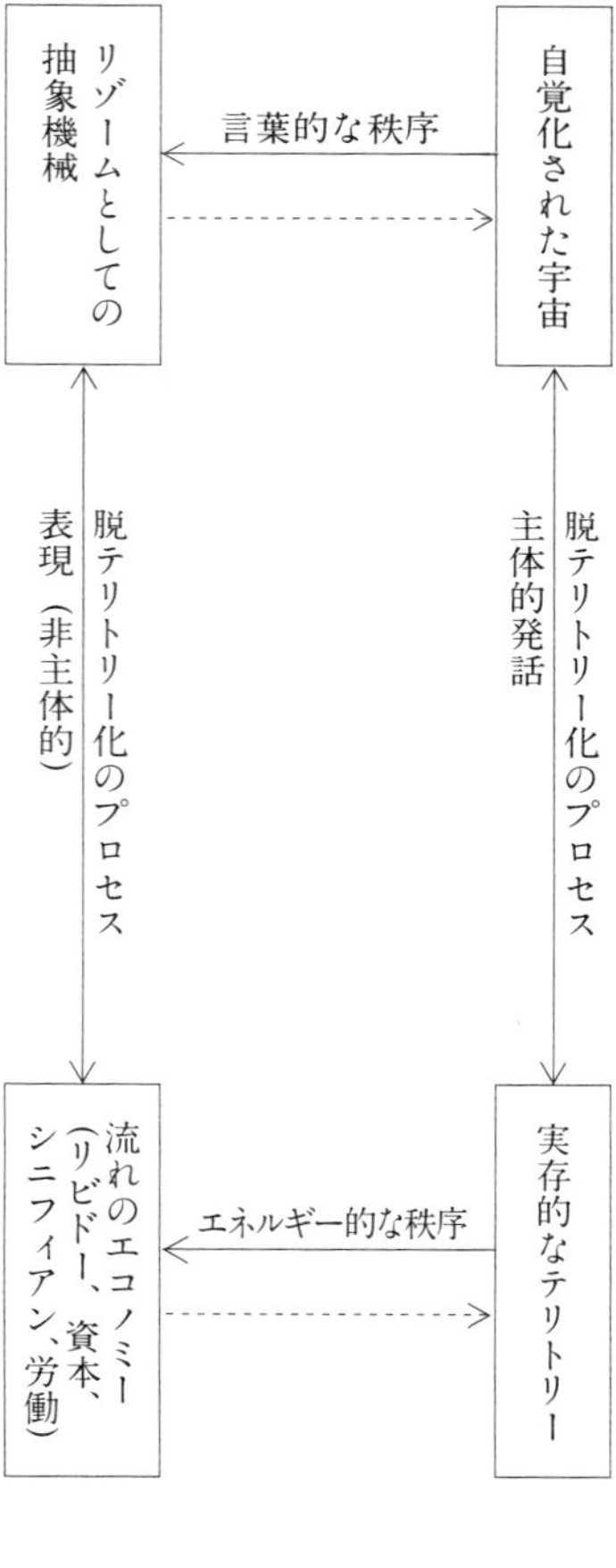
自覚化された宇宙
言葉的な秩序
リゾームとしての抽象機械
脱テリトリー化のプロセス
主体的発話
脱テリトリー化のプロセス
表現（非主体的）
実存的なテリトリー
エネルギー的な秩序
流れのエコノミー（リビドー、資本、シニフィアン、労働）

第一部　自らの名について

南紀特有の人名

——楠の字をつける風習について——

森本樵作「紀伊見聞七則」一、楠という名参照
（『民族と歴史』四巻一号三二頁）

楠の字を人名につけることについて、予は明治四十二年五月の『東京人類学会雑誌』二四巻二七八号の三一一頁〔「出口君の『小児と魔除』を読む」◆1〕に次のごとく記した。いわく、「今日は知らず、二十年ばかり前まで、紀伊藤白王子社畔に、楠神と号し、いと古き楠の木に、注連《しめ》結びたるが立てりき。当国、ことに海草郡、なかんずく予が氏とする南方苗字の民など、子産まるるごとにこれに詣で祈り、祠官より名の一字を受く。楠、藤、熊などこれなり。この名を受けし者、病あるつど、件《くだん》の楠神に平癒を禱る。知名の士、中井芳楠、森下岩楠など、みなこの風俗によって名づけられたるものと察せられ、今も海草郡に楠をもって名とせる

者多く、熊楠などは幾百人あるか知れぬほどなり。予思うに、こは本邦上世トテミズム行なわれし遺址の残存せるにあらざるか。三島の神池に鰻を捕るを禁じ、祇園の氏子胡瓜《きゅうり》を食わず、金毘羅に詣る者蟹を食わず、富士に登る人 鰶《このしろ》 を食わざる等の特別食忌と併せ攷うるを要す」（下略）。

予の兄弟九人、兄藤吉、姉熊、妹藤枝いずれも右の縁で命名され、残る六人ことごとく楠を名の下につく。なかんずく予は熊と楠の二字を楠神より授かったので、四歳で重病の時、家人に負われて父に伴われ、未明から楠神へ詣ったのをありありと今も眼前に見る。また楠の樹を見るごとに口にいうべからざる特殊の感じを発する。

『紀伊続風土記』◆2付録巻四に引いた文明十二年深草社の願文に、願主紀楠丸とあり。同巻九に、年次不知《しらず》、五月十三日政長（畠山？）が隅田（荘）葛原千楠丸に与えた文書を出し、同巻一に、元弘三年五月二日、大塔宮祇候人、保田宗顕・生地師澄等に押し寄せ放火されしため、栗栖千代楠丸が祖先来持ち伝えた松島村の地券紛失に関する文書を載せ、また正慶二年、建武四年、暦応三年の、紀犬楠丸の領地に関する文書を列ね、外に尊氏の下文ある池田庄内、豊田村地頭職事という文書をも掲ぐ。その文中には犬楠丸とあるに、文末には元弘三年七月十日紀犬楠判と署す。したがって、当時すでに何楠丸を何楠と略称する風が行なわれたと知る。予の幼時、楠を名とする者、家督を継げば何兵衛、佐左衛門と改称するを常とし、予の弟が亡父の相続しながら常楠の名で押し通すを、幼稚らしく聞こえ、営業上不利益と非難した手代もあった。故中井芳楠◆3氏も陸軍士官になった時為則と改名したが、退職後旧称に復した。これらを綜合して、楠を名とするは、旧く未冠者に限ったと知る。さて『東鑑』巻九に、文治五年二月二十一日、鶴岡舞楽に召された箱根の童形八人中に箱熊と楠鶴あり。巻一二に、建久三年八月十五日、鶴岡放生会舞童中に伊豆熊と滝楠あり。

宮武外骨氏は人名の楠は糞より転ぜしと説いた由。その詳を聞かねど、押坂部史毛屎、阿部朝臣男屎、節婦巨勢朝臣屎子、下野屎子など、本邦男女が屎を名とせしもの国史に散見し（『玄同放言』三上）、インドで小児を糞と名づける例多く、そのうちウンコは糞塚の義で、邦俗大便をウンコと呼ぶに似ておるは妙だ（一九一四年ボンベイ板、エントホヴェン『グジャラット民俗記』一二三頁）。これらいずれも邪視を避ける用意で、邪視のことは『東京人類学会雑誌』二四巻二七八号二九二頁已下と、大正六年二月の『太陽』「蛇に関する民俗と伝説」に述べておいた。穢らわしい名をつくるは避邪のためということ、予は在英中エルウォーシーの『邪視篇』を読んで甫《はじ》めて気づいたが、その実本邦で蚤《はや》く気づいた人があったは、元禄五年五十四歳で終わった岡西惟中の『消閑雑記』◆4に次の文あるので知れる。いわく、「人の名に丸という字をつくること、まるは不浄を容るる器なり。不浄は鬼魔の類も嫌うものなり。されば鬼魔の類近づかざる心を祝して、名の下につく心なり。『古今集』の作者に、屎といい、貫之が幼名をあこくそという類多し。今も穢多の子にしてその名を穢多とつけ、また犬と名づくることみな同じ。これ玄旨法印の古今にて沙汰し給うとぞ」と。

宮武氏はこれらから推して人名の糞が楠に転じたと説いたであろう。その通りでは、予の名熊楠は熊糞、上に引いた犬楠丸は犬糞丸と、いかにも誂え向きの蔑しむべき名となるが、千代楠丸や滝楠丸は解釈されず。古来、楠を神木とし、はなはだしきは神体とさえする例多く、「神代巻」に天磐橡樟船《あまのいわくすぶね》あり。また素戔嗚尊、鬚髯と胸毛より杉と檜を、眉毛より橡樟を化成し、杉および橡樟の両樹は浮宝となし、檜は瑞宮を作るべしと宣う、と記す。尊勝の宮殿や船舶を神聖とするは本邦に限らず、ポリネシア等にその例多し（一九一三年板、フレザー『サイケス・タスク』一〇頁）。故に上世もっぱら高貴の宮船の材料だった檜や杉と楠を神物としたに付けて、これを族霊（トテム）として人名につけるに及んだので、決して悪臭の糞から芳香の楠に転訛したのではない。

楠を族霊として人に名づけること紀州に限らず、土佐にも多し。ただし予が知ったかぎり、土佐では楠弥・楠猪・楠馬など、楠を名の上に置くが多く、紀州では定楠・清楠など名の下につけるが多きと違う。（紀州でも、和歌山市◆5、海草郡およびその近郡に盛んに、南方諸郡には多からぬ。）これについて畏友寺石正路君に問い合わすと、さっそく返事があった。その大要は、

さて人名に楠字を用いること、土佐には例証多し。よほど貴県と類似したるものなれば、左に数例を申し上げ候。高知市の北半里、秦村の山麓に大なる楠の霊木あり。昔

より安産の神と崇められ、信徒多く、楠神様と称し、小祠堂と神主様の者出で来たり信徒の祈願を取り次ぎ申し候、孕婦これに安産を願えば、神官その産児に楠代とか楠喜とか女性らしき相当の名をつけくれ、また生まれる小供の生立《おいたち》安全を祈願すれば、楠千代・御楠等名づけくれ候。秦村や高知市中に今にその習慣を続ける人多く、その故か楠を名とする人珍しからず候。面白きはお申し越しの土方久元伯◆6は、まさしく右の秦村生れにて秦山と雅号され、俗名は貴説通り楠左衛門に相違なく、今日同伯より承りえざるも、その俗名はたぶん件《くだん》の楠神より起こりたることと想像申し候。現にこの楠神の授名にて、小生隣家徳弘なる人の妻は楠、小供は楠行、楠千代、楠喜と申し候。

次に高知市の西三里、吾川郡弘岡上の村西窪に、高さ六十尺の大楠、樹齢八、九百年と申すあり。古来その下に子安地蔵の石像を安置したるが、自然その樹に巻き込まれしより、後世楠堂と称し（その木側に虚空蔵大菩薩を祭る）、安産守護の本尊とせられ、無嗣の者、難産の輩、祈願せば救わるとて参詣非常に多し。この楠に祈りて生まれた小供は、楠また樟の字を命名する例にて、その数すでに数百人に及べりと聞く。小生知人に同村生れ、目下工部学務に勤むる安並楠親と申す人有之《これあり》候。

高岡郡横倉山北麓に楠神という村あり。同山の登攀口にて名を知られたる所なり。

長岡郡十市村にも、楠木を楠神と名づけ祭り、安全を祈り、その縁にて楠字を名につける。かくのごとく例証たくさんにて枚挙に勝えず。楠木を祭り、またその縁より人名に楠をつけるは貴県に劣らじと存じ候。

右、寺石君の来示を抄するところへ、仙台の彫刻家増田光城氏来たり、半年間藤白王子社近所に寓居したと語る。よって尋ねて現時も楠神は茂りおると知った。この外に楠字を幼児に授くる楠が紀州にあるや否を知らぬ。

右述の次第で考うるに、楠は諸方暖国に産すれど、その随処楠を人名につけず。土紀二州特にこれを人名につけるは、森本君が本誌四巻一号で言ったような、「楠の盛んに繁茂する所であるから、自然にこれを名につけるようになった」のでなく、二州に限って楠を族霊とする風が行なわれたこと、あたかも親が拘律陀樹神に祈って生んだゆえ、目連の名が拘律陀で、大迦葉《だいかしょう》は畢鉢羅《ひっぱら》樹神の申し子ゆえ、畢鉢羅と名づけられ、高名の美娼柰女《ないにょ》は柰樹より生まれたと言われ、今もインドに薔薇、マンゴ、サフラン、南瓜、大根等の名の人多きごとくだったからだ（『翻訳名義集』二。『仏説柰女耆域因縁経』。エントホヴェン『グジャラット民俗記』一四四頁）。

本朝では古く植物で神や人に名づけた例、予が知っただけを陳ぬると、可美葦牙彦尊、鹿屋（茅?・）野比売、熊野櫲樟日命、これは天照大神の御子で、熊野に今日楠を人名につけること少なきに、神代にはその例あったと見える。それから橘王、樟氷皇女、橘皇女や景行帝妃茅媛、日本武尊の妾弟橘媛、吉士伊企儺の妻大葉子（車前?・）、この婦人は皇軍新羅を討って敗軍し、夫も子も討死した時、敵軍に捕われて歌を詠んだので名高い。難波吉士木蓮子、蘇我稲目（芽?・）、迹見首赤檮、大海宿禰蒭蒲、葛城福草、神社福草、聖徳太子の同母弟殖栗皇子、また反正天皇降誕の節、瑞井を汲んで洗い参らすと、タジヒ（虎杖）の花その井に落ちありしゆえ、多遅比瑞歯別天皇と名づけ奉った（『古事記』と『書紀』）。若犬養宿禰檳榔、鴨朝臣吉備麿（『続紀』三と八）、藤原朝臣藤（『続後紀』一七）、小野朝臣篁、清滝朝臣藤根（『文徳実録』四と七）、藤原朝臣楓麿（『三代実録』一と二）、藤原朝臣菅根、これは菅公に恩を受けながら畔《そむ》いたんだ（『江談抄』）。長暦中の河内人川瀬吉松（『拾遺往生伝』上）、これらは多少族霊によった名らしい。

　平安朝の末より童名に限って往々植物の名をつけた。例せば、舞童幸松（『弘安八年大講堂供養記』）、童子春松、岩松（『後宇多院御幸記』）、『秋夜長物語』の梅若、謡曲「粉川寺」の梅夜叉、『幻夢物語』の花松、三宝院の上童春竹丸、如意松丸（『相国寺塔供養記』）、『続門葉集』の杉王丸、松菊丸、建武元年『東寺塔供養記』の大童子岩松丸、阿古松丸、御伽草紙の『榊』にみえた童竹松、『紫野千句』の宗松丸、春松丸、中には謡曲「桜川」の少年桜子ごとき、桜を神体とした社の氏子ゆえかく名づけたと明言しあれど、たぶんは今の芸妓・娼妓の名号と等しく、吉祥と品藻によってつけたらしく、中古、女の名に瞿麦、海松、玉松、笛竹、真賢木、綾杉（『類聚名物考』三八、三九）、高倉帝の寵婢葵、頼政の菖蒲、義仲の山吹などあるも同様とみえる。さて一つ珍なことは美童の名に植物をつけた例多きに反し、中古、遊女の名に草木に縁あるは少なく、相場長昭の『遊女考』載するところ、亀菊、白菊、牡丹とわずか三、四に過ぎない。〔増補〕徳川氏の時の女郎の源氏名を植物に資《よ》ったもの、さまで多からず。貞享四年板、其角の『吉原源氏五十四君』のうち、桂、松ヶ枝、梅ヶ枝、桜木等五、六しかなく、明和七年刊、春信筆『吉原美人合』すべて百八十六娼のうち、植物に縁ある源氏名の者は若菜、園梅、小桜、紅、梅枝、波菊、錦木、常夏、五百篠、槙の葉、花紫、玉菊、若松、村荻、桂木、二十に足りない。もしそれ動物を人名につけた例に至ってはまだ調べておらぬから、他日これを述べよう。）

〔追記〕岩橋小弥太氏説（『民族と歴史』五巻三号二三四頁）に、『香取文書纂』に、文明五年の人身売り証文に、口入人虎楠花押とあり、長享三年付の田地改替状に、香通のおうむすめくす、また永正二年付の本銭返屋敷売券にも、香取押手住人楠女という名が出でおる由。

（大正九年十一月『民族と歴史』四巻五号）

（平凡社版『南方熊楠全集』第三巻439～444頁）

《語注》

◆1　**紀伊藤白王子**（きいふじしろおうじ）――現、海南市藤白にある、熊野九十九王子の一つ。祭神、饒速日命ほか六柱。熊野参詣道の王子の中でも、五体王子の一つで、参詣者の必ず宿泊する要所であった。現在は藤白神社と呼ばれる。

◆2　**『紀伊続風土記』**（きいぞくふどき）――和歌山藩が幕命によって、儒臣仁井田好古を総裁として編纂させた、村を単位とした地誌。百九十五巻。天保十年（一八三九）完成。紀州の地誌としては最もくわしいものである。

◆3　**中井芳楠**（なかいよしくす　一八五三―一九〇三）――横浜正金銀行ロンドン支店長。紀州出身、慶応義塾を卒業して同銀行につとめた。在英時代に熊楠の最も世話になった人物。日清戦争の賠償金の受領や外債の起債に尽力し、勲五等に叙せられ、同銀行の重役も兼ねた。

◆4　**『消閑雑記』**（しょうかんざっき）――『消閑雑筆』ともいう。岡西惟中（一時軒）の随筆。二巻二冊。文政八年（一八二五）刊。

◆5　**寺石正路**（てらいしまさじ　一八六八―一九四九）――高知県の郷土史家、考古・民俗研究家。土佐史談会会長。『土佐風俗と伝説』『南学史』等の著書がある。熊楠より一年おくれて東大予備門に入学したが、病気のため、ほぼ一年後に退学した。

◆6　**土方久元**（ひじかたひさもと　一八三三―一九一八）――土佐出身の明治の元勲。通称、楠左衛門、大一郎。農商務大臣、宮内大臣などを歴任、国学院大学学長もつとめた。

トーテムと命名

一

森貞二郎君の「日本人名考」上（『民族と歴史』五巻四号二九三頁）に、「実際植物を人名につけた例も多いが、南方先生の御説のように、果たして族霊というものによった命名であろうか。族霊のあるという考え、すなわち鳩は源氏の鳥だ、狐は武田氏の守護神だ、などという考えは、古人にあったには違いないが、これを名につけるという考えはなかったらしい。その証拠は、平群木菟―子真鳥―子鮪、蘇我稲目―子馬子―子蝦夷―子入鹿、蘇我赤兄―子大蕤媛など、鳥を名とした人の子に魚を名とした人があり、草を名とする人の子が獣を名とし、孫は魚を名とし、曽孫が魚を名とするなど、決して代々一種類を限って採用しておらぬ。族霊を名につける考えが古人にあったならば、むしろ姓につけはしまいか。後世ならば紋所につけるに相違ない」とあるのは、相応もっともな議論と承る。それについて、只今もっぱらいうトーテムと個人トーテムとの区別を弁明して、トーテムと命名との関係に及び、ついでに森君の「人名考」上にみえた人名の考えについて、心づいたところを述べてみよう。

二

予が年来「族霊」と訳し来たったのは、英、仏、独語のトーテムである。これはもと北米インジアンの詞で、種々の意味をもつ。初めジェー・ロングがこの詞の旧態トータムなる詞を、その著『印甸《インジアン》通弁の海陸行記』（一七九一年板）に用いた時は、インジアンが断食して夢みた物、もしくは覡人《げきじん》より授かった物を自分の守護尊とする、いわゆる個人トーテムに限ったが、只今もっぱらトーテムと言うのは、米、阿、濠、亜諸州の諸民がそれぞれ、ある天然物と自家との間に不思議の縁故連絡ありと信じ、その物名を自分の名として、父子また母子代々襲用するを指す。最も多くの場合には、よほど差し迫った時の外は、自家の名とする物を害せず、また殺さず、しかして多くの場合には、その物がその人を守護し、夢に吉凶を示す、とある（『大英百科全書』一一板、二七巻七九頁）。

欧州でも昔 譚《むかしばなし》に、人が動植物の子に生まれた伝多く（一九一四年板、バーン『民俗学必携』四一頁）、近世まで、アイルランドには鶏と 鵝《がちょう》と兎、イングランドには鶏と兎を食わぬ民あり（一九〇八年板、ゴム『歴史科学としての俚伝』四章）、いずれもむかしトーテムを尊奉した遺風という。果たして然らば河野、緒方二氏の祖が蛇を父とし（『予章記』。『平家物語』八）、美濃の健走家キツや大力女美濃狐《みののきつね》が狐を母とし（『水鏡』。『今昔物語』二三）、猿楽の元祖は猿が宮女に生ませたといい（『嬉遊笑覧』五、永正四年作『旅宿問答』を引く）、『奇異雑談』には、エイ魚が人の子を産んだ話あり。また稲荷の狐、熊野の烏、日吉の猴、竹生島の鯰、春日の鹿、三島の鰻や、赤淵大明神のアワビ（『越前名勝志』）、新川大明神の猪、行事大明神の馬と蜈蚣《むかで》、田中大明神の白犬（『近江輿地誌略』六五、六六）から、金毘羅の蟹に至るまで、神社にはそれぞれ使い物あって、その多くは氏子信徒が食わぬがごときは、これら概して本邦にもトーテム尊奉があった余風とみえる。

　トーテムをもって氏族や部姓に名づけた例が世界に多ければこそ、予はトーテムを族霊と訳したので、動植や日月星辰を紋章とすること、例せば、南部氏が鶴の祥兆あって勝軍《かちいくさ》したからこれを紋とし（『藩翰譜』でみたと記臆す）、千葉氏が月星を紋とし、その家をつぐ者必ず身に月星の痣ありとの迷信より内乱に及んだ（『関八州古戦録』一四）など、もとはトーテム尊崇から出たことと思い、昨年斯学の巨擘《きよはく》沼田頼輔◆1君を頼み、まず紋章に用いられた動物の目録を作り貰うて、今に研究しおる。上世民間のことは分からぬが、しばらく『新撰姓氏録◆2』に顕われたところをみたばかりでも、著名の姓氏にトーテムの跡を印したのがある。例せば、柿本朝臣はその家門柿木あるによって氏としたが、俗に人麿柿樹より生まれたという（『広益俗説弁』八）。これトーテム信念の発達を証して面白い。隋の詩人王梵志が林檎の木より生まれしという（『古今図書集成』庶徴典一八八）に対して面白い。上宮太子、ある家の辺に大俣の大楊樹あるをみて、家主に大俣連姓を賜い、また門に大榎木あるをみて、その家主を榎室連としたまう。履中帝、酒盞に桜花入り浮かぶをみて捜さしめ、求め得て桜を献じた者を若桜部連とす。櫟井《いちい》臣、葉栗臣、椋連、橘朝臣、氷宿禰、和禰部《わにべ》、鴨県主、榎本造、菌田《たけだ》連はその田に夜の間に菌が生じたので景行帝から賜わった姓の由。三《さい》枝部《くさべ》連は顕宗帝に三茎の草を献じて賜わった。和仁古は鰐子か。竹原、蝮部、鴨部祝、葛木直、桑原村主、大石、高槻連、菅野朝臣、麻田連その他なおあるべし。

反正天皇降誕の時タジヒ（虎杖）の花の瑞あり、よって多治比瑞歯別命《たじひのみつはわけのみこと》と号し奉り、諸国に丹治比部をおき、その主宰に丹比姓を賜う。また『三代実録』に、宣化天皇の曽孫多治比古王産まれた時、タジヒの花の瑞あり、成長の後、多治比公の姓を賜う、子孫中山、黒田等みな虎杖を紋とす（『甲子夜話』続九七）。藤原鎌足公は、家伝に藤原の第に生まれたとあるから、生まれた地名によって中臣を藤原と改姓されたのだ。しかるに冬嗣公に至り、その家の衰微を歎いて空海に相談し、南円堂を立て祈りし時、春日明神が「今ぞ栄えん北の藤波」とよんだ。この堂供養の日、他姓の顕官六人まで死んだから、代々の御幸にも源氏は向かわず（『源平盛衰記』二四）。また藤原氏の者が始めて献策した時、紀氏の儒臣等、藤に巻き立てられてはわれらが流は成り立たじと嘆じた（『江談抄』一）。兼良公の『多武峰縁起』に、鎌足妊まれた時、その母身より藤花生じ、あまねく日域に満つと夢みたとか、『神明鏡』に、その母の玉門より藤生い出で、日本国に蔓延し花さくと夢みて孕んだといい、子孫多く藤を紋章とするは、藤が藤原氏に何の因縁あるか知らねど、何に致せ、事実藤原氏のトーテムとなったのだ。これらは只今もっぱらいうトーテムすなわち族霊の信念が本邦にあった証左だ。すなわち族霊に資《よ》って姓氏や紋章につけたのである。

三

さて代々一種一類また数種類のトーテムを、一族中の各個人に命名した例が本邦にないかと言うと、あるともあるとも大ありだ。予の家などは、本誌〔『民俗と歴史』〕四巻五号二八七頁〔「南紀特有の人名」〕にほぼ書いた通り、藤白王子の楠神から授かる楠、熊、藤等を代々男女につけ、惣領のみは元服して代々弥兵衛と改名したが、余の輩は一生改めなんだ。熊野橡樟《くす》日《びの》命の名「神代巻」に著われ、『古事記』に神武帝が熊野で大熊に逢い給いしことあり。藤は藤白なる地名の起因で、この地藤でも名高かったものか。むかし那智にことのほか美麗な藤があったと何かで読んだが、今探り当たらぬ。近江草津の立木明神も藤を愛する由（『伊勢参宮名所図会』）。

予が家の外にも、これらの名を代々こもごも用いたのと、代々続いてこれらのうちの一字ばかり用いて、藤右衛門―藤兵衛―藤七―藤助―藤吉および藤蔵などつけたものも少なからず。予は、姉が熊、妹が藤枝、従妹に藤と熊枝、従弟に藤楠、それから楠を名のる兄弟五人、悴は熊弥、娘は藤枝、熊枝とつけんにも、すでに同名が一族にあるゆえ、せめて枝だけ保留して文枝と名づけた。外国にも一族に一トーテムを用いるも、数トーテムを用いるもある。辺鄙の民は以前苗字なき者多く、代々同名で牛とか馬とかで通じた例を控えおいたが、只今みえず。こんなこと、ことに賤民に多くて、一家全く同名ゆえ、大熊小熊、大亀跛亀など言って別った。予が本家幾代も弥兵衛で、過去帳を繰らねば何代めのことか判らぬ。武内宿禰が非凡の長生したと同格だ。白石説のごとく、仁明帝ごろから基経の道真のと、動作や心性によった名が多くなったが、それ以前は猨とか、桜麿とか、形ある物に取った名がもっぱら行なわれた。上流さえかくのごとくなれば、凡下賤民の名は一層左様だったろう。したがって予のごとく一家ことごとく熊、楠、藤を限り用うるような例が最も盛んだったろう。『能登名跡志』坤巻に、広国村の日野氏代々熊の字を幼名とす、と載す。調べたらおびただしく例あることと思えど、只今手が届かない。

　清正幼名虎之助、その子忠広は虎藤丸、藤原氏に古く武智麿と高藤あり、これらは一家に一物を限って名とした余風といいうる。馬琴は、『続後紀』に藤原の藤なる人あり、それと別だが武智麿は藤麿だと言った（『玄同放言』三上）。僧延慶の家伝に、この名は義を茂栄に取ると記す。藤の栄うるに倣《なら》えとて武智麿と名づけたので、馬琴の説は中《あた》れり。藤堂高虎は近江犬上郡在士《ざいし》村の産、村の八幡宮の藤によって氏とす。よって年々その花を神職が伊勢のかの家へ献ずとあるも（『近江輿地誌略』七四）、同じく藤に比べて茂栄を祝って氏としたのだ。元明天皇、葛城王の忠誠を果中の長上たる橘が寒暑に凋《しぼ》まざるに比べ、橘宿禰の姓を賜うた（『続紀』一二）。諸果の兄の意で諸兄と改名した。その子奈良麿の後に清友、氏公、峰継、真直、清蔭、春行、実利、正通、真材、茂枝、貞樹、清樹、善根、三夏、長茂、良根、それから諸兄の弟佐為の後に綿裳、枝主、春成、高成、秋実、長盛、直幹、忠幹、列相。いずれも橘樹の諸相好や他の植物少々を名とす。諸兄の祖父栗隈王、曽祖父大俣王（上に出た大俣連参照）の名を合わせ考うるに、この一家は全く人ごとに木を名とせんとしたが、恰好な木の名に限りあれば、後世伊達政宗、松浦鎮信、織田信秀に同名二人あったような混雑を防ぐため、なるべく橘樹に縁ある形容詞を採用したと知る。

四

かくてわが邦に古来、只今もっぱらいうトーテムの尊奉が行なわれたのみならず、個人トーテムも盛んに行なわれ、また上述橘をトーテムとするに、一族にも個人にも併《なら》び行なうような例があったと知れる。この橘氏の例で類推するに、上世は鮪の藤のと、もっぱら物名を人名につけたが、それでは同名の人多くて混雑するゆえ、それを別たんため、男鮪とか、高藤とかつけて、他の鮪や藤を名とする人と異なるを示し、その男鮪、高藤を名のる人も多くなるにつけ、さらに男鮪や高藤の形容詞、美雄とか好相とかの名をその児孫につけることとなったので、むろん支那風の輸入に遭って、もっぱら支那にあった成語を採用したと考えらる。

　トーテム信念の起因については学説一定せず。あるいはいわく、「初め形相動作の似たる等より、物名を人名としたこと多し。猛き人を虎、鈍者を亀というごとし。後世これを心得違うて、わが祖は虎、汝は亀の裔と信ずるに及ぶ」と。予幼時、支那史を学んだ時、帝舜が使うた才子八元中の伯虎、仲熊、叔豹、季狸を、人でなくて獣類と心得、同学中に土蜘蛛、打猨など『書紀』にあるを、まるで動物と信じおった人もあったから推すと、無理からぬ説だ。あるいはいわく、「男女交会するごとに必ずしも子を孕まず。また一生長くつれそい、不断和楽しながら子なき者多し。されば蒙昧の世の人は懐妊を不思議の極とし、男女交会にいささかの関係なく、異物奇象に感じて始めて孕むと信じた者多し。かくて生まれた子は、その母を感じ孕ましめた物をその父と信じ、その後裔みなその物を祖とし敬う。これその一族のトーテムだ」と。

〔昭和二年十月十日増補〕梁の劉勰の『新論』五にいわく、「華胥《かしょ》は大人の跡《あしあと》を履んで伏羲《ふっき》を生む。女媧《じょか》は瑤光《ようこう》（星）の日を貫くに感じて顓頊《せんぎょく》を生む。慶都は赤竜と合して唐堯を生む。握登は大いなる虹を見て虞舜を生む。修紀は洞流星を見て夏禹を生む。夫都は白気の月を貫くを見て殷湯を生む。太姒《たいじ》は夢に長人を見て文王を生む。顔徴は黒帝に感じて孔子を生む。劉媼は赤竜に感じて漢祖を生む。薄姫は蒼竜に感じて文帝を生む。徴子は牽牛星に感ず。

顔淵は中台星に感ず。張良は狐星に感ず。樊噲《はんかい》は狼星に感ず。老子は火星に感ず。かくのごとき類《たぐい》は、みな聖賢の天の瑞相を受けて生まれたるものなり」と。例のキリスト教徒は、キリストがその母の夫の胤でなく、上帝がその母に孕ませたものと伝称し、それについて種々大議論を生じたは皆人の知るところで、一八二三年板、ホーンの『古神劇記』第五曲「ヨセフの悋気」、ヨセフ不在中に妻上帝の胤を宿せしを見て、わが妻を間男に盗まれたとなき騒ぐ。この俗見の方が学者の議論よりも事実に近い。)

少昊《しょうこう》の妃が竜に感じて炎帝をうみ、附宝が電に感じて黄帝をうみ(『史記評林』一)、日本に、寸白《すばく》虫を腹に持った女がかの虫の子をうみ、信濃守となったが、寸白虫の敵薬たる胡桃酒を強いられて水に化し去った談あり(『今昔物語』二八)。また醜婦が天に祈り、望月の影映った川水を呑んで孕み、飛騨の匠《たくみ》を生んだ由(『斐太後風土記』)。その飛騨の匠が作った木偶が宮女に孕ませた子が、紫宸殿を作る三大工の祖といい(『鹿添壒嚢抄』五)、日吉山王の猿が大内女房に生ませた四子が猿楽を創作したから、大内裏へ猿楽参らずという。「さのみ人に違はぬ猿のなり形《かたち》」「浮名とらさる内裏上臈」とはこれを読んだものか(『申楽聞書』。『千句独吟之俳諧』)。諸国に木や石に祈って孕む信念広く行なわる(一九〇九年板、ハートランド『原始父格論』一巻二章)。してみると件《くだん》の説もまた道理あり。まずは両説兼ね信じて、第一説ごとく起こったトーテムも、第二説通り生じたのもあったというが穏当と考う。二者いずれが日本に例多いか知らねど、記録に存するだけでは、第一説の例の方が多いようだ。柿の木が家門にあったので柿本氏を称えたのを、後に人麿が柿から生まれたと誤り、藤原の地に産まれたゆえ藤原姓を賜わったを、その母の那処から藤が生える夢をみて鎌足公を孕んだなど唱え、その一門と藤に密接不思議の因縁厚く、藤が栄ゆればその家また盛ゆると信ずるに及んだごとし。

五

終りに、森君ならびに読者諸彦に対し弁じおくは、本誌四巻五号二八九頁已下の拙文に◆3、只今もっぱらいうトーテムと個人トーテムを区別せず、概して族霊と訳載したは軽からぬ過失で、前者に限り族霊、後者はまだ決定せぬが、差し当たり守護物精とか、眷属物精とか訳出したらよかったと惟う。前者の力は一群一族の人衆に及ぼし、後者の力はただ個人のみに及ぶのだ。かの文に引いた『東京人類学会雑誌』二四巻二七八号の拙文〔「出口君の『小児と魔除』を読む」〕に、トーテミズムの一語あって、これは昨今もっぱら族霊の信念をさすに用いらるる詞で、個人トーテムに関すること少なきより、至細の吟味なしに、族霊をも個人トーテムをも押しなべて族霊と書いた次第であった。今、森君の一問で始めて気づいた。今後は慎んで二者の区別に深く注意しょう。この段別《わ》けて森君に鳴謝す。

六

森君の「日本人名考」は、まだ完結しないから、今日（四月十六日）まで拝読した分について、気づいたことを述べよう。

丸・麿　前年この名について、英米諸国でとっけもない囂議《こうぎ》が起こった。憚るところあって子細はここに述べぬが、まずは軍制の調査上より、何故わが邦の船舶を、あるいは丸、あるいは艦、あるいは号とつけるかを疑うた人多く、したがって予は一九〇七年ロンドン発行『ノーツ・エンド・キーリス』一〇輯八巻に、二度まで「丸の説」を出したのを、英国海軍大将イングルフィールド氏（北洋探検で高名だったエドワード・イングルフィールド男の甥）の頼みで、海軍通のヒル氏が摘要訳出して自見を付し、一九一六年六月十三日の『ロイド登録』に載せ、あまねく読まれた。

その拙文に書いた通り、麿の名がもっとも著しく国史に出始めたは、孝徳天皇の朝の初めに大臣になった安倍内麿と蘇我倉山田石川麿とからだが、それより前にも厩戸皇子の舎人に調使麿、まだ前の雄略天皇朝に播磨の賊文石小麿あり（『聖徳太子伝暦』。『書紀』一四）。麿を丸とかくことは、すでに弘仁中の作、『日本霊異記』にあり。例せば、上の二九に白《しら》髪部猪《がべのい》麿《まろ》、中の三に吉《き》志火《しのほ》麿《まろ》、同九に大伴赤麿、同二四に捕牛鬼の名槌麿。しかるに、下の二五に中臣連祖父麿、祖父丸と二様に書し、二七の宝亀九年の記事中に秋丸なる悪人の名あり、三〇の延暦元年の記事に多利麿また多利丸、三二に呉原忌寸《くれはらのいみき》名は妹丸、三八に藤原朝臣仲麿また仲丸と両様にかきある。その人を在世中は麿と書いたであろうが、ともかく晩くとも弘仁中には、麿を丸とも書いたらしい。また『西宮記』追儺《ついな》の条下に、「国史にいわく、天長十年四月、勅して大舎人《おおとねり》の穴太馬麿を喚び、内竪《ないじゅ》の橘吉雄と双《なら》び立たしむ。その身の長を量るに、吉雄はなはだ短くして、その頭首は馬丸の腋下に及ばず、云々。按ずるに、世人、今に及んで長人を呼びて馬丸というの興りか」とある。『続日本後紀』の本文には、「馬麿の腋下に及ばず」とある馬麿を『西宮記』に馬丸としたのだ。同記二三に強盗の名を列した中にも、藤原童子丸、六人部法師丸、秦犬童丸あり。その前にも純友の子重太丸というのが『今昔物語』にみえる。

森君は丸は糞をまるの転語と言うのを、自分の新案とでも惟われおるよう拝読するが、このことは他人がすでに先だって言われたところで、井上通泰◆4博士の来示にもあった。岡西惟中の意見は本誌四巻五号「南紀特有の人名」に引いた。井沢長秀、和漢幼児のよく育つ厭勝《まじない》とて、賤物を名に付くる弁、これに近い（『広益俗説弁』後編四）。惟中の言によれば、細川幽斎がはやくこの類のことに気づいておったらしい。予は人名の麿と丸が果たして糞から出たか否を決しあたわぬが、『大鏡』に三条帝が兼家公の女《むすめ》綏子を愛して、炎夏の日氷を取りて、「まろを念《おも》い給わば、今はと言わざらんかぎりは置かせ給うなとて」持たせ給いし由。またそのころの盗人に調伏丸、多衰丸、鬼同丸あり（『今昔物語』。『古今著聞集』）、『二中歴』には襷《たすき》丸（狛氏）、調服丸とす。藤氏の盛時に尊勝みずから麿と称え、貴人も盗賊もまた丸を名としたと知る。

七

王・力　森君は王のついた名は、たぶん不動明王の功力を仰いで無事に育つように祝した名だろうといわれたが、仏典に何王という例きわめて多い。竜王、牛王、馬王、猴王、蟻王、孔雀王、螺王、鵝王等だ。また仏・菩薩・鬼神の名に覚王、教王、蔵王、喜王、天王、医王、夜叉王、阿修羅王、鬼王等すこぶる多い。唐の陸亀蒙の『小名録』に、宋の前廃帝小字法師、斉の鬱林王小字法身、梁の昭明太子小字維摩、唐の王維字は摩詰、梁の廃帝小字薬王、宣帝小字師利などあって、六朝仏教盛んな時、多く小字に仏菩薩や内典の詞をつけた。

わが邦またこれに倣うたので、薬王、舎那王、光王、寿王等、経文すでにその名の仏菩薩や国王あり。決して不動明王の功力を仰いでつけたでない。力を人名につけるも同様で、小力、徳力、功力、業力、力士等の成語多し。決して五大力菩薩のみによったでない。

八

よし・とめ・せき　この子かぎりで生まれないようにと、よし、とめ、せきをつける外に、すみという名もあって、女子が続いて生まるるを禦ぐためにつけられた由。拙母、名はすみであった。

九

楠　井上通泰博士近く書信して、熊楠等の名の楠はもと自謙の称、クソまたはコソから転じた由を教えられた。自分もこの説古くよりあるを知りおった。例せば、『類聚名物考』三九にいわく、「およそ上古の人名は、男も女も童《わらわ》も、すべてその故《ゆえ》知れがたきもの多し。されども、まずは魚鳥あるいは物に寄せてぞ付けたる。中ごろの世には、多く童の名には何コソ、某キなどいう類ぞ多き、云々。コソというは、『延喜式』の神祇式第二巻、「下照比売社一座、あるいは比売許曽《こそ》社と号《なづ》く」とみえたるこそ始めなるべき。あるいは糞という意にて謙辞なりとも言えり。キは君の略語にして、大キは大君なり」。(田辺町の俗、今も人を呼ぶに、文枝を文キ、友吉を友キという。これは尊んでいうのでないから君の意と思われぬ。)馬琴も言った通り、国史等に屎を名とした男女多ければ、クソまたコソを糞によった名とするはもっともだが、紀州、土州等に多き人名の楠までも屎やコソから出たとは受けがたい。

すなわち予の前論(『民族と歴史』四巻五号二八七頁以下〔「南紀特有の人名」〕)に述べた通り、土佐に今も楠を祀りて神とし、人名を授かる例多く、紀州は予が知るところ、藤白王子の楠神の外、『紀伊国神名帳』に従四位上楠本大神、これは先年合祀された(『和歌山県誌』下)。紀州に楠本氏多く、予の外叔母の夫楠本藤助、その子藤楠、あるいはこの大神の氏子で、藤白王子のそれのごとく藤、楠等をトーテムとしたものか。官幣大社日前《ひのくま》・国懸《くにがかす》両大神宮にも付属の楠神があった。その他楠を神とし神木とした社多かったが、合祀で亡びてしまった。予の亡父の氏神日高郡大山神社の大楠は、むかし藩侯の命で切って、和歌山懸作《かけつく》りの大手門を作った、と古老に聞いた。中古、楠の木の神に従四位上を授けたほど尊ばれしに反し、おいおい神木を利用するため、その崇拝を廃止せしめた所も多かろう。

紀伊ならでも楠を神木とする例多く、前論に挙げた土佐の諸例の外に、伊豆の走湯の末社、樹の宮は、楠を神木とし、稜威勝れた社なり（『関八州古戦録』一二）。神代の熊野櫲樟日命、仁賢帝の女樟女皇女、藤原仲麿の子久須麿等は、この木を尊ぶに関した名らしく、『和泉国神名帳』に、従三位楠本社、従五位上楠本国津神社、従五位上信太楠木神社、従五位下楠本辻社、従五位上楠守社あり。和泉にも楠を名につけた人あり。例せば、大坂で名高い弁護士林竜太郎氏の従弟に、予が知人天野猪間楠氏あり。『三河国神明名帳』に従五位上楠本天神、『清滝宮勧請神名帳』に伊予国の楠本大明神、『若狭国神名帳』に従二位久須夜大明神あり。『延喜式』に出た古社で、楠に関した名と惟う。『東京人類学会雑誌』二四巻二八二号、出口米吉氏説〔「わが国における植物崇拝の痕跡」〕に、「熱田社の西にある楠の古木を楠木の宮と崇む、この神に祈れば安産する由。紀伊の官幣大社『日前国懸両大神書立』にも、「楠神、社なく、楠木あり」とあり、駿遠の境大井川の上、篠が窪の楠繁れる森中に、楠御前という小祠あって、祈れば膳椀をかす。熱海の鎮守来宮大明神の神木は大楠で、武州吾妻大権現の票木《ひょうぼく》は連理の楠なり」と（摘要）。『参宮名所図会』に清盛楠を載す。これも清盛が、その枝自分の冠に障るとてきらせたなどいうので、その強威を称すると同時に、神宮また楠を神木とした証に立つ。

かく諸国に古く楠を尊ぶ風広く行なわれたれば、本誌五巻三号二三四頁〔「名に楠をつけることについて」〕に岩橋〔小弥太〕君が、『香取文書纂』から引かれた足利時代紀泉土三州外の男女の名の楠も、必ず楠を守護物精もしくは族霊としてのことだろう。それをことごとく糞から転じたとは、いかにも受け取りがたい。さて予が知るところ、楠を人名につけた最も古い例は、『東鑑』九、文治五年二月二十一日、鶴が岡舞楽に召された箱根の童形楠鶴と、同書一二、建久三年八月十五日、同社放生会の舞童滝楠とだ。

十

奈良　奈良を人名につけたは奈良県人に多い由。何奈良は聞かぬが、楢次郎、楢八などは紀州にもある。森君は楢は別に神木でもないと言われたが、実は今日何でもなくとも、古えは神に縁ありとして尊ばれたもの多し。例せば、『古事記』仁徳帝の御歌「川の辺に生ひ立てるサシブを、サシブの木」とあるは、『倭姫命世記』のササムノキ、『神名帳』の伊勢の竹佐々夫江の社のササブ、『字鏡』のサセブで、紀伊その他でシャシャンボというものだ。この木古く神に縁厚く至尊の御詠にまで出たが、今は田舎の児童が採って実を食らうのみ。『和漢三才図会』、『大和本草』以下の博物書に、一向みえず。今日学校の講義にもさらにきくことなし（『古事記伝』三六参照）。

『古事記』に、垂仁帝の御子大中津日子命は吉備の石旡《いわなし》の別《わけ》の祖と出た。石旡を『続紀』に石成に作るが、何ごとか別らず。『類聚国史』に磐梨別の公とあって、和気清麿の本姓と載せたので、始めて和気氏もとは磐梨の別《わけ》と言ったと判る。磐梨は四、五寸に過ぎぬ矮木で、故伊藤圭介博士の『日本植物図説』や『日本産物志』に図説あり。『尺素往来』に岩棠子《いわなし》とあって、足利氏の世に賞翫されたと知るが、その前にも今もあまり知れず。『類聚名物考』一八に、甲斐国山梨郡山梨郷山梨岡神、『夫木抄』、甲斐にて山梨の花をみて、能因「甲斐がねにに咲きにけらしな足引の、山梨の岡の山梨の花」。伊勢の一の宮は椿が岳の麓にあり、その地椿多し。『延喜式』に椿太神社、後世都波木大明神と言う（村田春海『椿詣での記』。藤堂元甫『三国地誌』二三）。山梨岡の神も、椿太神社と等しく、よくよく山梨に因縁深い神とみえる。この山梨という物、平安朝廷の食膳を記した『厨事類記』に、橘や柿と双《なら》んで時の美果に入りたれば、尊貴にも賞翫されたのだが、今はこの物生ずる山中でさえ、その名を知らぬ人多し。

楢、一名ハハソ、この時は古書に柞とかく。古歌に「影もみえぬ風は夕べにならし坂や、児手柏《このてがしは》の招く三日月」など、奈良坂に児手柏を寄せたが多い。出口米吉君の「わが国における植物崇拝の痕跡」（『東京人類学会雑誌』二四巻二八二号）に、白石先生の『東雅』を引いて、カシワ〔カシハ〕とは古え飲食物をもる木葉の総称なりしを、槲葉を主として用いたゆえ、ついにこの木をカシワと呼んだらしく、特に飲食物をもる木葉の守護神を葉守の神と言ったが、後には『枕草子』に見る通り、槲の木にこの神すむと言ったらしい、と言われた。これも今となっては何の要もないことながら、今日もアフリカや多島州《ポリネシア》で、甘蕉等の葉に饌をもり、食いおわってその葉できれいに手指を拭うをみれば、皿鉢乏しき時に槲の葉は大必要だったのだ。さて槲の外にも多少その役にたつ葉をナラカシワ、コノテガシワなど言ったので、ハハソもハハガシワと言うから、通憲の歌に「名にしおはば葉守の神に祈りみん、ははその紅葉ちるや残ると」とあるはもっともだ、と出口君は言われた。楢もナラカシワで児手柏と等しくカシワの一類とみられたから、奈良坂にややもすれば児手柏を寄せたので、奈良はもと多少楢の木に縁あった名と思う。

『紀伊続風土記』七七にいわく、牟婁郡小口川郷諸村に社なく、木を神体として某森と唱うる所多し、と。むかし森と言ったは、多くは木を神体として祭った木立を言ったので、杜社相通じたとの白井〔光太郎〕博士の説を、中村〔啓次郎〕代議士が先年神社合祀に関する質問演説に引かれた。徳大寺左大臣の詠に「夕かけて楢の葉そよぎふく風に、まだき秋めく神なびの森」。神林に楢、柞多きはみな知るところで、『連珠合璧集』「柞《ははそ》とあらば、森、佐保山、泉川、いわたの小野《おの》。楢の葉とあらば、柏、時雨ふりおける、名におう宮古事」とのせ、『後拾遺』「榊とる卯月になれば神山の、楢のはかしはもとつはもなし」と引いた。これで楢、柞は今日神林に多いが別に神木とされぬに反し、むかしはもっとも神に縁厚かったと知る。

さて『清滝宮勧請神名帳』に、楢大明神が二ヵ所にでておる。列神の前後から推すに、山城にあったらしい。これはこの木を神として祭ったよう思われる。捜したらまだ例があろう。熊野などでは楢とのみ言ってハハソと言わぬ山民多い。ホウソは疱瘡と聞こえるによる。『新撰姓氏録』に櫟井臣、葉栗臣等、楢と同科植物に因《ちな》んだ姓あれど、楢や柞の姓はみえぬ。橘奈良麿や天武帝の皇孫奈良など、地名によって名としたにしたところが、予が自分の名に因んで熊や楠を敬愛するごとく、楢に対し特異の感を懐いただろう。これ楢をトーテムとしたのだ。これで楢を名とするは楠と同じく、これを神とし、神木として、産児の加護を仰いでのことと判る。『日本霊異記』中巻に、楢の磐島は諾楽《なら》左京六条五坊の人なり、とある。『新撰姓氏録』にないようだが、奈良に古く楢を族霊とした姓があったのだ。

大正二年四月十八日、大和郡山生れ長島一◆5氏老母（六十余歳とみゆ）にきく。自分幼時はなはだ弱かりしに、大和のナラ郡ナラ村のナラ神さんに願をかけ、ナラの字を借り用いてより至って息災なり、いま背負いおる孫女も左様する、男子は十五、女は十三まで立願し、燈明をあげ、大阪近所へ往けば必ず参らすべしと誓うのみで、別に楢の字を唱え、つける等のことなし、と。このナラ神様は上に引ける楢大明神と同異如何《いかん》。とにかく楢を守護精とする旧俗あった証左になる。〔増補〕大阪の山本明信氏より本誌編輯人への通知に、奈良の近郊に世俗楢神さんという社あり、この社に参って生まれた子供に楢の字を冠せると、不思議によく育つと言い、よく子供を亡くする家など、ことによく行なう習わしらしい、と。〕

ついでにいう。楢と同属の木イチイに古く櫟また赤檮の字を当てた（『和名抄』と『書紀』）。イチガシとて、熊野で神林にしばしばみる。『書紀』に守屋大連を射殺した迹見《とみ》の首赤檮《おびといちい》、『新撰姓氏録』の櫟井臣、『尾張国神名帳』の正四位下櫟屋大神、いずれもこの木で名づけたのだ。『紀伊続風土記』七七に、牟婁郡月野瀬村の祝明神森は、古来社なく櫟を神体とすという。一や市を人名としたうちには、初めこの木に採ったのもあろう。同属の槲《かしわ》は、上述の通り、上世もっぱら饌をもるに用いられたゆえ、膳夫をカシワデと訓んだらしい。『姓氏録』に膳夫《かしわで》大伴部の姓あり、『書紀』に膳臣《かしわでのおみ》巴提便《はすひ》という勇士百済に使いして虎を殺した記事あり。これらと同科植物たる栗も殖栗王子、殖栗王、栗栖王、栗原王等の人名、『姓氏録』に出た栗栖、葉栗等から、後世『太平記』にみえた栗生、『奥羽永慶軍記』の一栗、また紀州には森栗、信州に栗田等の氏名多く、常陸の栗林氏の祖は、焼栗をまいて栗林が生じたから氏に名づけた由（『鹿島宮社例伝記』）。ただし栗何とか、何栗とかいう人名は聞き及ばず。お栗、栗枝等の女名も聞かぬ。まだいいたいこと多いが、あまり長くなったゆえ止めておく。

（大正十年六月『民族と歴史』五巻六号）

【補遺】

楢の木と命名。本誌五巻六号三九六頁に記した人名と楢の木の関係について、次のごとく補遺しておく。

大阪辺に楢神という小社あって、それから楢の一字を請うて小児につけるということ、山本明信氏から報ぜられたが、今按ずるに、『続日本後紀』巻一九、「嘉承二年十一月辛亥朔壬子、武蔵国播羅郡奈良神、播磨国佐用津姫神、並《とも》に官社に預かる」とある。この奈良神も楢の木の霊を祀ったでなかろうか。

ついでにいう。スキートおよびブラグデンの『ペーガン・レーセス・オヴ・ゼ・マレイ・ペニンシュラ』の二の三頁以下に、セマン人の子生まれた時、その場に近く見えた木をもってその子に名づくる。さて後産をその木の下に埋めるや否、その子の父が地上より胸の高さに至るまでの間、その木に刻み目をつける。カリ神、自分が倚《よ》って立つ木にもかかる刻み目をつけて、人一人地上へ送りつけた紀念とするを表わす。この木を伐らず。またその子生涯これと同様の木を害せず。またその実をも食わず。ただし女が孕んだ時、その子の名とする木を見に行き、その実を食う。東セマン人に至っては、自分も木と同時に死すと信ずる、とある。わが邦風も昔はこんなであったではないか。

（大正十年九月『民族と歴史』六巻三号）

【追記】

栗の字を人名につけること。本誌五巻六号三九九頁に、栗の字を人名につける例を聞き及ばぬ由書いておいたところ、女の名に栗の字をつけたのを見出だした。『武功雑記』(続史籍集覧本)下巻に、伴団右衛門一類赤尾勾当、北条左衛門大夫後室の使いし御栗という女房を妻《めと》る、とある。本誌にしばしば見えたアグリという名は、この栗に縁ありや否判らぬ。

(大正十年九月『民族と歴史』六巻三号)

(平凡社版『南方熊楠全集』第三巻445～460頁)

《語注》

◆1　**沼田頼輔**(ぬまたらいすけ　一八六七―一九三四)――神奈川県師範学校卒。開成中学教諭をはじめ各種教職をへて、山内侯爵家の家史編纂所に入り、紋章学の研究に没頭した。大著『日本紋章学』は帝国学士院恩賜賞を受けた。

◆2　**『新撰姓氏録』**(しんせんしょうじろく)――嵯峨天皇の勅をうけて万多親王らが撰進した系譜。三十巻、目録一巻(散逸)。弘仁六年(八一五)成立。神武天皇の時代から弘仁期までの京畿の姓氏一一八二氏を、皇別・神別・諸蕃・未定雑姓に分類、各系譜を記したもの。現存本は抄録本とされている。

◆3　**拙文**（せつぶん）――「南紀特有の人名」をさす。

◆4　**井上通泰**（いのうえみちやす　一八六六―一九四二）――歌人、国文学者、眼科医。柳田国男の兄。宮内省御歌所寄人、宮中顧問官。『南天荘歌集』『万葉集新考』（全八巻）などの著書がある。

◆5　**長島一**（ながしまはじめ）――田辺の住人。父は長島金三郎という大和郡山の藩士で、田辺に移って花と茶を教え、中屋敷町で金魚屋を営んだ。息子の一も茶人で、のち福路町で花屋を営む。その老母というから、金三郎の妻であろう。

第二部　アメリカ放浪——在米書簡より

（平凡社版『南方熊楠全集』第七巻より。各書簡の末尾には全集の当該ページを記した）

杉村広太郎◆1宛

一

明治二十年七月十九日午前十一時認

紙少なく墨稀《まれ》に、筆さき横の方へ飛ぶ。これ曹孟徳の詩にはあらざれども、小生の現状なり。御察しの上、その字の細小にして行の迂愚なるを咎めず、蟻が木のまたをあるくように細かによんだら、ずいぶん面紺《おもこん》なこともあるべし。

そりみになり、オホン、「大ぞらはこひしき人のかたみかは物思ふたびにながめ出さるる」、「実《じつ》もまこともつくしたふたり日々にあはねど気ももめぬ」など和独兼備（うたとどど一ということ）に、相かわらず碌々ごろつきおり候えども、別に頭も打たず、まずは珍重珍重。二に貴君相変わらず御長盛、定めて「雪膚花貌《せっぷかぼう》、◆2参差《しんし》として是《これ》（と申したいが、君は色が黒い）なるべし」と艶羨罷り在り候。承れば、今年中に法律学校へ御はいり相成り候由、大喜大喜。何分御勉強のほど願い奉る。僕のごときは、天才あまり鈍な男でもなかったが、大路をふみちがえ、「今年歓笑し復明年《また》、秋月春風等閑《とうかん》に度《わた》り」たるおかげで、今はかっぱに尻ぬかれた五十ばかりのじじさんのごとく、しばらくは物も言えず。しかし、何分これを東隅に失いてこれを桑楡《そうゆ》に収めたる馮異《ふうい》将軍の跡に倣《なら》わんと勉強罷り在り候。貴君今年歯《よわい》まさに盛んに牛を食らうの気あり、よろしくますます奮発して蔚蓄の才気を研ぎ出し、小生輩の友ゆえ、中にかかる豪傑ありと生輩までの名を成さしめられんことを、へたばって冀望す。

玉影を投ぜられ、感謝感謝。昨、僕領事館に至り来翰を見るに、今井義香よりの書一のみなり。まちにまちたる甲斐もなしと、憤りながら走り出づ。一人あり、後より呼んでいわく、これは君への書ではありませんか、と。示すをみれば、すなわち君の書なり。直ちに受けみるに何となく硬きゆえ、さては、写真なるかとその場で解封致しもちかえり、眺むること時余、魂躍り、魄飛び、眉下り、臍昇る。しかりといえども、漢の武帝の返魂香《はんごんこう》は結局思いの益《ま》す種とあきらめようなく、これを紙につつみ、懐中に収めおき申し候。ことに添えられたる御文中、わざわざ小生のために写し取られし厚情たとえんようもなし。『詩』にいわく、贈り物は美なるにあらず、これ美人の贈り物、と。しかして今この玉影のごときは、ただに美人の贈り物なるのみならず、贈り物も添文もみなことごとく美なり。

かつその文中小生にキテイルような意志を表せられたるは、さすが三、四年来少年諸君に人望多かしり小生の名誉と尊位を増す品ゆえ、謹んで三拝の上巻き収め、他日事成り帰朝の上は、これをカビネットに整置し、中松などをして羨欽に堪えざらしめんとす。ついては小生の写真も呈すべきなれども、当港写真は世界に有名なる代りに一ダズン二ドルから五ドルまでするゆえ、ずいぶん困却、ことに小生不《ぶ》おとこのくせに在国の節は毎度写真とり、人々に配り世間にありふれたること西京のかおと一汎ゆえ、この回は略す。

小生近ごろまで Pacific Business College に在学罷り在り候ところ、当地、日本人のうけはなはだよろしからざる上に、物価ははなはだ高く、そのくせ学術などははなはだあさましき所ゆえ、来八月より Bayant and Strutton's Business College, Chicago, Ill. に入学仕る目的に御座候。全体御存知のごとく、米国は教方のこと等に政府より厳法を行なわぬことゆえ、同じカレッジと申すなかにも、イェール・カレッジのごとく、はなはだ高上なるものもあり、また地方のカレッジに至っては、ほんの共立学校くらいのものもあり、カレッジ、アカデミー、スクールなどと、名称は本人の勝手次第に付くることに御座候。小生今までおり候商業学校はまず日本の商業学校くらいのもの（もっとも米国のことゆえ規模は宏壮なるにもせよ）につき、この回小生の趣かんとするチカゴ府のカレッジは、同じ商業学校中でも大学の資格を有せるものにて、ニューヨークのポーキープシー（福沢の子おる）とフィラデルフィアとこのチカゴとをもって、米の三大商業学校とすることに御座候。小生着後直ちにチカゴへ行きたかったれど、何様《なにさま》言語その他百般のことに通ぜざりし間のことゆえ、遺憾ながら今日まで延引仕りおりたることに御座候。チカゴは御存知の米国四番くらいの大都会、諸方より鉄道ことごとく萃《あつま》る処、近傍にはミチガン湖あり、ずいぶん異《かわ》った所、かつ日本人の止まりし者少なき所ゆえ、ずいぶん面白きこともあるべしと存じ候。いずれその節は早速手書の宛てどころを申し上ぐべき間、時々御通交下されたく候。はや短き間のことゆえ、その書御手に入り、小生チカゴの居処分かるまでは御出信下され間敷《まじく》候こと。

当サンフランシスコには日本人千余人も有之《これあり》候ことゆえ、もはやほらも吹きつくしたることと存じ、別にこれと申す珍事は申し上ぐべきようもなし。日本人菅《かん》と申す人奉公に行きしに、主婦これにその名を問う。その人主婦の仏人なるを見ながら、哲学大家の名を借りてカントなりと答う。主婦いわく、汝はなはだ良人と見受くれども、名あまり不都合ゆえ仕《つか》うことを断わる、と。その人わけ別らず、還りてこれを仏語をよくする日本人に問うに、仏の俗、女陰のことをカントというなりとぞ。また日本より来たしんまいの奉公人、店前へ水を撒くとて通行の女に水をぶっかけ誤り入るに、頭を下げて Thank you, Thank you とつづけて言うたに、その女水をかけながら礼をいうとは変なことだとながめながら、不承不承の体にて通り過ぎたりと。これはこの男ちょっと字書を見てサンクという字に謝スルと訳つけてあるを見、謝するという漢字にアヤマルと礼イウとの二意あるを知らざりしがための誤りなり、と大笑なり。

　当地はことに女権ひどし。これは全体米は殖民地より成りしなかにも、この地ごときはもっとも殖民地の新たに成り上がりしものにて、女とさえいえば渇望し立ち切っているゆえなり。故に石を擲ぐべき黒奴の女でさえ、気どって目をピカつかせゆくものははなはだ多し。前日の新聞に、コロラド州のガーフィールド郡内に、未婚の男子千百人にして未婚の女子は女児を含めやっと二十八人のみなり、と。サンフランシスコも、もとはかくのごとくはなはだしかりしなり。ボストン、ニューヨークなど、東方大都の女はほんとうの女丈夫多い。学識卓挺、一生男はもたず、女同志（男同志を男色というから、これがほんとの女色かいな）ですましおるものなどもある由なり。この港の女ほど悪いものはなし。才も識もなく、ほんの婬逸ばかりにして、しかも美装盛饌、亭主を尻にしくもののみなり。その言詞のごときも、この地の人にはよいかしらぬが、予輩より見れば紀州辺でいう「アバエル」というやつにて、一向みられません。その上顔に白粉を抹しグリスリンを塗りたりなどするばかりで、フロに入らぬゆえ垢ひどく、その上また洋服のコルセットでしめつけ、脇の下より黄汁出、または厠に入りて尻ろくにふかぬ。（これは新聞紙にてふくことゆえ、すべってよくふけぬことなり。全体洋人、塵一つ目前にありてもきたながるに引きかえ、糞を何とも思わず。小児など糞をつかむもの多きも父母平気で、いいものを握れたともいわぬが、見ているは、我輩一向解せぬことなり。）また室の建設《つくり》ようははなはだよく、ちょっと中から鍵をおとし、窓のブラインドさえしめれば昼間やってもかまわぬことゆえ、かつは洋人は、体よく、精液満ちたるゆえ、日夜隙さえあればソファの上に相抱えソファをゆすりながらやりどおしとのことなり。

美少年もずいぶんあり。少年も二、三人抱いたこともあり候（やりはせぬが）。しかし、いずれもフレックルと称し、日本のハイのクソのような紅点、目の下、頬の辺に生じ、はなはだ見苦し。しかし、小生のところへくる少年などは良家の子ゆえ、いつも顔を紅くぬってくることとなり（女もまた然り）。加之《しかのみならず》少年（女もまた）みな歯なみはなはだ悪く、明眸皓歯なるものあれば必ず入歯なるがごとし。到底利光さんや君のようなはありいせん。我輩これについて致し方なく、少年のことは一旦絶念罷り在り候。時に「帰去来」を賦するもまた風流、羽山さんこれを聞かばまさに九腸寸断するなるべし。なんぞ商人の婦となりて水を憂い、また山を憂えんとは、すなわちこのことでござい。

当港に酒飲みを下戸となす法を行なう人あり。散薬とかを、茶また珈琲《コーヒー》に入れのましむることとなるよし。ちと喜多幅に呑ましては如何《いかん》。

当港は各種人民の大雑合場《ざこば》なるゆえ、各国語雑混しておるは勿論のことゆえ、英語でないかしらぬが、当地一汎の語で、男陰をプリック、女陰をコックと申し候。メムブラム・ヴィリ、チー・パルブなどは一向不通なり。また、やることをスクイーズという（squeeze）。

前日（本月四日）当国独立祭日に、在留日本人（当地人はこれをジャップと申す）三百人ばかり金門園に集まり、演説等式のごとくおわりて角觝《かくてい》撃剣などはじめたりしが、みなみな安くみつもって伴九一さんくらいのしろものばかりゆえ、ついに大さわぎとなり、叫ぶ声公園近傍にまで聞こえしにより、巡査騎して来たり、ついに解散を命ぜられ候。しかし、その巡査来たりしときは終りなりしゆえ、さまで争動もなくおさまりぬ。

もし和歌山へ御帰省相成り候わば、拙家に南米産のタマムシ・ミカドンバイの写真、アーゼンチン邦の紙幣、インジアンの石砮《せきど》等、その他数種送り有之《これあり》、御物見あるべく候なり。いと穢なきはなしにあれど、当地にて女に不運な男は、十一、二の美童を銭出して傭い来たり、せんずりをかかしめる由なり。あまりかかせたときは、愉快一向相感ぜぬように相成る。その砌《みぎり》は細きハリガネを穴の中に通した上、かかせるとのこと。

本月発兌の雑誌に、一昨年極月八日に逝かれたるニューヨークのヴァンダービルト（Vanderbilt）は二億ドルくらいの遺産ありし、と載せたり。何と巨大ならずや（しかし、今に僕もなる）。これを一ドルの銀貨と見て積み重ぬれば三百五十五マイルス、横に並ぶれば四千六百七十二里、重量七千二百六十トン、汽車に積めば十二マイル半つづき、機関車十二を要す。一ドル切手としてその紙を積み重ぬれば、十二マイルスの高さに至る。、これで金マラを鋳れば三十二万茎を得べく、この金を投ずれば、絶世の美少年をば三万遍ほるを得、喜多幅にやるときは五万八千四百日女房をつれて礼にくるとのことでげす（、点のところまで本当のこと）。『詩』にいわく、「哿矣《よいかな》富める人、哀しむらくはこの煢独《けいどく》」と。

富人ほどよいものはげいせん。吾輩は、今はやはり銭つかうばかりなれど、そこが経済学にいわゆる散してのち得というやつなり。後日必ず大富家と相成り、貴君のような美少年とともにこれを楽しまんと欲す。（貴君のようななり、あえて貴君というにあらず。）

次便に小生チカゴ府の居住処を通知するゆえ、それまでに君御卒業なされ、筆記学をもって、喜多幅の薬取りのババさんに対するいいざまから、森下のサーエ、三毛のソリャエーワヨー、清原◆3のソリャアハホホンホホンホホンホホン（こればかりは今やすなわち亡《な》矣《し》）まで、違《たが》わず写し取りて御示し下されたく候。かつまた別紙片は何とぞよろしく御計らい下されたく候。これはこれ利光氏へ写真請求の書なり。小生に見こまれておったのが、なかなか名誉になることゆえ是非とも。

当地に蛙を食うこと仏人中に盛んなり。この蛙は日本の蛙との同族にして、ヒキほど大いさあるものなり、なかなか旨き由。八百屋（グローサリー）の前に日本のドジョをかいたるごとく並べ有之《これあり》候。

時下猛暑なる御地のことゆえ、西瓜、氷もまた盛んなるべし。この地は一向然らず、四時おおむね春暖なり。（しかし、ロッキーを踰《こ》えて東部は目下はなはだ暖熱なる由。チカゴ辺は九十度くらいとのこと。）暑に中《あた》らず、腹下らず、ねびえせぬようしたまえかし。オホンと申すも拙者の御寸志。

まずは右二十一日ころ出船の便により申し通し候なり。不宣。

米サンフランシスコ在留　南方熊楠拝啓

日本東京麻布区六本木町一番地木梨出張所にて

杉村広太郎君

なお和歌山へ御文通の節、木梨頼母先生へ小生恙なきの趣きちょっと御書き下されたく候。在郷中は毎々さわぎに参り、実もって（善助流）相済まざる儀、平に御宥恕御宥恕。

小生先日一詞を作れり。事《こと》貴君に係る。そもそも中松盛雄、昨夏初めて君を見てよりひたすらなる思いをかけおりしころにて、東京へ帰りし後も、毎度そのことうるさきほど申し出でられ候。しかるところ今春君上京とのことにつき、小生例の妙想をもって一詞を編めり。詞の実に合えるか合わぬかは知らず。貴君磊偉《らいい》、こんなことは怒りたまわじと思うにつけ、見せぬには増すとかんがえ、御目にかく。

（原図。壮夫、美少年とを画き、かたわらに桃と杜鵑《ほととぎす》に月をそえたり。。はその人名なり。）

春くれば、人の心も何となく、のどけくわたるものなるを、のどけくもあらぬわが思ひ、それもたれゆゑそなたゆゑ、今をさかりの桃の花、梅も桜もしばしの間、やがてうつろふ君の春、いとしかはいも今のうち、ちょとこち風のこちむいて、かがせておくれよ、一《ひと》つぼみ、香もつやもある御すがた、まさに一つを仇にして、人目憚るほととぎす、月によするや、一声を、いやだとばかり、ただきいて、こよひも帰るに如かずとは、情知らずの怨めしさ、ひとめ三か月、すでにはや君に心の梓弓、弓はり月の一筋に、これまで思ふて来たものを、神もあはれと思ひ知れ、今にいざよいいらへをば、たとひ夜中はすぎるとも、あはれ村雲のこぬうちに、松の葉越しにとめてながめん。

当地在留人の作なりとて、どど一

よそにいろもちゃけんじゅつつかひたがひにしないでくらうするとはまた面白いじゃありいせんかね。

杉村君の写真に題す（詩入りにしやした）

ならばすがたゑ、わらふておくれ

綿々蛮々如《シ》レ有《ルガ》レ情、欲《シテ》レ囀《ラント》　不レ囀《ラ》意自《ラ》嬌《ナリ》

海山へだてたかひがある

貴君何分御勉強のほどは保証し、かつのぞむところ御座候。

その他拙作多けれど、恥をさらすに庶幾《ちか》きものゆえ略す。いよいよこれにて。

再拝

付白。今回玉影を得しこと、はなはだうれしく身に取りて面目余りあり。すなわち檀《だん》欒《らん》の帷《とばり》を褰《かか》げて狡犴を烹《に》たる思いをなせり。なお、利光氏のを送り下され候わば、こ

の上もなく躍り上がるべく候。

二

小心文

日本東京　杉村広太郎　一名きりのやかすみ君に奉る書

米国ミチガン州ランシン農学生　南方熊楠　号ゑてのやたつみ

永々しくも御細読を乞う。

春花すでに風に堕ちたるは遠くこの春にして、梧葉まさに秋雨に落ちんとするは近くこの秋なり、とわかったことを冒頭に置き、さて月明らかに星稀《まれ》に烏鵲樹を繞《めぐ》ること七まき半にて蛇となり、日高河底に沈むと霊異記為仁第一に見えたる候郎君は恙なきや。昨年の秋の今ごろは半七さんならで小生、中松◆4、川瀬、今井、浅井法印《ほういん》、木野鬼瓦、また中大黒大人、以上六孽《げっ》いずれもまらは大を尚ぶゆえ、すなわち事大党にて、はねたりとんだり朝鮮を騒がさずに和歌山中を擾乱茶々ムチャにせしが、栄え行く人一盛《ひとさか》り花一時、あすは白井が身の果も、と権八の清元の文句のごとく、衆生済度のため様々関々流離の上、飽かぬ羽山さんに別れて今は五千里外のランシン府へ参り、百姓相習いおり候。洵《まこと》にその後老ゆれば歳華は匆々、徂《ゆ》くものは水のごとく、清原は死し喜多幅は去る世の中に、何とて松のつれなかるらん、で中松小翠◆5もとんだことにかかり合わせ、いやはや夢のようでげす。僕の疾を養うて和歌山にあるや、思いをかけし若衆三人あり。一は言わずと知れた羽山蕃次郎、二には利光の平夫ぬし、◆6 三はすなわち貴君にて、容をもって鑑を下せば羽山随一、才をもって察を看ればすなわち貴君第一と、いつも浅井・中松二長老（二人とも一件チョロゆえ長老と言えり、決してこれを尊称するにあらず）と小田原評定のみ致せしが、Should I have stayed a little longer 貴君も例の妙方便中に落つべかりしを、いつも御顔は物見しながら、二世かけて契る能わざりしは、光秀が母を突きしよりも残念至極にして、憾みは朝顔が阿曽二郎と同席しながらこれを知らざりしよりもはなはだし。しかるに、このほどはまた玉影をおくられ感謝感謝。文覚の袈裟におけるにあらねども、恋しきときもこれを見、かなしきときもこれを見おり候。しかして、僕のその後大いに御無音に打ち過ぎて平気なりしごときは、その実、決して平気なりしにあらず。本月八日サンフランシスコを出立いたし、一、二ヵ処歴覧の上、ミチガン州に来たりたればなり。小生アドレッスは、

　K. G. Minakata　Michigan Agricultural College, Lansing, Mich., U. S. A.

貴君、小生を男と見てくれるなら前に Mr. を付けられよ、小生をイイ人ネエとほれてくれるなら尻に Esq. を惜しむなかれ。両方付けることは御免なり。

八月八日午後一時、荷物車に荷し、オークランド・ファーリー（渡船場）に至る。この行はネブラスカ州首府リンコルン府州立大学校に入らんと心ざせしにて、同行は山口の人

◆7
村田という人なり。小生ら二人ある以上は、いかなる強敵樊彭関張の勇あるやつでも恐れず、ちっと御出でなさいと言うほうゆえ、わざと下等汽車に乗り、というと存外強いようなれども、その実は上等汽車に乗れば高価の上、まさか監へ醃肉入れてもってゆくわけにも行かず、また別に眠車を購うて眠らにゃならぬゆえ閉口の上、下等に乗りしなり。下等汽車は国の下等汽車より少しましにて、殖民汽車の名あり。殖民の便をはかりて、わざわざこしらえしものなり。車の中央はとおりみちにして、上等下等の別なくムチャクチャに往来できるなり。雪隠は毎車一つずつありて、急行のときは動揺はなはだしきゆえ、紐鐶を一生懸命に持ちていながらするなり。風、下より吹き上がり、小便顔にかかることあり。初めのうちは黄門《こうもん》蟄閉してなかなか容易に出でざりき。塵埃煙煤入ることおびただしく、

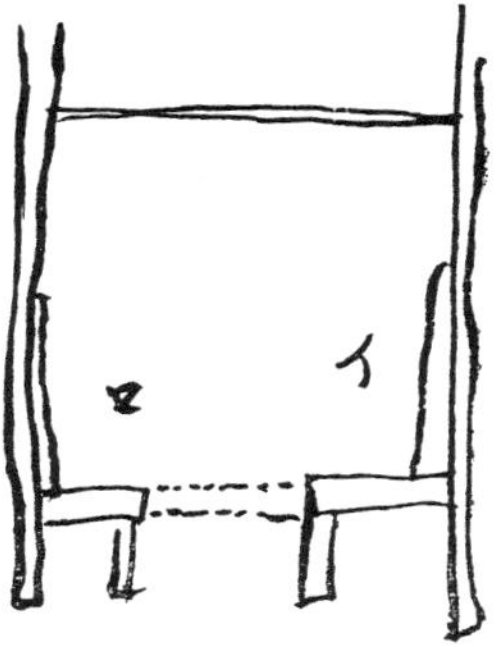

一日おれば顔眼は真黒、熊野の奥から生擒《いけどり》ました山男のごとし。一車の両側に図のごとく二椅子と一鈞床を具えたるもの六つずつあり。一牀に二人として、一車に四十八人寝るを得べし。イ、ロなる椅子に昼間腰掛け夜は引き伸ばして平牀となり、その上に寝るなり。道中は大抵広野にて何にもなく、プレーリードグと申す小獣無数住し、うごめくこと、あたかも和歌浦のテンボカニに異ならず。

かくて十二日午後一時リンコルンに達せしが、同府は思いのほか風儀の悪き所、物価も高貴に、かつまた日本人にして同地へ至りしは小生ら始めてのことゆえ、珍賞よりはむしろ奇怪視され、到底永居すべからざるの地につき、十三日朝立ち退き候。州立大学もあまり盛んになく候。停車場の長、余に姓名を乞うゆえ、平仮名とローマ字でかき与えしにはなはだ喜びたり。

十四日午後一時、チカゴに着す。名にしおう大都会にてチカゴろ感心の外なし、としゃれざるを得ず。一間半くらいのたかさの十層の大厦など多く有之《これある》なり。レイキ・オブ・ミシガンは都の東方にあり。その大いさ琵琶湖どころにあらず。ただし近辺に山も林もなきゆえ、ナニヤラに毛のなきと等しく、はなはだ不景なり。チカゴはずいぶん風儀の悪しき、生き馬の目をぬくような所なり。停車場にていろいろ悪徒吏装に擬して来たり、こまり入り候。サンフランシスコは乞食までも履《くつ》をはけども、その他はみな跣足にて、チカゴのごときも跣足の男女多し。ネッキタイまで美々しくかざりながら、跣足なるものあり。ズボン切ってあればまだしも、長々と踵までたれながら跣足ゆえ、みらるるものにあらず。わが国草履の便思うべし。その翌日ランシン府に着し、そのまた明日入塾せり。一昨日入学試験合格せり。（この学校にて日本人入学試験を受けて正しく入りしは余輩を始めとす。）いなかにて人気も至って穏やかに、日本人を尊敬仕り候。我輩貴族と称せしにより待遇はなはだよく、今では少々コの字にマの字、あとの一字は御推文字。学校のもよう等は次便にせん。まずは右ほれた貴君のことゆえ、取り敢えず一寸《ちょいと》ネー申シ上ゲルンデスヨー。

近ごろ小生よりの状貰いながら返信せぬものあり。小生繁忙のうちに執筆にするを何とも思わぬやからなり。はなはだ腹立ち候。貴君もこの段御了察を乞う。

明治二十年八月二十五日夜十時認畢　　米国ランシン府　南方拝

杉村様

珍事有之候わば幸いに教示を惜しむなかれ。

貴君新聞紙取りおられ候わば願わくは時々送られよ。郵便税半ヵ月まとめて五銭なり。

三

後記はナイヤガラ記行なり。御弁読あらば幸甚。

本年八月七日御認め相成り候はがき一本、正に受け取り申し候。「われは今子《なんじ》と一身にあらず、いずくんぞ死生相棄てざるを得んや」と張籍の詩は薄情極まり、「歌の中なる千松は待つ甲斐ありて父母に顔をば見せることもあろ同じ名のつく千松の」と哭せる政岡の詞は真衷至れり。何となれば、先のは朋友の中にして、後のは母子の間柄なればなり。故に朋友の薄情は咎むるに足らず。しかるに貴君先来二度御書面下され、今回またまた貴翰を投ぜらるること、小生まことにうれしく、「人の心と飛鳥川今日の今までそのやうな移り心のひもかがみ冷たい心はおおそれよ」と言える権八の辞は、どーやらうそらしく覚えらる。御書面に溢れたる貴意、小生を愛せらるるは固《まこと》に忝《かたじけ》なし。

たとい言語自由に、風俗すでにわれに移れるにもせよ、夷戎《いじゅう》の所為一概にわが心を楽しましむるに足るもの尠《すくな》く、仮に蘇武・張騫《ちょうけん》の難苦はあらざるも、小川町を片足は靴、片足は下駄であるき、九段阪上から一散にかけ下る等の珍事は、自在に行なうを得ず。顧みて日本現状を見れば、世の溷濁《こんだく》もまたはなはだし。置酒長宴して媟褻《いんせつ》を厭わざるは、これ煬《よう》帝《だい》の政をなすなり。庫究して位階を売るは為作一に桓・霊に同じ。蟬翼を重しとなし、鐘を軽しとし、讒人高張、賢士跡を潜む。堂上の人万歳と呼んで、堂下また呼び、一国もまた万歳と呼ぶ。暴政何ぞ一に宋の康王の時に等しきや。故に、予はのち日本の民たるの意なし。しかれども、美にしてかつ情厚き君のごとき親友の存するあるをもってすれば、あに一念の故土に眷々《けんけん》たるものなからんや。八月十日小生汽車中にありしとき、旧交のことなど思い出で、「旅のころもはすずかけなれや、いつも露けき道ばかり」とやらかしやした。

さて承るところによれば、近来和歌山人の奮発して他に出づるものははなはだ多く、嬋娟《せんけん》たる紀文麿男は阪地にあり、奇怪なる森下徳は東京に行き、強酒の平野は東遊、色男の太田は難波に、しかして突梯滑稽韋《い》のごとく脂のごとくなる小生第一の後見職喜多幅は西京に鎮座の由、まことに悦ぶべきことどもなり。何をもってこれをいうかと言うに、そも和歌山県はかつて関直彦[8]君の言われしごとく古今無類の因循国にて、維新前も内股膏薬、以後はなおのこと小利を汲覓《きゅうべき》し大利を遺失し、小慾に迷い大慾を知らず、進取の気象は皆無罕有《かんゆう》なりし。ために県下より豪傑志士の出でたるは真に少々なるにもかかわらず、衆人は平気の平気で、せめてこの後に豪傑志士を出そうともせず、研《みが》いて玉となるべき璞《たま》を崑山の土に委して顧みざりしは、まことに遺憾事なり。故をもって小生在京また帰省の日、主として人の父子兄弟親戚までも刺衝し、子弟をして真路の学道、芸能に立ち入らしむべきを説けり。もちろん小生の外に、悠宏たる和歌山人中これをすすめたる人は少なからざるも、その人々はみな小生の刺衝を受けて初めてこれをなせるなり。故に小生は子弟他出の本家本元なれば、今その志のややとどかんとするを見て悦怡の至りに候。

それ事をなすに前後あり、陳渉兵を興して漢祚成り、頼政義を唱えて頼朝起こる。沼津の平作死して重兵衛、河井の在り所を告げ、吉田松陰、身は囹圄《れいご》に死せしかど、伊藤、山県、山田、品川、乃至《ないし》滋野のような、へぼまでも要路に昇るを得たり、と。引き言は下らぬゆえ、これにて中止とし、何にしろ貴君らこの上夜を日に継がず、雪や螢を燈に代えず、冬中単衣をきたり、こたつの中で屁をへったり、昼前に時計を見に往ったり、そんなつまらぬことはせず、ユルユルユルユルユルと象の歩くがごとくに勉強し、終《つい》に大成されんこと、冀望の至り、ほんに御先を致した手まえまでもうれしうござんすよ。

我輩この米の東部に来たり日本学生の景況を見聞するに、実もって言語同断のことと申すべし。下宿屋のカカアや料理店の奉公女までもレジーと呼びてこれを尊び、日本に要のなき、かつまたいくら学んでもとめどのつかざる、ラテン、ギリシアは少し深かりそうに学べども、日本のテニヲハさえ知らず、心にもあらぬ発心して洗礼を受け、こそこそ飲みながら、人の前では「アイ・ドント・ライク、イット・イズ・バッド」と言う。国より大切な黄白をとり出し、この国に散じながら国のためになることは一つも考えず、一にも西洋、二にも欧米と、ケトウジンの屎屁までも舐《ねぶ》るを喜んで、吐くを知らざるとは、心ざまの卑しきことハキダメより下に、胆の小さきこと蟭螟《しょうめい》よりも微なり。(註にいわく、蟭螟は蚊の睫毛《まつげ》に巣くう虫なり。)

惟《ただ》小生はすなわち然らず。もとより米の新建国にして万事整わざるを知る。米の学問のわが邦の学問に劣れるはなはだしきを知る。いかほどこの国で学び一、二の学位を得たりとて、日本人がこの後そのほらに服してくれぬを知る。かつまた、この学問なるものは三年や四年何の地に学びたりとて、天から鑑札が降るでもなく鬼神が学位をくれるでもなきことゆえ、到底無益のことなり。ニュートンは常に級の下等にあり、スペンセル氏も学位なし、とそろそろ我田へ引くでもないが、何にせよ学問は一生暇あればすなわちと出かけるべきなり。いやな学問を無我無尽にやりとおして何の益かある。いわんやこの国学問、ドイツ、イギリス等に劣れること万々、わが日本にさえよほど下れるにおいてをや。(かの自余の輩は否、否と言うなるべし。)故に予は、この国の学問はみすてでしまい、無用のラテン、グリーキは習わず、レジーなるものに腰も屈せず、また前へも往かず、白人ジャとて柔術でなげつけ、ただただ文明の基本たる実業の一件を見習いおり。

実業とは何ぞ、富を致すの術なり。余以謂《おも》えらく、日本に生まれて風俗習慣一にも二にも西洋を慕い、それがために制せらるるに至るはまことに憐笑すべし。しかれども、その実業を慕うてこれを習うは少しも笑うべからず。司馬遷のいわく、富は人の情性、学ばずして共に欲するところなり、と。またいわく、「本富を上となし、末富これに次ぎ、姦富最も下なり。巌処の奇士の行いなく、しかも長《つね》に貧賤にして、好んで仁義を語るは、また羞ずるに足るなり」と。余以為《おも》えらく、風俗習慣は各人種各源因を異にすれば、そのまま自俗を固守するも何ぞ妨げん。富は人の情性なれば、実業は万国各人種共に相学び相資《たす》くるべきの業なり。何ぞ一方に偏して他を排するの迂を取るべけんや。実業は本富を成すの道なり。今、日本富人多し。しかして姦富末富ならず、その真に本富なる者ありや。これ固《まこと》に万国異種の人民に対して恥ずべきのことなり。その奇士の行いなくしてペロペロしゃべるものは比々みな然り。今この国にある日本学生はみなその麴蘗《きくげつ》に異ならざるなり。余これを憾《うら》んでみずから身を実業に委するなり。故に廉服朴飾、畦《あぜ》に出馬を駆り、この米国におりながら月にわずか十七、八ドルで送りおり。願わくは和歌山より東京、大阪に遊学するの人、粒々辛苦のこのかけ稲をにくやすずめがきてほぜる、とドド一にあることを念じ、自余の在米人を学ばずして、小生を習われんことを。そのうちに小生立派に鼻ひょこつかせ、一度は帰省仕るべく候。しかしそのころは、貴君白圭のごとき美質、玉樹のごとき麗姿、果たして存するや否、余はただ情好の堅氷《けんぴょう》より厚からんことを欲するのみ。

ナイヤガラ瀑布記行

九月三日朝、ランシンを出発、十一時ごろアナボア府に達す。有名なるミチガン州大学のある所にして、市街は湯浅駅ほどしかなけれども、人家はずいぶんたくさん散布せり。支那の魯のごとく学問一偏の地にて、人家は過半学生の下宿をして活計しおり。すなわち友人小倉松夫氏（因州人）を訪い、ともに大学に往き観るに、只今夏休み中ゆえ学問の景況は分からず。学校はずいぶん広けれども、とてもわが帝国大学には及ばず。ただし建築宏大の一事に至っては、われついにかれに膝を屈せざるを得ざるなり。すなわちわが帝国大学ほどどころか、幾増倍も大きな大厦十二、三有之《これあり》。各科おのおの厦を異にし、わが国の大学のごとく同一の厦中に異科のものを合わせ容るることなし。書籍庫は米国中に有名なるものにして、大いさわが帝国大学全厦に数倍とはちとほらなれど、何にせよ、よほど宏大なものなり。二階には美術館ありて、古銭、古記念銭、および肖像、画絵等を陳列し見物勝手なり。

博物館はわりあいに小さく三層なり。下層には古生物を陳列す。アムモナイト（鸚鵡《おうむ》螺《がい》の異属の化石）三、四百種あり。またマストドン（旧世界大象）の下顎骨あり、偉大奇とすべし。中層には動物、植物を安置す。動物の数は、十一万個あり。内に就いて小生かつて聞きて始めて見しものは、クラミフォルスおよび飛狐猴なり。クラミフォルスは、ムグラモチほどの小獣にして、鼻より背は亀のごとく、ちと軟らかそうなり。腹および手足は甲なくして、絹白の毛これを蓋い、はなはだ可愛らしきものなり。また飛狐猴、フライング・レムールは、猿類の極下等、狐猴と蝙蝠《こうもり》のあいだに立てる獣にして、その形はレムールと蝙蝠とを折衷せるがごとく、はなはだ奇なり。前者はブラジルの産にして、後者はマダガスカルの産という。三層は人類学の品物にして、インジアンおよびアフリカ土人、太平洋諸島土人の所作品多く有之《これあり》。しかしてその幾千品は全く支那の製品にして、中には巧絶美を極めたるもの少なからず。これは今の校長、もと在北京公使たりし縁により、支那政府より寄付せるところなりという。見物の人余に向かい、この品は何に用うるやこの品はどんな功ありやなど問い候。

それより小倉に別れ、杉山三郊をその寓に訪う。故友《こゆう》松平康国来たり、今日デトロイト府よりナイヤガラ・フォールまで平生十七ドルばかりのところ往復三ドルにてエクスカーション・カー出るとのことにつき、行かぬかと勧む。余ただちにこれに同意し、杉山、松平、および吉田齢吉とて、柳原で四百でまかって二度したとか、本所で惣嫁《そうか》に思い付かれたとか、きたないことばかり話すゆえ色仙と綽名《あだな》されたる大分県士族と、以上四時ごろ出立す。

午後七時、汽車デトロイトに着す。この所は人口二十万ばかり、ミチガン州第一の都会、

ことに電気燈をもって名あり。試みに大通に出歩すれば、街間どこもここも電気燈ならざるはなく、白昼のごときとの形容は、ここに至って始めてその真なるを了せり。市のほか市街諸所に電気燈を掲ぐ。竿の長さ百七十五フィート、けだし米国中なきところという。サンフランシスコやチカゴよりはよほど奇麗なり。そこで飲む口ゆえ、ちょっと一人前五セントで十二盃やらかし、ほろよいでステイションに至り俟《ま》つに、エクスカーション・カー九時半に出発、しかしこのステイションにはあらずとのことゆえハッと驚き、四町ばかり走り、他の停車場に至り、乗車出発。余と杉山は運悪く、スモーキング・カーに乗り、夷戎雑糅、無礼極まり、こまりましたよ。夜中、船に車をのせカナダに着、それよりカナダ・ラインを奔る。余は一向知らず、明日眼さむれは寒気はなはだし。

七時過ぎサスペンション・ブリッジに着、下車。この辺はなはだ人気悪く、中村といえる日本人（元老院の弘毅の子）は二時間に二十余ドル取られたとのことゆえ、みなみな要心し、よそめもふらず歩し、八時ごろナイヤガラ・フォール（地名なり）に着す。すなわちそここ歩し、一人前二十五セントの料理店を見つけ、なおその上決して増銭を乞わぬかと念を四辺ばかりおした上、入りて食す。この屋の店前にこの辺の産なるカナダ豪猪《やまあらし》、麋《おおじか》、黒熊等を畜《か》い、物をやりて銭を乞うこと足万に異《かわ》らず。ただし熊と相撲《すまわ》れる豪傑なきを奈何《いかん》せん。それより橋を渡り、ゴート・アイランドに往く。弁才天山公園の一倍半くらいな島なり。これより滝の上流をみれば、一目究まりなく、水勢滾々所々に渦をなし、はなはだ恐るべし。景色はなはだ日光山中禅寺辺に似たり。菩提樹多し。それより橋を渡ればスリー・シスタース島あり。はなはだ小さき島にて流水滔々と轟き至り、岩上に坐するはあぶなき思いをするほどなり。この辺風景はなはだよし。瀑布は二つありて、合衆国方より落つるをアメリカン・フォールといい、カナダの方より落つるをホールス・ショー・フォールという。 かくのごとく崖をとりまきおつるをもってなり。ホールス・ショーの方大なり。

　アメリカン・フォールの辺に一家あり。懸崖に螺旋梯堂を建て下崖に達したり。余と松平と一ドルずつ出し、衣服すっかりぬぎ、要用品は小函に入れ亭主にあずけ、鍵を首にかけ衣をきかえ、その上に雨衣の洋服を着し、カッパの履《くつ》をはき、緒にて結び、梯を下り、下崖に達し、図〔前頁〕のごとく、桟橋を歩して瀑布の直下に至り、それより案内者に手をひかれ、瀑布の少しく裏をくぐるに、身体まるで水中にあるがごとく、眼鼻耳ともに水だらけに相成り、はなはだ困難なりしも、生《なま》なか引いては名にも関すると思い、むやみやたらに岩がけをあるき、やっと前の桟橋の上の方に戻るを得たり。案内者は、かかる場合にても巨眼を脹《は》り平気なり。余輩は少時間も開きていること成らざりし。後に思えば実に危うかりきという外なし。もっとも白人にても、大抵は桟橋きりで帰る者多く、滝の下をくぐるものはなき旨申しおれり。案内者言う、余は日により二十五回くらいこの瀑布の下をくぐることあり、雨天の日ははなはだくぐりやすし、と。瀑布の下は風勢ははなはだひどく、時にすべり落とされ、吹き飛ばされるものありという。がけのあいだゆえ水におぼれることは少なけれども、岩にてくだくること多しという。

それより二、三ヵ所見物し、近傍産の礦物数十ほど購収し、午餐後インクライン・エレヴェイトルを試む。これは図のごとき装置にて一町ばかりあるところをエレヴェイトルを斜めにして上下するなり。一方の列座の人上る間に一方の列座の人下り得るしかけ、はなはだ奇なり。それより二、三の名所見物し、夜八時半発汽車にのり帰宅仕り候。

右のほか種々珍事有之候えども、この回はこれにて擱筆す。

米国ミチガン州ハンシン農学校寄宿
南方熊楠より

日本
杉村広太郎様

于時《ときに》明治二十年九月九日夜十二時認畢。すなわち故国の夜六時前、しかして去年今夜今ごろはちょうど中松と二人で紀さんを見舞いし時なり。　まずは早々以上

四

前日所賜の玉辞、君はすなわち草蕪の咳唾と見るも、僕はすなわち海鳥の啾金と做《な》す。そもそも君の文才一たび発すれば、すなわち宋玉の賦しがたきところを陳《の》べ、相如が述べがたきところを綴る。感心胯《また》くぐりと言わざるを得ず。僕またみずから料らず、今朝餐後なすことなきままに一時作るところあり。それ敵に射られて答えの矢を返さぬ足利氏の軍をば、本間資氏これを嘲る。みずから逡巡するもまた卑怯の至りなり。しからばすなわち余が鉄面を肯《あ》えて冒《おか》して君に似さんと欲するところのもの、また勇あるの所為ならずや。ただし、僕の不才不文は知れきったこと、加うるに匆卒の作との肩書をもってす。庶幾《こいねがわく》はそれ言い脱れ得んか。

哀れ催す暮の鐘　聞くたびいとどいとどいと　くもりがちなるがらす窓

うつる夕日の影もはや　消ゆるは西よ東には　三五の君とたたへたる
こよひころなるつきじもの　さえた光にあれ村雲の　かかる浮世はなさけなや
二年《ふたとせ》さきの春の日に　所も所ふる里の　花と見るのは彼のみと
思ひを色につつみつつ　その日その日をすぎ村や　広い友垣ゆふ中に
君とゆききの数繁く　和歌の酒盛吹上の宴　形見の浦の船遊び
塩屋の浜にねとまりも　君は知らずや知るならん　千々に砕きし物思ひ
あはれともみよますらをが　心つくしの行く末は　たえぬ涙のアメリカに
はや一とせの旅衣　きつつなれにしよぎの裡　結ぶ雁寝《かりね》の幾夜かも
さめてくやしき夢にだに　せめてつげたや胸の中　はかなくすごす仮枕
眠る間もなくうつつかや　君の姿のうるはしさ　そぞろ心の勇まれつ
よはんとすればこはいかに　暁しらす鐘の音に　驚きさめて打ち見れば
西に落ちたる夕日さへ　消えしはうそかかへりきて　またも東の大ぞらに
かがやく朝日をりもよく　朝霜とけて朝げしき　その朝げしきながめつつ
　永いやうでもたつ日は早い早い月日がままならぬ

自評にいわく、総篇君が詞中の文字多きは、これ余がもっとも苦心のところ。

この詞ただちに貴君へ送るべきのところ、小生只今ははなはだ素寒貧にて一銭だも吝《おし》まれ候間、止むを得ず羽山生への状中へ封入仕り候。同氏より伝達いたすべく候。小生目下冬寒の凌ぎに三ヵ月間蟄居の地を求め当地に潜竜を擬しおり申し候。時々御出翰下され候わば幸また甚矣。

小生名宛は　K. G. Minakata, P. O. Box 713, Ann Arbor, Michigan, U. S. A.

杉村生の才の美にしてドド一を作らざるはイト野暮天極まる。それチットこれを学びたまえ。大森先生より一向音信なきこと、定めて舌を拈《ひね》りて痛快の文談のみいたされ、森田節斎を自分の親か子のように自慢されおることならんか。貴君が英学を止めて漢学を賛せらるる御所見ちょっと承りたく候。小生もそれにつきいろいろ珍論あるが、あまりいろいろと論ずると、例のアメリカ製はまた別でゲンスとホラ視さるるもわたしゃはございます（吉村源之助氏の口吻）ゆえ、今回は略す。小生正月中旬にはまた農業へ帰るゆえ、正月中旬以後御出しの書状は元のごとく、

K. Minakata, State Agricultural College, Lansing, Mich.

明治二十年十一月十六日出

在米鈍夫　南方熊楠拝

日本

杉村広太郎君

〔便箋裏面の転送宛名〕杉村広太郎氏宛　羽山蕃次郎君状中に封ず　みなかたくまぐす

五

ここは一《ひと》しお北風の烈しくて、落ちたる木の葉だに今は残り少なくなりぬ。空はれたれば鳴く雁さえもいとまれに、庭さきの松柏たれにあおあおとてか盛うらん。さても故郷のこと思わぬにあらねども、すみわびし身にしあれば、ここもまた一しおの都なりけりなどと、兼好めかして出でもせぬことをそこはかとなく、硯、否インクスタンドに打ち向かいて無理苦心最中、戸間にさし入る白き物、何かと思うて手に取り見れば、

〔「南方熊楠住室より外望の図」および「南方杉村の書を取るところ」の二図あり。〕

思う御方のこころざし、コラサノドッコイサで、貴君よりの手書一通ゆえ、喜ぶこと蘇武の匈奴《きょうど》にありて漢人の書を得たるがごとく、黒田如水の挙隈城に（ウフン、下略）、一読いたし候ところ、筆鋒の鋭なるは中松の鎗まらのごとく、文柱の確たるは森下の茄まらに似たり、感心感心。小生ことも異状無之《これなく》、日々犂鍬《すきくわ》を操りて見習い罷り在り候段、御安心あれ。貴君の玉詞一章を投ぜられ、これまた感服には候えども、高尚壮麗、日光の陽明門と一汎、日暮らし見ても余輩には解せぬところ多く有之《これあり》、これのみ難儀にて『土佐日記』でもとくと読んだ上またまた一読仕りたく候。それよりか、頃日小生昔年のことども思いつづけ、月明らかに霜疎なる夜、腰方《こしかた》行末、何となく思いつづけて読みたるドド一、チチン

トンシャン、トトトトトン、チチトン、テトテットシャン、ハ、コラ。

和歌浦

いつもいつとてきはわからうらの春の心の面白さ

藤白嶺

春は一きは秋あかぬそら波にあゆ〔マヽ〕か夕日影

○

すいなおまへにまちかけられてあけてささばやびんの口

高野瑞皐伝を読む◆9

春にさけがけさく梅の花をしやつまれて香を残す

仏人ドラフォッス氏美少年猫を抱ける画に題す

永い日なたにねんねこだいたおまへのねすがた見せてたべ

ナイヤガラ瀑布

音にのみこれまできいたがたきよ今も音にのみ今ぞきく

付言。ナイヤガラとはこんな大滝は世界に二つとナイヤガラなんという洒落かと思いのほか、右は雷声という語の由、また三十マイルス聞こゆる由なり。

加太浦（十九年夏七月二十六日加太浦より乗舸、苫島に遊ぶ、舸中二孌あり、佐竹利光）

かた（加太）らふひまさへはや夏の日も落ちて恨（浦）みの夢二つ

と、わずか二十六文字の間に千万無量寿如来ほどの深意をこめたるは感心ならずや。

小生竜陽主義[10]のことのみかくと御叱り、然りといえども、人毎《つね》に一つのくせはあるものを、われにはゆるせしきしまの道。小生はこのしきしまといえるを、美少年を下にしきしまと心得おることに御座候。いやしくも姿容不颺ならばすなわち止まん。貌の美、君のごときありながら、人に懸想さるるを拒むは如何《いかん》。人物、木石にあらず。発して情となり、現じて慾となる。人を恋い人に慕わるるも、また人生史上の一大乗ならずや。僕は到底この主義を廃する能わず。

和歌山倶楽部[11]の儀につき御尋ね、小生只今同会に関係なきのみか、都合有之弟をも退会いたさせ有之。しかし、右は角谷、野尻、吉田、木下、川瀬、中松、津田兄弟、浅井、佐野と小生として立てたものゆえ、今に創立員の名目は免るべからず。よって一言を左に呈し、解戯《かいぎ》に答う。

第一、和歌山倶楽部の幹事は、言わずと知れた会員これを投票にて選び、多数に当たりしものを択ぶこととなり。すなわち、第一回、木下友三郎・津田安麿、第二回、木下友三郎・津田安麿、第三回、宮井鑑・中西唯一郎、第四回、木下友三郎・浅井宗恵、第五回、角谷大三郎・中松盛雄、第六回、木下友三郎・川瀬善太郎、第七回、中松盛雄・津田藤麿に候。何も中松より川瀬に譲りたるにも、川瀬みずから中松の任を襲いたるにもあらず。

これらのことは会に入ればすぐさまわかるなり。また入会せずとも規則書を読めば分かるなり。故に、川瀬が自分の名にて貴君を招きしは会員に対して少しも僭越にあらず。よくよくその任を尽したるものなり。見よ、かの川瀬は君と一熟一知あるものにあらず、しかれども帰省中、しばしば面目相ふれたるの懇情をもってわざわざ貴君を招きたるものなり。しかして会員に撰ばれ、会員一致の上幹事となりたるにより、幹事の名を冒し、幹事の任を尽して貴君を会へ招くに何の不可あるべきか。これらのことは入会ならばすぐわかることなり。決して自分勝手内々の更迭などのこととあらず。それらは君の管見、河伯大水を見ざりしときの見なり。

第二、倶楽部はたれにても集会するものなり。しかし、乞丐や癩病人、会費も出せぬ貧人などは如何《いかが》か。しかし、それさえ入るべき情実ありと会員の多数が見るならば允《ゆる》すこともあらん。只今にては紀州出身およびこれに縁故ある人々（官吏、新聞屋、書生、武人）ことごとく集まる所なりと考えらる。

第三、倶楽部はよりあうて酒をのみ、演説にまれ、討論にまれ、あほだらきょうにまれ、剣舞、ステテコ、カッポレまで思い思いにやってさわぐなり。やるまいと思えば会へ出ぬがとくなり。何にしろ酒のみて相知りあうが目的なり。また相知りあわずとも、同県人とよりあうがすなわち目的なり。また飲んで散れ散れにては一向烏合のようとあれど、規則もあれ、会員も定まり、会員の過半は毎会出席するところをもって考うれば、烏合にも御座なしと考えらる。『荘子』のいわゆる火は滅す、しかれども火は存すというやつにて、この会も毎日つづけて開くものにあらず、しかれども年に三回ずつつづけてひらくものゆえ、すなわちこの会は存するものなり。決して滅したり、生じたり、定まりなきものにあらず。

これを要するに倶楽部は同県人集会するなり。その目的は取りも直さず集会するが目的なり。集会した上は思い思いのことをなすべし。ただし多人の妨げになるようなことは断りなり。何も別にむつかしき、へちまなことのあるわけにあらずかし。よって右ちょっと申し上げ候。委細のことは小生知らず、浅井か中松に聞くべし。まずは右早々以上。

米国ミチガン農学校

南方熊楠

日本東京

杉村広太郎氏へ

〔日付なし。明治二十一年一、二月ころと推定される〕

（平凡社版『南方熊楠全集』第七巻65〜87頁）

《語注》

◆1　**杉村広太郎**（すぎむらこうたろう　一八七二―一九四五）――和歌山中学で熊楠の後輩。中退して上京、英吉利法律学校（中央大学の前身）に学ぶ。のち新聞記者となり、縦横・楚人冠と号し、明治三十六年東京朝日に入社、終生健筆をふるった。

◆2　**雪膚花貌**（せっぷかぼう）――雪のように白い肌と花のように美しい顔。白居易（楽天）の「長恨歌」の一節。次の「今年歓笑復明年…」は同じく白居易の「琵琶行」の一節。

◆3　**清原**――清原彰甫。明治二十年二月二十一日死去。熊楠は四月五日浅井（薗田）宗恵の書簡でその訃を知った。なお、ここに掲げられている友人の姓名は、喜多幅武三郎、森下輸楠、三毛亀松。

◆4　**中松**――以下六人の姓名は、中松盛雄、川瀬善太郎、今井義香、浅井宗恵、木野誉之助、中駒次郎である。浅井は僧侶で、鬼瓦・大黒大人は、あだ名と思われる。

◆5　**中松小翠**（なかまつしょうすい　一八五七―一八九六）――田辺藩士中松克正の長男。盛雄の兄。名は勝太郎、小翠は号。熊楠は東京で面識がある。一代の才子とうたわれ、県会議員（副議長）もつとめた。

◆6　**利光の平夫ぬし**――利光平夫（りこうひらお　一八七三―没年未詳）和歌山中学では三年後輩（明治十九年卒業）だが、家が海草郡加太町で、帰郷時の熊楠と交遊した。三高をへて東大工科を卒業、逓信省技師・工学博士として、電信電話事業の発展に貢献した。

◆7　**村田**――村田源蔵（むらたげんぞう）。ミシガン州立農学校の友人。「履歴書」によると、山県・品川・野村三家の給費で留学、嘉納治五郎同門の柔道の達人という。岩田準一宛書簡によると、卒業せずに帰国し、明治二十八年ごろ死亡したという。

◆8　**関直彦**（せきなおひこ　一八五七―一九三四）――和歌山県出身の政治家。明治十六年東大法学部卒、二十一年日報社社長となる。第一回総選挙に当選、以後当選十回、副議長にもなった。南方熊楠の東大予備門入学の保証人で、そのほか多くの紀州出身の学生の世話をした。

◆9　**高野瑞皐**（たかのずいこう　一八〇四―一八五〇）――高野長英のこと。熊楠の日記によると、この都々逸は明治二十年六月二十四日の作である。

◆10　**竜陽主義**（りゅうようしゅぎ）――男色好みのこと。中国、戦国時代の魏の竜陽君が、『戦国策』によると、男色で魏王の寵を得ていたと言われることによる。

◆11　**和歌山倶楽部**（わかやまくらぶ）――明治十八年十二月頃、南方熊楠を含む十数名の和歌山県出身の学生が、消滅状態だった和歌山青年会の再興をはかり、翌十九年一月五日第一回の会を神保園で開催、以後懇親会として回を重ねた。学生が主体（社会人は特別会員）だったので学生倶楽部ともいう。二十一年には和歌山学生会と改称、二十二年には『和歌山学生会雑誌』を発刊した（同年中に六回刊行されたことが確認されている）。

杉村は明治二十一年四月三日の会には出席して、次回の幹事にも選ばれている。『和歌山学生会雑誌』編輯委員十名中には、杉村も南方常楠も名をつらねており、雑誌には両人の文章も掲載されている（杉村は杉村浩太郎、霧硒舎霞の筆名）。杉村は熊楠のこの書簡を受け取ってから入会したものと思われる。

喜多幅武三郎[1]宛

一

『五雑俎』[2]と申す支那の四角な書物にいわく、古人は猥《みだ》りに寒暄《かんけん》の書を作らず、と。拙者もその古人を見習うてか、昨年以来は大いに御無沙汰、まことに相済み申さず。実はこのこと日夜気がかりにて、貴君東京へ御出でなられたるやに承り候後は、東京とても広いこと、上野辺か浅草か京橋か芝辺かと、浦里が時さんを恋い案ずるごとくに罷りあり候。貴君もまた小生今に浪々の身とて、「江戸ながさき国々へ」と稲川の女房書として御心配下され候ことと存じ候。

閑話休題、小生ことこの度とほうとてつもなきを思い立ち、まず当フロリダ州から、スペイン領キュバ島およびメキシコ、またことによれば（一名、銭の都合で）ハイチ島、サン・

ドミンゴ共和国まで、旅行といえば、なにか武田信玄の子分にでもなって城塁などの見分にでも往くようだが、全く持病の疳積にて、日本の学者、口ばかり達者で足が動かぬを笑い、みずから突先して隠花植物を探索することに御座候て、顕微鏡二台、書籍若干、ピストル一挺提帯罷り在り、その他捕虫器械も備えおり候。虫類は三、四千、隠花植物は二千ばかり集める心組みにて、この辺はあまり欧米人の探索とどかぬ所ゆえ、多少の新発見もこれあるべしと存じ候。記行はやがて『時事新報』へ出すべく候間、御覧下されたく候。黒人のみの所にて、白人とてもスペイン人のみ多く、人情風俗も大いにかわり、旅舎徒然のほど御察し下されたく候。

将《はた》また写真一枚、この地にて取り候もの先日弟へ差し出し、弟より羽山氏を経て貴兄に呈上すべきよう計り置き候間、何とぞ御受領の上、貴君身辺に昼夜御置き下されたく候。

明日当地出発、いよいよ西インドに渡航仕り候。幸いなることには、小生スペイン語ちょっとやらかし、また顔貌は少しもたがわず候ゆえ、大いに助かり申し候。右旅行見事に相すみ候後は、北カロリナ州のブラック・マウンチンと申す高山に登り、地衣類採集、それより尻に帆かけてニューヨークより英京ロンドンに渡航仕り候。英京にては投書、著述等いたし、またことによれば社会党の書記などに相成り糊口いたすべき心組みに御座候。渡英の後は、またまた手書差し上げ申すべき間、貴兄よりも毎度珍文御送り下されたく願い奉り候。近年日本の事物一として小生の気に入らず、よってかくのごとく御座候。

右写真は五年めにてわずかにとり候もの、家族の外、中松、吉田永、谷友、野尻貞一、羽山蕃、東義太郎および貴兄の七氏を限り差し上げ候ものに御座候。小生今に貴兄を常住思いおる段、これにて御すもじ下されたく候。明治十九年の日記帳今に身にそえ罷り在り候を孤燈に対し見候にも、貴君年来御厚懇の一事、忘れがたく候。◆3 小生貴君と始めて相識り候和歌山中学校開業の二日ばかり前、おのおの受験中、中井秀弥氏、貴兄、小生三人、怪物しばいをなせしこと有之《これあり》候。その時よりのことに候て、はや十三年の永いことに御座候。十年故人稀《まれ》なりと申す世の中には、うれしきことに存じ候。

右中井氏小生渡米の前十数日、一度小川町にて面会仕り候。その後承り候えば大阪へ行かれ候由。この人も小生ことのほか懇交にて、十三年〔前〕の春相つれて荒浜に蟹取りに罷り越し候こと、今に記臆あるがごとく覚え候。貴君御面会も有之候わば、小生今に平安の赴き御伝声願い奉り候。中松盛氏にも御面会の節はよろしく申し上げ下されたく候。和歌山市をはなれて、小生の知友にて一番古きは貴君に御座候。小生こと身の幸ありて帰国するを得ば、何とぞ見捨てぬように願い奉り候。年を経るに随っては、旧交の人も追い追い心に覚えずながら疎く相成り行き候。小生ことは今に気も若く、飯もたくさん食い候。この段は御安心下されたく候。木梨先生へも折にふれよろしく願い奉り候。これはまた本とうの万里の孤客に候まま、出立前の繁忙をも打ち忘れ、ちょっと一筆啓上仕り候。なお御多祥のほど祈り上げ奉り候。

明治二十四年八月十三日夜

米国フロリダ州ジャクソンヴィル

南方熊楠拝

日本東京

喜多幅武三郎君　坐右

二

定めて新紙にて御承知に及ばるるならんが、当市中一昨夜より今に黒人と白人のあいだに合戦起こり、◆4 合衆国陸兵隊出張。一昨夜は白人三名負傷、昨夜は銃撃五回に及び候。戦場は小生の住所より十五、六町有之《これあり》候。黒人およそ千人、白人三百人、民兵百人、軍隊五百人（とも三百人とも申す）。小生は今夜合戦見物に趣くつもりにて、唯今鉄炮（口《くち》鉄炮とも）用意最中に候。

〔日付なし。明治二十五年七月七日、ジャクソンヴィル発信と推定さる〕

（平凡社版『南方熊楠全集』第七巻88～90頁）

《語注》

◆1　**喜多幅武三郎**（きたはばたけさぶろう　一八六六―一九四一）――和歌山中学を熊楠と同期に卒業、京都や東京で医学（眼科・産婦人科）を修め、のち田辺で開業、死に至るまで熊楠の親友だった。明治二十四年前後は和歌山湊小人町の医師、木梨貞斎のもとにいた。

◆2　**『五雑俎』**（ござっそ）――正しくは『五雑組』。中国、明の謝肇淛の随筆。十六巻。天・地・人・物・事の五部門に分けて、自然現象、人事現象を記述する。熊楠がアメリカで刊本を持っていたかどうかは不明だが、那智時代に土宜法竜から、おそらくは和刻本を譲り受けたとき、「ほらを吹くとき座右に欠くべからざるもの」と称している。

◆3　**中井秀弥**（なかいひでや）――和歌山中学時代の友人だが、その後の経歴は明らかでない。大正十一年から昭和九年にかけて、六通の中井宛熊楠書簡が平凡社版全集別巻一に掲載されており、貴重な追憶談である。書簡往復の頃中井は中国に渡っており、多くの漢籍を熊楠に送っている。

◆4　**黒人と白人のあいだに合戦起こり**――一八九二年（明治二十五）七月五日の熊楠の日記に、「此夜市中に黒人蜂起し、獄吏と争闘に及び、獄吏三名負傷」とあり、翌六日にも「兵士数百人来り鎮撫す」とあるのに該当するかと思われる。市中とはジャクソンヴィル市中である。キューバでの事件と推測する向きもあるが、当時スペイン領のキューバで、合衆国陸兵隊が出張するとは考えにくい。

羽山蕃次郎◆[1]宛

拝啓仕り候。その後ちょっと御無沙汰。（貴状中井〔楠芳〕氏方に拘留、小生手に入らず、渡英の上拝誦のはず。）小生は万事整頓、渡英せんと存じおるうち、ア府に書籍預け置けるミッセス・チーヴェルと申す婦人、大病にて六人医師立ち会い、切断術を施せる等の大争動中、荷造りするわけにも往かずとのことで、今一週二週、右病人の次第をまたざるを得ず、実に困りおり候。しかし、そのうちには荷作り出来べく、その打ち合せすみたれば、今月中には何分出立したしと存じおり候。「静かなる時は山のごとく、急なる時は風のごとき」を欲する小生のことゆえ、この地出立後少しも足をためず、ただちに渡欧のはずに候。

さて、本日喜多幅先生へついであるにつき、この状差し上げ候が、本年春中フリステル氏の生理書二および三の巻（終りまで）二冊書留にて三好子爵◆[2]宛差し上げおき候が、右は御落掌ありしことにや、ちょっと伺い上げ候。亡兄君の交誼により、一念貴君御成立のほどを願うて差し上げ候ものなれども、ずいぶん苦しきうちに拵え出だし候物ゆえ、失われては小生の遺憾少なからず。ただ小生志念届きしや否、知らんがため、ちょっと伺い申し上げ候。中松君は農商務省へ出頭され候趣き、同君は無比の才子の上、心性剛直なるところもあれば、早晩大いにあらわるることと頼もしく存じ候。小生も今年になりて一滴も口に入れず、性行ははなはだよろしく相成り候えども、身体ははなはだ衰え、一時は渡英を止め、帰国せんかとも存じたることに有之《これあり》候。しかし、相替わらず、不敵なる人物とて支那人のカスリをとりて活計罷り在り候ことに御座候。

高野礼太郎◆[3]と申す英雄、前月二十六日帰国せり。この人に小生より立て替えたる金子有《これ》之《あり》、父弟へ聞こゆることを好まず候て、右金子は出来次第羽山氏へ返しくれ候様頼みおき候つき、もし同人より返金有之候わば、事情は小生より申し弁ずべき旨にて、ただ貴君これを帰朝の人より、南方より頼まれたりとて、受けたる赴きにて、ひとまず、舎弟常楠へ御返付下されたく候。右金子は小生舎弟より受けし金には無之《これなく》、実に辛苦して自分こしらえしものに有之候を、高野帰国の節、はなはだ難渋と申し越し候ゆえ、毎度舎弟より書籍を送らるることも苦しくて、まずそれに依託して国へもち行きもらいし理窟に御座候。

先日藻および地衣のこと長々と御頼み申し上げ候が、なおついでに御心がけ下されたく候は菌類なり。

これはいろいろと種類夥《おお》く、英国などにてもおよそ三、四千種も有之候由。
まず第一は Phycomycetes と申し、(1)のごとく、白またはその他の色の糸のようなものにて、腐敗せる物は何へでも生じ候。こいつはその付著せるものをかきとり、紙につつみて乾《ほ》してよし。(黴《かび》なり。)
第二は Ustilagineae これは植物の花の諸部、また穀類の粒の内に生じ、(2)のごとく、ナンバンキビなどの粒おかしな風に変じて膨れるはこれなり。これもそのままかわかし、紙につつみてよし。
第三は Pyrenomycetes と申し、(3)のごとく、粒のようなものが、多く草木の皮また葉の上につく。これもそのまま剝ぎとり乾してよし。(地衣と別ちがたきもの多し。)
〔原手簡の図中(4)を欠く〕
第四は Cleisto-Ascomycetes これは大別して二つあり。(一)は(5)のごとく、草木の葉の上に黒点を抹せるごとくにつく。(3)とあまり分かちがたし。これもそのまま乾してよ

し。(二)は(6)のごとく、円毬形にて疣《いぼ》のようなものあり、なきもあり。

地下に樹根に付いて生ず。これもそのまま乾して紙に包みてよし。（Tuber と申し（英語 truffle, 仏語 truffe）、欧州にては一っかどの御馳走なり。）

第五は Discomycetes と申し、(7)のごとく乞食椀のごときものにて、台あるもなきもあり。樹下の土上、落葉、池辺の朽木、古壁上、馬糞等の上に生ず。（あまり新しきホコホコした糞上に生ぜず。採集するにあまりきたなきことなし。）また、(8)のごとき風のもあり。(7)はそのままかわかし、(8)の大なるやつは、これを中より縦截して二となし、紙にはさみ、ちょっと圧して乾かすべし。

第六は Æcidiomycetes と申し、(9)のごとく葉上また茎上（草の）に群生し、形〇かくのごとく、黒色または朱色なり。これもそのまま乾してよし。

第七は Hymenomycetes これははなはだ種類多きものなるが、⑽図を見るべし。(イ)、(ロ)は Clavaria と申し、ホウキタケ等と申し、棒また枝珊瑚のごとく、黄・赤・白等の色あり。(ハ)は Tremellineae と申し、樹枝、木板上の腐れるに付生し、色多くは赤く、不規則の円形にて、トコロテンのごとくベロベロせるものなり。以上はそのまま乾してよし。これもそのまま。(ニ)は、ズベベッタリ木の上に付生し、たとえば獣の皮を木の上にはりつけしごとし。これもそのまま。ただし、その付生せる木の皮をもなるべくかきとるを要す。Thelephoreae と申す。(ホ)は、日本で茅蕈《こうたけ》など申す類、裏に刺あり、鬼のあごのごとし、これもそのまま。(ヘ)はマンネンタケ、サルノコシカケなど申し、裏に孔あり、海綿などのごとし、これもそのまま。Polypoleae と申す。(ト)は Agaricineae これは Hymenomycetes 中もっとも多きものにて、およそ四千種もある由なるが、裏にいずれもかく

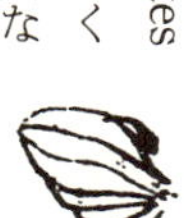

のごとく鰭《ひれ》様の膜あり(松蕈、ハッタケ等のごとし)。その肉質にして大なるものはなかなか保存むつかしく、ややもすれば腐敗し、また腐敗しなくっても乾枯の後、学問上役に立たぬこと多ければ、大にして肉質なるやつはこれを略し、ただその堅くして

革のごとく、またゴムのごときやつは手でさわれば堅さで別るゆえ、これを採り、かくのごとく両分し(中央より縦截するなり)、紙にはさみ乾し、おくられたし。ただし肉質のやつも、小さきやつはそのままちょっと紙にて圧し、おくられたし。ただし、多分変色するゆえ、ちょっと何色ということを(幹は何色、

傘は何色）記載ありたし。(ト)のごときは、大にして肉質。(チ)は、大なれども革質。(リ)(ヌ)は小なるゆえ、肉質にても保存すべし。

第八は Gasteromycetes これは菌類中最高度に進めるものなるが、数はあまり多からず。（愚の記臆には、英国に六十余、独国に百ばかり、仏には七十五種、日本では、小生の見聞せるもの十種に及ばずといえども、日本は寒熱小距離を去りて大いに異なる所なれば、必ず百内外はあるべし。）これは保存なかなか難きものもありて、多くは欧州外の産ゆえ、今に十分しらべのつかぬもの多し。故に小生はなはだこれを望み、たとい不完全なりとも、何分その標品を得たく思う。

（一）。図(1)のごときは Melanogaster すなわち松露にして、樹下の地中、また土上に生ず。毬形にして、多くは白色ズベなり。第四〔一四七頁〕の(二)に似たれども、第四の(二)は多くは疣をかぶる、これは疣なし。しかし、二つとも数寸の径なるより数分の小さきに至る。土を掘ったとき、根に気つけられたらば、多少は見当たらん。（二）は Lycoperdon これは馬勃（ケムリタケ）の類にして、多くは多少毬形、外面に疣を帯び、色多く赭褐、柄あるも柄なきもあり、土上、砂原、草藪中に生ず。この類の難物に Geaster と申すあり、ツチガキと申す。藤白坂でとりしことあり、日光でも取り、麻布でもとれり。図(2)のごとく章魚のごとき状にて、跳ねた様子(q)のごときは実に面白し。(1)も(2)も、老後は潰してたたくときはおびただしく灰色の煙を生ず。（三）は Podaxon これは熱帯の白蟻の大なる巣の上に生ずるものにて、欧州にてわずかに仏国の南部に生じ、小生はフロリダで一種を得たれども、あまり多からぬもので、小生は実物を多く見ず。日本には少なしと存ず〔原手簡に図を欠く〕。

(四)は Nidularia これは小さきもので図(3)のごとくチャダイゴケと申し、茶碗のような風で口開き、中にヘソの垢のようなもの有之候。馬糞、朽木辺の土上等に群生す。日本でも四、五種あるべし。(五)は、菌中の□□〔不明〕たるものにて、Phalloideae 紀州辺でキツネノチンボなど申す。図(4)のごとくいろいろ奇異の形のもの多きが、多くはかの白木屋丈八刀の裁判の落語、作は何だ、作は越前ものでございます。役人フフン、袋は、丈袋は越中でございます、役人あおがいは、丈紫でございます、役鮫は、丈イボでございます、役ツバ

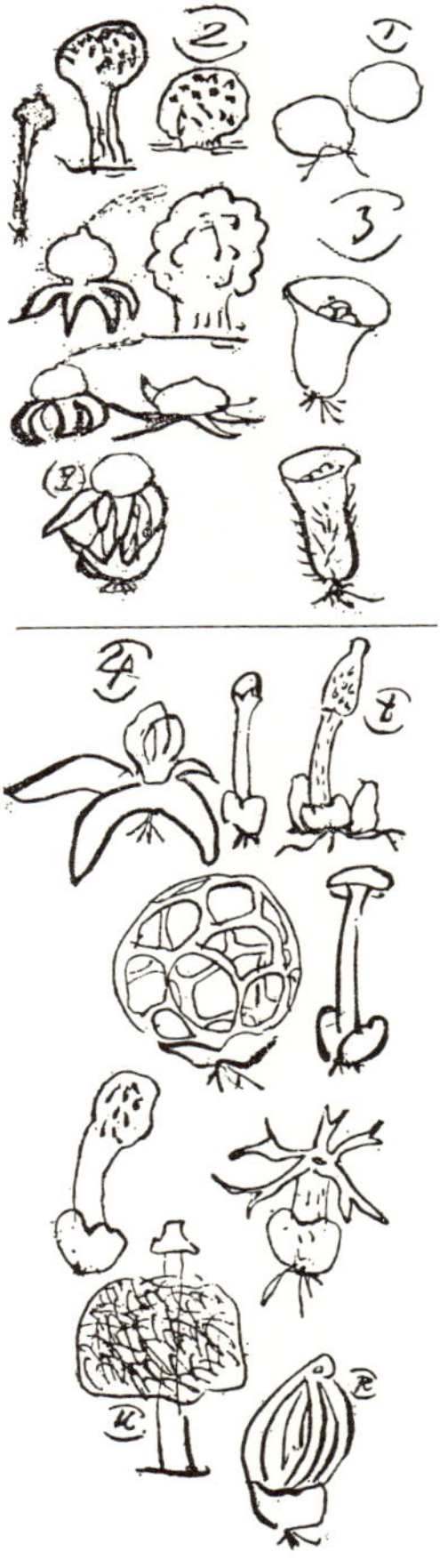

は、丈ツバは金でござります、役フフンなかなかのワザモノと見える、して鋒《きっさき》は、丈（小声にて早口に）カリ、役何だ、丈カリカリカリと、いえるごとき一物の形にて、先にこってりとヌラヌラしたるものを付け、臭気はなはだしく、すでに(R)図のごときは、小生これ

をこの地に得て図をとらんとするに、臭気にむせて近づき得ず、大いに迷惑せり。すべて一夜の中に勃起し、半日にして枯れてしまう。しかして臭気をかぎ、蠅、群至し食らうゆえ、爛腐することも早し。しかし何分望ましき品ゆえ、貴君見当たり次第、棹はにぎらず、カリには決して触れず（触るるときは粘液手につき、臭気はなれがたし）、こっそりと金の下を掘りおこし、然るのち棹と金をはなし、サオの中へ（多くは空なり）綿をそろそろとつきこみ、また金の内へも綿を入れ、然るのち紙を隔て火であぶれば、腐臭ある液は乾き、これに生ぜる蠅蛆は死す。然るのち紙にはさみ、圧し下されたく候。しかして(t)のごとく、その近傍をたずぬれば、いまだ発生せざる幼者を見当つるべし。これははなはだ入用なれば、そのまま掘りとり、火で炙り殺し、圧さずに乾すべし。(u)はコムソウダケと申し、はなはだ奇なるものなり。京都に生ぜしことありという。これも前述のごとく、帽の中と棹の中に綿を入れ、少しく圧すべし。およそこの Gasteromycetes はなはだ保存

むつかしきゆえ、欧州外のものはあまり知れおらず、小生はなはだ日本のものを知りたきゆえ、少々御難儀なれど、なにとぞ御贈り下されたく候。

また(三)の類に「Torrubia と申し、医書に冬虫夏草と申し、日本名はノムシダケ、『本草綱目』には蟬花とあり、多分白き色の筆状また毬形に茎あり、柔なれども細微なる堅き黒点をかぶれり。これを掘りみるに、必ず虫（ネキリ虫のような）の死せるやつより生じ、時として蜂などにも生ずという〔前頁図〕。小生はただ一品をフロリダにて得たるのみ。和歌山の畑屋敷と申す地に毎秋この物を生ずる地ありしと古老に聞く、また田辺に夥《おお》くありという。（喜多幅氏に必ず語り下されたく候。喜多幅氏にも菌のこと頼みしが、この必要のことは念失せり。）これまた御心がけ下されたく候。

実に御勉学に余暇なき折柄、大丈夫の身として、かかる陰茎状の鄙物を、採集を、自分のみかは梓弓人をも引きつれて御頼み申し上ぐるは、定めて御一笑に付せられんならんが、一度学問に身を入れてはまた出づること能わず、年来寒雪の中に臥し、炎熱の日に曝されて、すきありき候ことゆえ、何分よろしく願い上げ奉り候。決してわざわざ走りまわりたればとてあるものにあらず。走りまわらねばなお見当たらぬものゆえ、幾久しく心にかけ、時々野外に御遊びの折柄、御心がけ、精々御精査下されたく候。しかし、右の陰茎状のやつ等はずいぶん多からぬものなれども、その他松茸様、サルノコシカケ様乃至《ないし》葉や木皮上に黒点を呈し生ずるやつは実に夥《おお》く、死木、生木、馬糞、藁縄等には必ず多少あるものに候。この学の大祖として聞こえたる陰茎《ペニス》に縁あるフリース◆4 Fries とて、合戦最中に口をスウィッデン国の碩儒は、八歳とかの時より菌類を採り始め、終《つい》に大著述をやらかせしが、この人同国にて一ファールロング平方（日本の二丁平方未満）の地にて二千種近く菌類を得しという。たとえば蕁麻《いらくさ》一種の草におよそ四十余種の菌付生すと申す。今夏御帰省の御事ならば愚弟許《もと》に立ち寄り、Persoon◆5（仏国の菌学大家、右のフリースと共にこの学の元祖なり）'Mycologia Europaea' と申し、三冊画入り極彩色にて、愚人が見たらチンボコとオマンコの図譜かと思うほどの愚本（はなはだ希《まれ》なる本なり、小生十五ドルを費やせり。日本では小生の外に所持せる者、けだしあるまじと存ず）有之《これあり》、一覧下されたく候。また小生アナバにある時、寒室にて飢えを忍んで（茂木、三好二人とも苦心せしを躬《みずから》見たり）、一々彩色画を添えし、美なる菌彙あり。御一覧あるべし。

また貴君も医学の下ごしらえと、ちょっと生物学も御学習のこと、定めて御知りならんが、右菌類に似たもので Mycetozoa◆6 と申す一群、およそ三百種ばかりあり。これははなはだけしからぬものにて、(1)のごとく幼時は水中を動きまわり、トンボがえりなどし、追い追いは相集まりて(2)のごとく痰《たん》のようなものとなり、アミーバのごとくうごきありき、物にあえばただちにこれを食らう。然るのち、それぞれ好き好きにかたまり、(3)より(7)に至るごとくいろいろの菌状のものとなり、いずれもたたくときは煙を生ず。これは砕けやすくして保存全きことは望むべからず。しかし不完全でもよし。紙につつみ保存下されたく候。(7)ごときは、饅頭のごとき形にてはなはだ大なるものあり。Fries 以下この類を菌なりと思い、植物中に入れしが、近来は全く動物なることという説、たしかなるがごとし。(レイ・ランケストル◆7の説には、最古の世の生物はこのようのものなるべしという。)

亡兄君◆8は気質は小生の狂暴不敵なるに似ずといえども、かかることには嗜好ははなはだ深く、熊楠年来所交やや多しといえども、いまだ亡兄君のごときを見ず。御存生のことならばいろいろ巨細《こさい》に申し上げ、特別に採集方頼みたきも、今は幽顕路を隔てて致し方なく、只今貴君もまた亡兄君のごとき嗜好を有せらるる人となりたりや否を明らかにせず。しかし、何分小生の不幸にもかかることに身を入れ、もはや脱し出づるに路なきを愍れみ、できるだけ、御助力あらんことを望み申し上げ候。小生はかかるもの多く所持(菌・地衣のごときは、おそらく日本中もっとも多く有せる人に劣るべからず)すれば、御好きならばいくらでもあるだけ送

(3) 図

(2) 図

(1) 図

るべし。菌はやはり所生の地と付生せる主人公（何木、何の草等）の名および時日を記し、贈り下されたく候。またこの外に蘚（moss）と申し、(1)図のごとく、Hepaticae と申し（苔類）、(2)(3)図のごときもの、これまたはなはだ多きものにて、すでに若干は贈中にあり、また心掛け御採集下されたく候。すべて蘚苔、藻、地衣、菌および Mycetozoa 等はもっとも微細なるもの、俗眼には同一と見えながら、実は異なるもの多く候えば、同じように見えても異所に生じ（一は一の木、一は他の木、一は土の上、一は沙の上等）候ものは、ことごとく集め下されたく候。

（小生、貴君に取りかかるときに用ゆべき虫眼鏡送りたきも、落としてしまい、財政も渡英前とてはなはだ迫逼なれば、急におくること能わず。しかし、その内送るべければ、何とぞよろしく頼み上げ候。）

実に三十近き身をもって、大きなまらも持ちながら、かかることをくだくだくだしく申し上ぐるも不埒至極なるごとくなれども、ことごとく学問上必要のことゆえ申し上げ候なり。

もはや手も弱りたれば擱筆とせん。中松、園田、小松、田中竜湄、寺村等諸氏へよろしく、小生より手紙一々上ぐることも成らず、不断昔日交遊の面白かりしことを、雨のふる夜も降らぬ夜も、風の吹く夜も吹かぬ夜も思いつづくる旨、御話し下されたく候。山口沢之助という人、今年東京にある由。これは有本七◆9、長尾駿、山本義、中駒四氏と小生、今日に存する最古の友に候（六歳の時より友たり）。ことによろしく申し述べ下されたく候。

まだ余白もあれば、前日友人高野礼太郎（洋人娼妓を妻とし、いろいろ外聞ありて帰国を得ず、ようやく前月帰国せし人）貞節なる妻と別れ候段、左に申し上げ候。外人に見せ下さるまじく、同人は小生の一の子分にて、法学博士、哲学に通じ、大胆にて熊楠とちがい威風容儀に富み、言辞に嫻《かん》になかなかの英雄なり、少々アバタあり。

私のととさんかかさんは、たった一人《ひとり》の子ぢゃものと、二人《ふたり》の中にめでまはし、なんで行く末川竹の、うきめを三《み》んと四《し》らんせう、冥途で聞いたら五《ご》立腹、御道理とこそ六《む》理もない、七《なな》つ浪速のよしあしも、まだ知らぬ間におしでるや、八《や》がて押し出るお職とて、引く手あまたの夕だに、九《ここの》つとめはゆるしゃせぬ、十《とを》して過ごした主への操。二上り

舌でころがし、なさけではめて、主のあばたは恋の淵

初夜から末を思ひ寝の、寝られぬ廓の百羽掻《ももはがき》、トレドで婚姻せし時も、千代もと言ふたその口で、万更《まんざら》うそはいはれまい、億《御国》に思ひはさることながら、私を捨てて行く兆《てう》は、何たることと恨みかこちつ聞こゆる鐘、いかなる夢を結ぶらんと、ベッドの隅の蜘《ささ》

蛛《がに》も、糸を収めて思案顔、二人は無言で鴛《をし》と鴦《をし》、幾夜重ねて赤沼の、真菰《まこも》隠れの一つよぎ、楽しみ尽きて哀しみの、くると悟りもその中に、アメリカ風に夫の名、川という字を（子あれば川なれど子なきゆえ一画を省きて）リーの字に、かはす枕のをはりとは、（なぞのとくるを落つるといふ）落つる涙の玉くしげ、明けてくやしき今朝《けさ》の空、空恐ろしき因果ぞと、思へば浮世は儘《まま》ならぬ、いとしい親のあればこそ、妻に別れて孝と鳴く、軒の烏も〳〵苦労なり。

友人岡野栄太郎氏（只《（黒）》今チカゴにて演舌、聴衆一席に一千五百◆10名もありという無双の才子兼難物なり）、昔年深く思いこみし女の、年をへて、福田友作にちぎりて同じ汽車で遊山に往きしと聞きて、むかし花山院の女御に寛資中納言が通いしに、一条道信中将が、「うれしさはいかばかりかは思ふらんうきは身にしむ心地こそすれ」と詠みたることも思い出だされ、水調子でドドクッテ岡野に贈る、いわく、

二人ならんだ湖水の鯉を心をし鹿《か》がひとり鳴く

ハ、コリャコリャコリャと三味線を収むると同時に筆を止め候。

六月二十一日朝、四時記畢

南方熊楠より

羽山蕃次郎様

（平凡社版『南方熊楠全集』巻七巻91～100頁）

《語注》

◆1　**羽山蕃次郎**（はやまばんじろう　一八七一―一八九六）――日高郡北塩屋村（現御坊市）の医師羽山直記の次男。兄の繁太郎とともに若き熊楠の少年愛の対象であった。東大（医科大学）在学中肺を病んで帰郷、死亡した。

◆2　**三好子爵**（みよししmanagedしゃく）――三好太郎の父、重臣（しげおみ　一八四〇―一九〇〇）。長州藩士。高杉晋作らと奇兵隊を組織した。陸軍中将、子爵、枢密顧問官。

◆3　**高野礼太郎**（たかのれいたろう）――アナバーで熊楠に最も心服した友人。信州の人。ジョンズホプキンズ大学とミシガン大学で法律を学び、帰国後東京で弁護士を開業。

◆4　**フリース**（Elias Magnus Fries　一七九四―一八七八）――スウェーデンの植物学者。菌類分類学創始者の一人。ここに大著述というのは、*Systema micologicum*, 1829（菌学大系）と思われる。

◆5　**Persoon**――ペルスーン（Christiaan Hendrik Persoon　一七六一／一七六二―一八三六）。南アフリカの植物学者（オランダ市民）。ハレ大学で神学を、ゲッチンゲン大学で医学・自然科学を学び、後半生はパリに住んだ。特に菌類学者として名高い。

◆6　**Mycetozoa**――粘菌あるいは変形菌と訳される。この書簡の記述によって、熊楠がこの時期から粘菌に関心を抱いていたことが明らかになる。

◆7　**レイ・ランケストル**（Edwin Ray Lankester　一八四七—一九二九）——イギリスの動物学者。ロンドン、オクスフォード両大学教授、大英博物館博物学部長などを歴任。

◆8　**亡兄君**——羽山繁太郎（はやましげたろう　一八六八—一八八九）。大阪医学校在学中、肺を病んで帰郷、死去した。

◆9　**有本七**——以下四名の姓名は、有本七之助、長尾駿郎、山本義太郎、中駒次郎。小学校以来の友人と思われる。

◆10　**福田友作**（ふくだゆうさく　一八六五—一九〇〇）——下野国（栃木県）の蚕種問屋の子に生まれたが、自由民権運動に共鳴、参加し、橋本（粕谷）義三らと渡米、アナバーのミシガン大学に入学、同地で熊楠の友人となる。明治二十三年帰国、景山英子（のちに『妾の半生涯』の著者）と結婚したが、三十二年発狂し、翌年死去した。

三好太郎◆1宛

明治二十五年六月二十一日午後十一時認　托友人喜多幅武三郎氏　回送五銭切手なき故なり

在米　南方熊楠拝

東京麴町区飯田町三好重臣様　御内

三好太郎さま

例の通り無用の長文、ひまに御一読下されたく候。

朋友に屢《しばしば》すればこれを疏《うと》んぜらるとす。御承知なれど、目下荷物は作りおわり、日々ア府荷物の成否を待つうち、チーバー夫人病気にて六人の扁鵲、倉公、劉禹錫、陶弘景、朱丹渓、華佗、孫思邈など申す名医立ち会い切断術を施せり（案ずるに女のことなれば、さね腫れしならん）とのことで、近所大騒動、そこへ押し寄せ荷物を作ることもならず。また卒業前多忙のことで、小生は何ごともせず日々吉報を俟ちおり候ことにて、御存知の顕微鏡も一番肝心なレンズを破《わ》ってしまい、ようやく毎朝菌を集むるのみ、他は何もせずただ荷物の出来るのを俟ちおり候次第。もとより古今無双の勉強家ゆえ、筆を操らねば病を生ずることにて、ちょっと一書を差し上げ候。

さてマーシャルの経済書御約束申せしが、右等の次第にて米国にて有する金子はほとんど底をたたき、渡英の費に充つべきだけは使わぬようにアルコホル漬けと致して所持することゆえ、この上一銭も出《で》ず。加うるに小沢の書物ことごとく書肆へ没収となり候て、エキレクロペジア一部さらに買わざるを得ず等のことゆえ、右の書は渡英の上、然るべく金銭をかたり取り、さっそく二冊でも三冊でも取りそろえ、きっと八月中に貴手に落つるように致すべく、ずいぶんうその方ときたら、斎藤文治

これは天明ごろの京都人、ある親王家とかの家臣の由にて、うその名人なり。事は馬琴の『羇旅漫録』に見えたり。いわく、摂州高槻に里見伊助（芝居にする）が刃傷のことあり、京都人相伝えていわく、七十余人も一人に傷つけられしと、大そうなり、と。文治ぬからぬ顔にていわく、実はわれ親戚の者高槻に住するが、飛脚して告げていわく、三、四人傷つけられしなり、と。世人以為《おも》えらく、文治は初めて本当のことをいえり、と。しかして事落着するに及び聞き糺せば、やはり七十余人の方正実のことなり。極月末に人に語りていわく、正月の初めに世人事始めをする、われはうそのつき初めをすべし、と。世人かの者いかなる大ぼらを吹くならんかと、元日早々往き訪え

ば、妻まじめな顔していわく、文治は今朝より他出して家にあらず、と。しかるに、表の方へまわってみれば、文治平気でおるゆえ、今日こそ汝はうその種尽きたるに当惑して引っこみしならんといえば、文治大いに笑いていわく、你《なんじ》らはうそを語るに足らず、それ昨日約束した通り今日汝らと会してうそのつき初めをすれば、語るところうそなれども、前日の約束はうそにならず。よって你らをしてわが家に来たり不在と聞きて去らしむ、これ、一つのうそなり。すでに不在かと思うて去れば実は家内にあり、これうその上のうそなり、と。馬琴『蝴蝶物語』にこのことを趣向して、うそつき弥二郎の伝あり。

にもおとらざれども、貴君には前年恩義厚かりつれば、決してうそは申し上げず候。しかして吉岡書店（京橋区）発売の『古今説林』と申す書有之《これあり》、全部四円もするゆえ、ちと御相談ものなるが、旧子分の輩へわりつけ候間、貴君も何とぞ初めの方四冊ばかり御肩持ち下されたく候。もっとも英国住処相分かり候上にて送り下さるべし。◆2川田君も前月帰朝、定めて今ごろはいろいろ御対話の御事と存じ候。◆3一の子分も同時帰朝候間、いろいろ談《はなし》も有之べく候。しかし師匠すら油断ならぬ高弟なれば、決してその言うところ一々御信用あるべからず、半分に聞いてもなお余りあれば、よろしく$\sqrt[2]{\quad}$二乗根に開きて御聞き取りありたく候。

小生書籍標品等英国へ持ち行くものはなはだ重大にして、費用にこまり入り候。しかし棄つることもならず、ならぬ工面して持ち行き候。当地は熱きこと連雀町の火事を万世橋で見るごとく、小生は日々裸かに御座候。岡野氏より毎度書信有之、貴君へ別けてよろしくとのことゆえ、ちょっと申し上げ候。彼も杉山の評などは如何《いかが》にや、はなはだ弁舌よろしく、近日出板物に自像を入れ、演説後に押しつけ売るとのことで、写真も売るつもりにや、百ドル出して千枚調えたりと申し越し候。近ごろ鬚髯をのばしたそうだから、あの顔ではこんにゃく玉のごとくならんと察し入り候。

小生一書を送り、大いに同人をほめ立てしに、同人、書を贈りていわく、一体君は頭が平生の人より多く記臆力に富み、物に中《あた》って判断鋭く、かつ和漢洋に兼ね渉れることゆえ、願わくは共に耶蘇教のために尽力し内外に馳名したし、と。小生また答えていわく、全態君は人をちょろまかすことが上手で、女に対して至って信切に、かつ無敵の弁舌あり。物に中ってわろびれること少なく、かつ物に中っていずれが人の気に向くか否を看破すること鋭ければ、願わくはますます弁舌を磨して、日本にかかる偉大の人あり、これ日本の岡野ならず、岡野の日本なり、といわせたし、これ同居中、三好も常に望みおれるところなり、と。むかし孔融が禰衡を賛して顔回いまだ死なず、禰衡が孔融を揚げて孔子復活と、互いに味噌を揚げ合いしもかくやと覚えられ候。しかして小生より右著書の参考として、例の長文をおよそこの大いさの紙三十ページばかり認《したた》め贈れり。そのうち日本文を訳して外人に示す気点の論あり。文句の体のところ抜記し、三好君の御劉覧に供す。けだし馬の糞もこれを拾えば田圃の肥《こやし》になり、また小生などは毎度その中より無数の菌種を発見して学問を益することあり。魚の骨も犬の腹に合い、越中ふんどしの端《はし》も小指の痍《きず》を包むに余りあり。貴君一読せば少々は御役に立つこともあらん。

　一国の文体を詞も意も兼ねて失わずに訳出することは、すべて多少の難件あり。仏文を英訳し、ラチン、グリークを近代の語に訳し、乃至《ないし》もっとも縁の近きドイツ文を英訳するすら、時としてほとんど望むべからざるの嘆あり、と大家がいうならずや。同語系統の梵文を、英・仏に独に訳するには何度も何度も仕直せしにて、その言の虚しからざるを知るべし。しかして日本文章のごときは、語種も語統も異なる上、許多《あまた》のむつかしき来歴由緒あるインド、漢土、歴朝の故事を雑え、「たわやめのそでふきかへすあすか風」の万葉詞より、「常磐の山の岩つつじ」の古今体から、「名にしおはばかしてくれかし小金原後になす野のあては見えねど」の狂歌体、それはまた次巻を見て知りねかしの馬琴風、わちきあもうの為永体より、あすはどの手で投げてやるの甚句体、同じどんがらがんでも外のどんがらがんと違うどんがらがんに至るまで、いやはや千差万別の沿革種異を経しものなれば、これを訳出して詞の妙なると意の曲なるを示すことは、今夜子の刻までに為若君の首を取りて見するよりも難きことというべし。しかれども、虎と見て岩に立つ矢もありといえば、まず志のあらん限り悉《つく》すときは、また成らぬことはなきものとやたらにはりこんで、成るは天、成すは人、ところが成すことの成らぬが金と智恵のなきゆえとあきらめ、もとより cork oak と同じく、上は皮は剝がれてもまだ下に厚いのがありやすというほど、顔の皮の厚き男ゆえ、ちょっと口を廻し見んに、なるほど日本の文章歌咏は沿革もあり種別もあるが、その文体ということは大抵分かっておる。どのようにもこじつけて可なりだが、今はまず川辺〔ママ〕御杖氏の『歌袋◆4』は大分古臭い書にして、歌の体のみを論じたるなれども、文も歌も曲調こそかわれ、語の体は同じものなれば、それに従いて追一記しおわり、さて一々いかにして訳出して可なるやの一点を論ぜんに、

一には序《のばえ》（これらの漢字は熊楠の手製なり。川辺氏の意にかなわぬこともありぬべし）。これは思うままのことを思うままの順序でのべくるにて、七の八の六《むっ》かしきことはなし。『古今集』、「袖ひぢて結びし水のこほれるを春たつけふの風やとくらん」。寒中の氷を春風が吹いて溶くということにて、わけも聞こえやすし。されば戦国の時、織田二家に合戦ありしとき、和睦を悦ぶの使い平手中務がこの歌をくりかえせしに、そのころ無学無我の武士もあきれ歎ぜり、と室直清の随筆に見えたり。

一条天皇の后定子が崩ずるとき、「もろともに契りしことを忘れずば恋に涙の色ぞこひしき」。俗語でいえば、毎晩毎晩やったことをお前が忘れずば、まあそのことを思い出すおりに、どんな涙をこぼすだろうと思うてあたいは死にますよ、ということなり。浄瑠璃でも「母に別れしをさなごか父よとよべばふりかえり」と武石が語り、一同いよいよと感ぜしも、結句はわけが分かりやすきゆえなり。もっとも語の序排にて

巧拙はあるが、これを訳するに文法と整文術さえしっかりやれば、それで十分なり。二には托《よせる》。詞の縁にすがりてつづくるなり。『古今集』、「立ち別れいなばの山の峰に生ふるまつとし聞かば今帰り来ん」。いなばの山、まつとし聞かば、共に詞の縁にすがれり。同、「芳野川岩きり通し行く水の早くぞ人を思ひそめてし」。早くということを形容せんため、芳野川云々といえるにて、まず一種の metaphor なり。これに川辺氏は二種の varieties を付せり。

第一種、掛《かくる》。語の半分を取り分け入るるなり。はしたなしということを身ははし鷹の、知らぬということを白雲白波などいうこと多し。『後拾遺』、「かへるさをまち心見よかくながらよもたたにては山科《やましな》の里」。ここにては止まんという意を山科に掛けたるなり。浄瑠璃、拙著「恋娘砕け島台」、妻の思いを白鷺のそれなくに物あわれ鳴立つ小沢正太郎。

第二種、副《そえる》。それにもこれにも意の通うなり。『拾遺集』、仲文が能宣許《もと》へ車の氈《かも》を借りにやりしに仮《か》さぬとて恨みし時、「鹿を指して馬といふ人ありければかもをもをしと思ふなるべし」。趙高の故事に拠して、氈鴨《かもかも》同音、惜《おし》鴛鴦《おし》同音なるを相そえたるなり。狂歌などに尤《いと》多し。木室卯雲が直方《さねかた》氏の欠所を得んと願いしに聴かれずして日《ひ》野《の》小左衛門に与えられしを憤れるとき、「けなげなりなるも尤《もっと》もさねかたのないた所へひのこざゑもん」。さね方といえる姓名におまんこのさねを日野小左衛門をへのこと添え通わせるなり。

浄瑠璃、石部草津で、大石や小石拾うてわが夫《つま》と撫でつさすりつ、とある大石は大石姓をそえたるにて、婿の力弥をちからにて、とあるもちからに主税を添えたるなり。同、本蔵切腹の場に、かかる家来は持ちながら浅きたくみの塩谷殿。浅きたくみとあるは、当時を憚りて出雲が暗に塩谷判官とは仮作の名、実は浅野内匠なることを添えたるなり。（ただし、この一事は少し変格、反って第一種に入るべし。）

三には対《むかえ》。白いといわんとて黒きもの、長いといわんとて短きものを対偶せしむるなり。取りも直さず、西洋のエピグラムなり。

「古のならの都の八重桜今日九重ににほひぬるかな」。川辺氏はこの var. 一種ありとて equivocation ねがい（願）という体を挙げたけれども、これは一に属すべきものにて、別に解を要せず。阿古屋浄瑠璃の、鶴の脛長しといえどもこれを断たばうれいなん、鴨の脛短しといえどもこれを続《つ》がばかなしみなんは、『荘子』の文そのままなれど、やはり体は三に属す。『忠臣太平記』、矢間の妹は今盛りの娼女、妻は惣嫁《そうか》なるを対して、「鴨川やいちの小川と言ひながら流れは同じ二人づれ」。

四には拠《まもり》。故事・本説に拠りて作れるなり。『大和物語』に、渟沼《ちぬ》の二男子女を争いて生田川に投身して往生せることに拠りて、通経が、「恋佗びぬちぬの丈夫《ますらを》ならなくに生田の川に身をやなげまじ」。浄瑠璃、唐土にては晋の予譲、わが朝にては大星の由良之助、また『太功記』にたとえ樊噲の勇ありともわれまた張良の謀を運らし、石屋の弥陀六が（『兜軍記』）荘子は六歳にして、云々。拙作「恋娘」に、たとい張巡妾を殺して饑えを救いし操に恥ずるとも、邦輔衣類十四点を四ドルにまげてせしめし謀にならい、一日一度は日本飯を食い申さん、のごとし。

五には擬《かさね》。先人の文、詩歌の詞文に意を擬して作るなり。熊楠いわく、やや異なれる意を寓するなりという方よろし。業平が、「駿河なる宇津の山路のうつにも夢にも人にあはぬなりけり」とあるに擬して、草庵、「夢にだに見えずといかで告げやらん宇津の山路はあふ人もなし」（これを川辺氏は四の体とせり。誤りならん）。また、「ながらへてまた越えんとは思ひきや命なりけり佐夜の中山」と、西行が一とせあずまにいた時に蟹にちんぼこ挾まれながら作りしを、四十七士の一人原惣右衛門元衣が擬して、若いときほれた縁でもあるにや、小野寺十内の妻おたんに贈れる歌、「ながらへば命ともなれ後の世に越ゆるやなごり佐夜の中山」。いずれも原作の詞そのままとりて相似て、しかして別なる意を述べることはなはだ面白《めんぱく》なり。浄瑠璃、お園が愁言の始めに、かかれとてしも烏羽玉《うばたま》の、世の味きなさ身一つに、イーイーイーイーとなくところは、鴨菊太夫が僧になりて不遇を歎ずるとて、「父母《たらちね》はかかれとてしもうば玉の、わがくろかみは撫でずやありける」といえる原作により、世のあじきなさの世と烏羽玉に縁ある夜と同音なるを添えたるなり。

また、かの十九世紀に有名なる南方の傑作、小沢のさわり、「都を跡に大森や、恋の品川女郎衆へいずれ変わらぬ川竹に身を沈め淵六郷の、輪廻と聞くもおそろしく、たとい妾は死ぬるとも、主の命は万年屋、冥途で枕川崎の、大師を近く伏し拝み、つるみときく名ものぞましや。唐字《からじ》読んだるあなたさえ苦労伊呂波の仮名川に、跡の程が谷思いやり、くるる思案の戸塚宿、わらじの紐をとくとくと、解くに解かれぬ藤沢や、云々」とありしは実に傑作で、世人の知らぬ妙なり。なぜと言ってみねえな、一の子分高野これを評していわく、この文全体『朝顔日記』宿屋の段と、お江戸日本橋ゃ七つ立ちコラサノサノサーといえる唄とを体とし取れり、と。さすがは一の子分慧眼のほど感心なり。しかして唐字よんだるの句は、唐字よんだるあなたでさえも、仮名の伊呂波にゃ苦労する、といえるよしこのに擬し、跡の程が谷は、全く親分の精練に出で、戸という字のあるにちなみて、わらじの紐をとくとくと解くに解かれぬ藤沢や、という句は全く『時頼記』の浄瑠璃をそのまま　うつせるなり。まず自慢はこれで止めて、さていわく、

以上諸体を分けて五　種《スペシイス》と二亜　種《バリエチース》となしたるが、これを訳する如何《いかん》というに、一は、思うことをそのまま述べたるゆえ、レトリックとグランマーを心得ればそれで可なり。三は、西洋のエピグラムと同一なれば、これ実は一の変体に過ぎず、何のこともなし。ただ東西事物の異なりて、高きこと吉原の天水桶のごとく低きこと品川の総雪隠のごとし（風来

山の文）など、洋人に分からぬことはよきほどに斟酌して西洋にあるものを用いて可なり。四は、故事・本説を明らかにせざれば、何のことやら文は分かりても妙が分からぬゆえ、ちょっと註を入れて古事・本説を解すべし。ただし、そこが訳者のきてんにて、素戔嗚《すさのお》尊《みこと》が簸川上《ひのかわかみ》に八頭の大蛇を誅せしことを、ギリシアの神が九頭大蛇 Hydra を殺せしことにそのままかえ、「神代紀」の神などの故事にギリシアなどの神の故事に同似のものあれば、なるべく名を換え用いて可なり。しかるときは別に註を要せず、また分かりやすし。五は、別に本歌原文をのせずとも意は通ずべし。しかし、なるべく本歌をちょっと註すれば、日本人の文を作るに古えを探り今になぞらえることをつとめ苦しみしほども分かり、二、三分は受け合いて国威を横浜より外へ伸ばすことと知らる。

まず、以上はそれでよし。さて、こまったやつは二なり。その亜種第一、第二は一層こまる。二は、まず西洋の metaphor なり。ただし、ちとむつかしい。何となれば、西洋のメタフォールは、goldenhair といえばきわめて美麗なる黄色の髪をあらわし、golden shit（そんな語はないが）といえばきわめて黄色鮮かなる大便ということをあらわす。また小さき男をリリップシアンとつづけるごとき、ガリバルスの島巡りに拠りし等少々は格がきまっておるが、日本にはその格のきまっておることとエジプトの画法そこのけにて、桜をまつということはあれど、紅葉をまつということはなく、川風寒み千鳥なくということはあれど、海面暖かなるに千鳥なくということはなき工合に、このことのごときも、ちょっ

のずしをとこなんそ、だつやういをとこい古みかのそい、あついこやい、もにるす嘩喧と
わ言やむやうるな国の羽出、かのもく聞でんなの関の曽《なこそ》古那、てっ たしえかりくきまだお
かし。いしかつむくごしでうよか事万ずま、がだうそ大とちはとなうよういと、れ去にず
して歌などには、もっともこのことをぎんみすることが届いておる。

しかして、その亜種二つもまたその用所きわめて多く、日本の妙文という妙文（漢文お
よびこれによる近代文は外なり。この論は漢文等を少しも論ぜしにはなし）には、必ず多
くこれを使いておることとなり。基俊いわく（『更科記』）、歌をよむに歌をよみ出だすは不可
なり。まず題に付きて縁の字を求めよ。縁の字なくば縁の詞を求めよ。縁の字なくて歌を
作らんは、材木なきに家を建てんと企つるごとし。縁の字とは秀句なり、物を兼ぬるなり。
浪のよるよる眼も合わぬ、といえば夜の意に寄るの意を兼ねたり。縁の詞とは、秀句にあ
らでただ事の便りあるなり。沖津波立ちこそまされ、などいうごとし、と。今考うるに、
縁の詞とは取りも直さず二なり、縁の字とはその亜種二つなり。されば中古以来の歌に、
二および二の亜種二つを入れざるもの少なし。（先人多くこれを言う。）風来の『矢口渡』
の浄瑠璃を作るや、東作これを見ていわく、かくのごとくなれば、義岑、御台もろともに
今の六郷通りを来るように聞こえ、矢口の渡しにかからず、しかるときはこの曲の題名に
乖《そむ》くべし、と。風来すなわち筆を握りて句を成すとしていわく、六郷は近き世よりの渡し
にてその水上《みなかみ》は弓と弦《つる》、矢口の渡しにさしかかり、と。東作大いに感心せしとぞ。案ずる

に、かくのごとき言い訳は、西洋文にてはいかなる妙筆を用うるも Rokugo was then; it is why they came across the Yaguchi と書くの外なきに、日本文の妙、風来の筆においては特にここに大いに挙がりしものは外なし、矢口といわんとて弓と弦をそえたる一事あるのみ。西洋人は、この秀句、縁の詞ということをパロノマシア（シャレ）と称し is the lowest sort of humor と申す。女に向かいて、汝は mail をとりに郵便局へ往くか、女いわく、へい妾は年ごろだから male をほしい、などというのみなり。別にむつかしくしくみたくっても、語種がアマルガマントで、日本のアグルチナントなるに異なれば、七顚八倒しても日本ほどの秀句は出ぬなり。されば語種の総体よりいって、日本文章が西洋に及ばぬところありとても、秀句の一事においては日本の語種もっとももこれに的当して特異の発達をせしものとみるときは、ある意味においては日本文の方はるかに西洋より進りというべし。（進化上かかること多し。蟻蜂は虫類中最上の膜翅虫にしていばれども、虫類中もっとも下等の羅翅虫の中にも白蟻《タールミツト》ありて、他の群をはなれ蟻蜂に頡頏《きつこう》すべき智力を有せるにて知るべし。）毛唐人の言に蠱惑されて何のこともなく腰を抜かし小便たるるやつ、留学生みなこれなるが、はなはだかなしきことなり。しかして、この秀句、縁詞というものこそ、実に日本文章の英花を主として成しおることとは、試みに有名なる俊基朝臣の東下りを左にのせてこれを分析すべし。（もっともこれは『太平記』読みとて、そのむかし『平家物語』を語りしごとく、一種の調にて読みしものの由なれば、特有の調もあるならんが、どど一などのほか拙者は調のことを心得ぬゆえ、それは他日弁ぜん。）

落花の雪に踏み迷ふ片野の春の桜狩り、紅葉の錦を着て返る嵐の山の秋の暮、一夜を明かすほどだにも旅宿《たびね》となればものうきに、恩愛の契り浅からぬわが故郷《ふるさと》の妻子をば行衛も知らず思ひおき、年久しくもすみなれし九重《ここのへ》の帝都をば今を限りとかへりみて、思はぬ旅に出でたまふ心のうちぞあはれなる（以上一、もっともこの中にもいろいろ故事等あるべきも、そんなこと調べて居りては果なし）、うきをば留めぬ相坂《あふさか》の（五）、関の清水に袖ぬれて、末は山路を打出《うちで》の浜（二のvar.一）、沖をはるかに見渡せば塩ならぬ海にこがれゆく（三および二のvar.二）、身を浮船の浮沈み（二のvar.一および二の本体）、駒もとどろと踏みならす（『平家物語』、重衡海道下り、勢多の唐はし駒も轟ろとふみならし、とあるを五）、勢多の長橋打ち渡り、行きかふ人に近江路《あふみぢ》や（二のvar.一）、世のうねの野になく田鶴《たづ》も子を思ふかとあはれなり（五）、時雨もいたく守山の（二のvar.一）、木の下露に袖ぬれて風に露ちる篠原《しのはら》や（二）、篠分くる道を過ぎ行けば鏡の山はありとても泪《なみだ》にくもりて見え分かず（『平家物語』を五）、物を思へば夜の間《ま》にも老曽《おいそ》の森の下草に（二のvar.一）、駒を止《とど》めて顧みる故郷《ふるさと》の雲や距つらん（五）、番馬《ばんば》、醒《さめ》が井《ゐ》、柏原、不破の関屋は荒れ果てて（『平家』を五）、なほもるものは秋の雨の、いつかわが身の尾張なる（美濃、尾張と二のvar.二）、熱田の八剣《やつるぎ》伏しおがみ、潮干《しほひ》に今や鳴海《なるみ》潟《がた》（二のvar.一）、傾《かたぶ》く月に道見えて、明けぬくれぬと行く道の、末はいづくと遠江《とほたふみ》（二のvar.一）、浜名の橋の夕暮に引く人もなき捨小舟《すてをぶね》（二）、沈みはてぬる身にしあれば、誰かあはれと夕暮の（二のvar.一）、入相《いりあひ》なれば今はとて池田の宿《しゆく》に着き給ふ。

元暦元年のころかとよ、重衡の中将が東夷のために捕はれてこの宿につき給ひしに、東路《あづまぢ》のはにふのこやのいぶせきに故《ふる》さといかに恋しかるらん、と長者の女《むすめ》が詠みたりし、その古への哀れまでも思ひ尽せぬ涙なり（四）、旅館の灯《ともしび》かすかにして鶏鳴暁を催せば（五）、匹馬《ひつば》風に嘶《いば》えて天竜河を打渡り、小夜の中山こえ行けば白雲路を埋み来て、そことも知らぬ夕暮に家郷《かけい》の天《そら》を望みても（五）、むかし西行法師が命なりけりと詠じつつ二度《ふたたび》越えしあとまでもうらやましくぞ思はれける（四）、隙《ひま》行く駒の足はやみ（三国姜伯約の言を四）、日すでに亭午に近ければ餉進《かれひまゐ》らするほどとて、輿を庭前に舁《か》き止《とど》む、轅《ながえ》を叩いて警固の武士を近づけ、宿の名を問ひ給ふに菊川と申すなりと答へければ、承久の合戦の時、院宣書きたりし咎によって光親の卿関東へ召し下されしが、この所にて誅せられし時、「昔は南陽県の菊水、下流を汲んで齢《よはひ》を延ぶ。今は東海道の菊河、西岸に宿って命を終《を》ふ」と書きたりし、遠き昔の筆の跡、今はわが身の上になり、あはれやいとどまさりけん、一首の歌を詠みて宿の柱にぞ書かれける（一、ただし、かの詩の一、二句は彭祖がことを四）、いにしへもかかるためしを菊川の（二のvar.一）、同じ流れに身をや沈めん。

大井川を過ぎ給へば都にありし名を聞きて、亀山殿の行幸の嵐山の花盛り、竜頭鷁首《りゆうとうげきしゆ》の舟にのり詩歌管弦の宴に侍《はんべ》りしことも、今は二度見ぬ夜の夢となりぬと思ひつづけ給ふ。島田、藤枝にかかりて岡辺の真《ま》葛《くず》裏がれて物かなしき夕暮に（二）、宇《う》都《つ》の山辺を越え行けば蔦《つた》楓《かへで》いとしげりて道もなし（『伊勢物語』を五）、むかし業平の中将の住《すみ》処《ところ》を求むとて（はるかに上文重衡の中将の字対す、三）、東《あづま》の方へ下るとて、夢にも人に遇はぬなりけり、と詠みたりしも、かくやと思ひ知られたり（四）。清見《きよみ》潟《がた》を過ぎ給へば都に帰る夢をさへ通さぬ波の関守に（五?）、いとど涙を催され向ふはいづこ三穂が崎（向ふはとみるといふ意を二のvar.一）、興津《おきつ》、蒲原《かんばら》打ち過ぎて富士の高峰《たかね》を見給へば雪の中よりたつ煙《けぶり》、上なき思ひに比べつつ（五なるべし）、明くる霞に松見えて浮島が原を過ぎ行けば、塩干《しほひ》や浅き船浮きておりたつ田子の（二）みづからも、浮世をめぐる車がへし（二のvar.二）竹の下道行き悩む、足柄山（二のvar.一）の峠より、大磯小磯見下ろして袖にもなみだ小ゆるぎの（二）急ぐとしもはなけれども（『平家物語』、急がぬ旅とは思へども、とあるを五）、日数つもれば七月二十六日の暮ほどに鎌倉にこそ、ヘイ旦那おつきと、着き給ひけれ（二）。

講釈は今さら申すもくだなり。右の名文にて日本文の妙処は多分二および二の亜種一、二なるを見るべし。しかして二の本件は形容なれば、わけ分かりやすきようにせんこと、きわめて難からず。その亜種一と二に至りては実にむつかしく、ちょっと申さば、高野「大坪〔権六〕君は東京へ着くとすぐ京都へ帰るかね。中川「そうさ、東京から汽車で、大津ぼ越えて西京往きさ。しかし、あの人も権妻を父が持っておるそうだから、帰ったって六なことはない。時にマッチ一つくれたまえ。高野「マッチたまえ、今あげます。中川「いやまち遠《どお》だな。高野「まちまちに小言をいうな、それ一本上げます。まちがわずに受け取りたまえ。中川「こいつああ、マッチオブライジドだ。高野「高野知れたものに礼をそういわれては一本くらいでたろうものか。中川「へたなしゃれをぬかしあがって一番泰次《たいじ》てしまおうかと思うが、こんなことから中川るくなるといけないからよすだ。といえるごとく、ずいぶん苦しんだしゃれなれども、中川〔泰次〕・高野〔礼太郎〕輩とはかわり、あとへあとへつづいて出る一種特別の妙あるものなり。しかしてこれを訳することの難きは、先文きわめてこれをいえるところのごとし。まず愚意には、韻字とアルリテーションのことを西洋文にてよく精細にしらべおき、句の上にも下にも、また中にもよきほどにおき、用い字もなるべく日本原文とあまり遠からぬ意を有する字を選びて、これにつづけらる。字もまた然《しか》して、韻とアルリテーションいずれにても、また両方ともかなえばなお面白し。かかるものを宜しきところへちょいちょいと入るるより外あるまじ。もっともまだやって見ぬことゆえ果たして必ずできるや否は確言しがたけれども、自由自在をもって誇る西洋文のことなれば、必ず多少はでき得べしと思う、云々。

　右は実に拙者自身の筆さえ、自意を明らかに悉《つく》し得ぬほどの難件なれども、あるいは御参考ともなるべく、また貴君御意もあるべければ、「三人行かば必ず棒組あり」の教えに従い、御覧に入れ候。決してあまり面白いものには御座なく候。

松永貞徳が、日本の人の口の開《ひろ》さよ、といえる連歌に上を付けて、君が代とがの字を入れてよむ歌に。（これは歌を自詠して書するににごりうたぬを、当時の出来星《できぼし》連中が、がとにごりを自歌に打ちて会へもち往きしを嘲りしことと熊楠は考う。）熊楠も三百年を距てて右の下句に上を添えていわく、プルターチとチのひびきのあるクラシック。

小生歯抜け康次郎と来ておるから口はきかず。（もっとも平人の五人前くらいはきくが、演舌などは思いもよらず。）追い追いは貧之になること必定久吉ゆえ、なにか留めて敵にさとられぬような秘趣向で投書でもいたし、チース料を得たきがゆえに、景色、別嬪等の画で挿入に堪えたるもの御見当たりあらば、時々送られんことを望む。小生もまた何か安価でかさのあるものを見つけて代価を相場上げして差し上げ申すべく候なり。

フロリダの植物百種やっと紙にはり川田氏に贈りしに、ちょうど川田氏立ったあとにて、書留の受取はチーバー大人なりし。あるいは川田氏へ廻送ありしことども存ぜらる。おついでに一言はなし下されたく候。

小生は日々夕方になると床机《しょうぎ》のようなものに腰かけ店先に出で、近辺の黒人の餓鬼八、九人集めつかみ合いを命じ、勝ったものにジンジェル・スナップ一つ賜わることと定め、時々怪我人絶えず。近処小言《こごと》はなはだし。人間とはいえじ、脚に腓《こむら》少なく、かつ手の長きこと驚くべきなどありて、まず猿のようなものなり。言語なども実に簡単なものに御座候。

驚くべきは、十二歳（西洋の）ばかりの女子はことごとく、恋ぞつもりて淵となるらんと独り寝のうき枕をかこちそめ、九時ごろに暗街をありくと八脚両頭の怪物を見ることしばしばなり。

明治二十五年六月二十一日夜　　南方熊楠拝

三好太郎殿

179　三好太郎宛

三好氏行

この紙一葉 skipt. あとで分かりしゆえ白紙で差し上ぐるも如何《いかが》と存じ、すなわちむりにこじつけてちょっと認《したた》め候。御存知のごとく小生菌類学ははなはだ熱心につき、何とぞ御庭園内また近街の立木、その他、麻布目黒辺、上野谷中あたり、飛んで江の島めぐり、日光道中、箱根熱海と、そう毎々遊ぶばかりもなるまじきが、もしそんなことあり候節は、

何とぞ旧日の面に免じて少時間を菌芝《きんし》採集に中《あ》て、多少御見出だしの上、一々引きとらえ、乾《ほ》し枯らしめ、送り下されたく候。その法は御存知なれば今は申し上げず。木の葉、枝等に付いた小さきやつは、すべてそのまま乾《ほ》し、紙につつみ、大きなやつは紙間で軽く圧してちょっとはりつけ、いずれも、どこで生捕してという地名と年月日を委細記しつけ、郵便にて（決して先払い、不足税等でなく）差し出し下されたし。返礼には貴君特有の菌《きのこ》、六十の席破《むしろやぶ》りまで大丈夫、腎虚陰萎悪事災難一切禳《はら》うよう祈禱、丹誠挺《ぬき》んずべきこと。

しかしてもっとも望ましきは、菌中最も上等の Gasteromycetes 腹子菌と申し、図のごとく、達磨《だるま》の頭上に鬼のあごを栽え付けたようなやつ、また犬のきんだまに胡麻をかけたような、また章魚《たこ》の頭から残る煙が癪の種といげが立てるやつ、および章魚のとんぼがえりのような、また一つ目小僧が持ち出す茶碗の中に臍の垢ときているやつ、最後に、つばは何だ、金《きん》でござります、鞘《さや》は、筒でござります、きっさきは、カリカリカリと、三島の得意の落語のようなやつ、これが菌中最上等のものなるが、形状一物に酷似せる上、雁《カリ》は赤くまた紫等に光り、臭き粘液をかぶれり。これは蠅がその臭気にひかれ色彩に驚きてやって来たり、粘液を吸うと同時に、蠅の眼の玉に菌の種子が着き、遠方へ配達されて播殖するという名法なり。かかるやつ御見当たり（キツネノチンボと京大阪で申す）の時は、金《きん》の下よりこっそり掘り出し、さおと金を別ち、綿をつめこみ火にあて（紙を隔てて炙《あぶ》る）、粘液を乾《かわ》かせ、しかる後ちょっと軽圧して乾《ほ》し、紙にはりつけ、なるべく右一物の画を添え、別につばは何だというごとく問答体に彩色のもよう、一件の寸法を記しそえ御送付下されたく候。何分よろしく頼み上げ奉り候。

　かくのごときもの、薄き衣をまとい、頭には深笠ときて、本蔵か彦山権現のお園のごとし。故にコムソウタケと、拙者に前《さきがけ》して菌学を日本に主張せし紀州人坂本浩然◆5は命名せり。

米国および中米、南米にもこの類ありという。もしかかるもの生じ候わば、多少臭気には閉口なるべきが、必ず御保存置き下されたく候。画さえあれば標品は不完全にてもはなはだ珍重仕るべく候。（全体この一類の菌は欧州外のもの多く、欧州に存せる標品多くは一種一品にて研究足らぬもの多し。）小生かつて貴寓に寄食中、十一月末アナバの河畔にて、かの犬の一件のようなを、朽木の中に二茎見出でしが、あまり臭いゆえ、なにか包むものをもち来たるべしと考え立ち帰り、一日たって行き見れば思う御ちんぼこは折れてあとかたもなくなりたりし。まことに残念限りなく思う。その他、木の葉、草の茎などに少しでもあやしきもの付きおれば、一々取りおき、御送り下されたく候。もっとも土の上にはえたるか、何の木、何の草に付きたるということも、なるべく記載を乞う。

　昨今は何にもしょうことなしにて、はなはだこまりおり候。日本人でもあれば、はなはだ面白い処なれど一人もなし。四辺は黒人のみにて実に一日千秋退窟の至りに御座候。

すべて傘のある菌類かくのごときやつは、中央より縦截して、かくのごとく二つとなし、紙間に圧して可なり。その他は、一切ちょっと圧してそのままにてよろしく、また前に図せる章魚《たこ》、達磨《だるま》輩は、圧するときは鳥部野《とりべの》の煙と潰れてしまうゆえ、圧せずそのまま紙に包み、また一件様のやつはすべて綿をもって充填して可なり。右は決して急ぐことに御座なく、然るべき機会あり候時は御探し下されたく候。

右余白あるにつきちょっと書き添え申し上げ候。

熊楠拝

三好太郎様

麻布には、荷物の儀、高野氏よりきびしくかけ合うことに致し候。

なお、追い追い烈暑、御幼人よろしく御輔養のほど望み奉り候なり。

以後は状面に K. Minakateous とやってくれたまえ。

付白。かの九段坂上貂《てん》の尾を捕うるとて銭を頬にふくみ、ヒューヒュヒュヒュヒュヒュヒュヒュ、ヒュヒュヒュヒュヒュヒュ、ヒューウウウウウ、ピーピーキピッとやらかせし一種の大厄介物源さんは、今に御見当たりに候や。また千束村のねぐその鶴さんの一連（伊勢おんどおよびかっぽれの連中なり）によろしく。毎々下谷から霊厳島まで、一文も払わずについてまわりし坊主頭の人といえば、彼も承知なり。

（平凡社版『南方熊楠全集』第七巻101～116頁）

《語注》

◆1　**三好太郎**（みよしたろう　一八六三―？）――子爵三好重臣の長男。アナバー時代の熊楠の親友で、後年昭和天皇へ進講の際に熊楠が着用したフロックコートは太郎から貰ったもの。ミシガン大学在学中アメリカ女性と結婚し一男一女をもうけて帰国したが、結局三好家をつがなかった。

◆2　**川田君**――川田鷹（かわだよう）。漢学者として著名な甕江の子。熊楠と同船で渡米した。

◆3　**一の子分**（いちのこぶん）――高野礼太郎のこと。前出（159頁注3）。

◆4　**『歌袋』**（うたぶくろ）――富士谷御杖著の歌論書。六巻六冊。寛政五年（一七九三）刊。御杖の歌学修業期の著書で、伝統的歌学と父富士谷成章の語学・歌学との集大成的祖述書。

◆5　**坂本浩然**（さかもとこうねん　一八〇〇―一八五三）――幕末の本草学者。紀州藩侍医坂本純庵の子。摂津高槻侯に仕えて伝送となる。常に好んで菌類を採集、図記した。天保六年（一八三五）『菌譜』二巻を上梓した。浩雪とも号した。

中松盛雄◆[1]宛

中松盛雄君　虎皮下に呈す
托喜多幅武三郎氏回致

南方熊楠拝呈

〔日付なし。明治二十五年八月初旬ごろ、ジャクソンヴィルよりと推定さる〕

「浅きや見しは夢かととふほどに驚かずにもなりぬべきかな」。むかしは赤き血汐に君それと知れと生死を約せし少年の写真を送り越したるを見るに、恋せば痩せぬべし、恋せずも太りにけり。おのれは痛く痩せ細りて、むかしのままの蜘蛛状なるに、彼ははなはだ肥え太りぬ。一字をおのれが腕守りにして一字をわれに、これなんだんに浮気を止むるためなんめり、必ず朝夕見て下んせと、贈りくれたる最愛の人さえ、すでにかくのごとくあれば、東京に遊び和歌山に蟄せしとき最親友なりし中松氏に忘られたるも宜《むべ》なり。然りといえども、児の書はこれ今日の涙ということもあれば、務めて一書を呈するになん。もしなお顧盼《こけい》の情あらば、今日の紅顔は誰を第一とするや、近来いかにして面白くやっておるか、雁の脚でも梟《ふくろう》の眼玉にでも付して贈りたまえ。

閑話休題、小生もすでに六年近く毛唐人の間に雑居し、昨年来は何とも知れぬスペイン種、黒人種の中に住することにて、さまざまのうき艱苦、これを一々申し上げんもくだくだしければ、貴君よろしく駒沢を気取りて岩代氏そりゃ許しておやりなさい、と許し下さるべく候。

さて当地ではやや久しく支那公◆2の棒組になり、八百屋を営業中なるが、小西行長と南方熊楠は商賈の子にして商事に向かぬ人物なりと『易』の繫辞にも見えたることゆえ、かつはうぬぼれながら、上天文地理より中方術風角遁甲、下飛潜動植蟻蝿セッチンムシに至るまでの智識を兼ねたるこの博識をもって、空しくフロリダ泥沙の中に埋もるも千歳後まで歴史上の一大遺憾ともなるべく存じ、短くて今五日中、長くて二週間に渡英いたし候。

何がさて、英国は米国と事かわり、各国奇物、インドよりエジプトよりペルシアよりアラビアよりここ舞台と馳せ集まりて、あるいは千年前の古いことを担ぎ出し、あるいは途方もなき珍事を目論《もくろ》むもの多き所ゆえ、小生もなにか一趣向考え、たとえばロンドン橋上を大きなやつに鈴をつけて渡ってでも、天夫子を木鐸たらしむと感嘆せしめんと存じおり候。まず第一に商賈敵《しょうばいがたき》と恐れ候は、近来日本の学問大いに勃興いたし、飯島〔魁〕・箕作〔佳吉〕二君の論は『エンサイクロペジア・ブリタンニカ』の引用書目に載り、石川〔千代松〕君はワイズマンの遺伝説に対して、秀吉に清正、家康に忠勝、関君に浅井法印、南方に池田ともいうべき大補助を与え、ドクトル北里〔柴三郎〕の名は米国僻陋の地の医《い》黌《こう》にさえ轟き渡り、後藤惣太君の実験はローヤル・ソサエチーで大喝采、関谷〔清景〕君の地震計はオクスフォールドで売り出され、田中〔正平〕君の音楽改良には蚊も感じて翼を鼓し、高峰〔譲吉〕氏の酒造新法には飲めるなあの声、市井に喧し。

　科学すでにかくのごとくなれば、文学もまたこれに伴うものとみえ、あるいは英国には哲学者二、三人しかなしと演舌する人あれば、これ首陀《しゅだ》と釈種を一視せんがために、金色の頭髪を惜しげもなく丸坊主に剃りこわしたる大雄氏の教えを継ぐ人にして、僧位を世襲にせんとする大改革家あり。ギリシアがたまりの古学家が、真神の存在はクライストの御世話に及ばず、ソクラテス、プラトーすでにこれを吹聴せりと説くに倣《なら》いしものか、また heterogenesis で生ぜしものか、男女同格は『易』にぐっすりと説文ある。ラテン奉拝家が進化論の元締めはスペンセルにあらずしてルクレチウスにあるというに似せて、孔子どころか文武周公はや社会の変遷を元亨利《げんこうり》貞《てい》で説いたとは、毛唐人も開いた口が塞がらず、飯粒も喉から鼻の孔へ天上すべし。なんでも石鹼の泡と学問は吹かねば光を発せず、と。間嘗《つねづね》無数の珍論を捏造し、自分ばかりは、南方はそれ聖人か、なんかと味噌を揚げおり候が、一々述べたところが自分一身を離れて少しも面白からぬは承知ゆえ、ちょっとその一、二を御瀏覧にぶらさげ候。もっとも御気に入り候わば続々浜の真砂の数知れず、筆の命毛、書くに縁あるせんずりの淫水とともに、つづかん限りは必ず報せ告ぐべく候。

一、人間の陰物、他の動物に比して前方に付けることは、全く上帝の予図に出づること。Wallace いわく、進化論をもって到底解釈するを得べからざる件三あり。何ぞや。物体に活力を生出せること一、生物に心性を生出せること一、動物に霊智を生ぜること一なりとて、デカーツの物力論などを駁し、夥《おお》く論ぜるが、一向拙者には分かり申さず。これはこれ、よほど以前のことなり。しかして一昨々年、その大著 Darwinism◆3出づるに及び、氏は特に篇末に人間発達論一篇を加え、力を尽して前説を主張していわく、人間の四肢等は構造上より見るに、他の哺乳動物に比してははなはだ不完全、頼み少なきものなり。背部のごときはもっとも毛を要すること、いかなる蛮人たりとも皮などにてこれを被うを常とするにて知るべし。しかるに、人間には背中に毛なし。また脳量ごとき、なるほど他の動物に比して、大はすなわち大なりといえども、その隔たりさして非常ならぬに、智能の発達せること、月と鼈《すっぽん》ときているは、実に不可思議なり。これをもってこれを考うるに、宇宙さらに人間より大なる物ありて、あらかじめ今日人世発達の日あるを期し、ことさらにその発達を奪わすべきため、わざとこれをして四肢不全に、背の毛乏しからしめ、しかして、別に脳の大きさを加うることはよい加減にして、握り屁をすかしこむごとき方法をもって、一種無形無体の霊智を吹き込みたるに相違なし。あにいわずや、天の「この人を生ずるや、必ずまずその心志を苦しめ、その筋骨を労せしめ、その体膚を餓えしめ、その身を空乏《むなし》からしめ」、行い、その為《な》すところに戻《もと》り、「心を動かし性に忍び、その能《よ》くせざりしところを増益せしむる所以《ゆえん》なり。人は恒《つね》に過《あやま》ちて、しかる後に能《よ》く」いわば悪かったと改む、心に困《くる》しみ慮に衡《はか》って、しかる後に作《おこ》る、「色に徴《あらわ》れ声に発して、しかる後に喩《さと》る」、入りてはすなわち法家《ほうか》払士《ひっし》なく、出ではすなわち敵国外患なきものは、「国恒《つね》に亡ぶ」とテニソンの詩などを陽気に引いてうまくやってのけたり。

　耶蘇坊主一どこの説の出づるに遇うて、何ぞ喜悦せざらん。あたかもこれ中松の寝処へ春木が這いこんだときのごとく、日ごろ恋しと思うお方が四ッ足で御来降の上、拇指と食指を鈍角にして菊の園の芳香馥郁たるを満開せしめてくれるとは、手の舞い足の踏む所を知らず。ワレス氏は、えらいやっちゃ、えらいやっちゃ、えーらいやっちゃと、天満の沙持ちを興行せり。しかるに、いかなる嗚呼《おこ》の者なりけん、かかる好事を妬む岡焼きもありと見えて、仏国にそれをうつものあり。いわく、按ずるに Wallace 氏なにか鼻薬を啗《くら》わされて宗教の御肩をかつぐものならん、と。ここにおいて氏大いに怒り、昨年新刊の essay に、執念《しゅうね》くも註を入れてこのことを論じていわく、ヘン、嗚呼、かつて Wallace 中松に如《し》かずと思えるが、わがいわゆる一大主宰とは、教義のような糸瓜《へちま》なことに関するにあらず。天神天使、矜羯羅《こんがら》童子などの名は、今日はや骨董店的なり。見ずや、世上自然淘汰行なわれてその法絶えず、無量劫のむかしより今に至りて、大は竜象鯨鯢より小は蟻蠖蚊蚋に至るまで、物として化せざるはなく品として変ぜざるはなからしむると同時に、別に人間がその法を自得せる人為淘汰というものありて、志賀の都の山桜は、やかたの娘八重垣姫のながめし八重にさき、その奈良の都の八重桜も、わずかの間に今日九重に香《にお》うに至り、「梅が香を桜の花ににほはせて柳の枝にさかせてしがな」とは成らぬことを望む譬喩なりしも、南方君の三ヵ月間のお仕込みに、柳の腰に桜色、髪のにおいは室中を、うめの花と発生せる平岩さんもあるにあらずや。されば自然淘汰の及ばぬところに人為淘汰あり、人為淘汰の及ばぬところに、さらにこれより大なる淘汰ありといったって、それがなんで、いけすかないんですよと、さらにくだくだしく音楽、算数等の智識は決して自然淘汰で生ずることにあらざるを極論せり。

熊楠はこの説に感伏せず。英国のレイ・ランケストルなども熊楠と同様のようなり。しかし熊楠は弱を援け寡を救うをもって、留学生間に二代目新門辰五郎とまで号せられし侠客、これ男の中の男一疋。されば、まずWallace氏の味方の少なきを愍《あわ》れみ、力を極めてこれを援けんに、いわく、麟も老ゆれば駑に劣り、車えびの芳ある上穴も、毛がはえてのちは蒜の臭ある下穴に如かず、と。Wallace氏、さすがの老功ながら衣笠の義明、篠原の実盛少々ぼけたればにや、その論いまだ悉《つく》さざるところあり。何ぞや。熊楠はこの論に対して、実に鬼に鉄棒、赤飯に胡麻塩、少年のねた閨中に梅干の用意ともいうべき一大事を知りおれり。これを述べんに、テニソンの詩などは野暮なれば、いっそ二上りの浮いたやつで、どど一を引くべし。どど一に有之《これあり》、いわく、「世帯始めに二人の姿、写して嬉しやぬりだんす」と。夫婦歓喜して琴瑟相和し、チンチンカモにして一族治まるを祝せるなり。けだし一社会成りてしかる後に道徳存す。一社会の基は一族に因りて起こる。一族をひりつくるものは夫婦二人あるのみ。これをもって道徳の基因は夫婦の間の情愛に存することは、学者一人の異説を加うるものなし。もし異説を吐かんとするものは、必ずまず一度やって見たまえ、たまったものじゃない、と。そこは田島君が吉田永次郎先生を説ける論に譲りて、ここには述べず。

さて、この夫婦が和ということは何の必用に因りて生じ、何の理由ありて成生するかと問うに、天帝に対して義務を果たさんためと言う者もあらん。前世の因縁を果たさんためというものもあらん。あるいは長いものを保全するには時々鞘《さや》を掛くるを要するゆえ、と答うるもあらん。もしくは十六、七になれば、なんだか外円くして中央凹なるものが眼の先にちらつくゆえ、と答うる idealist もあらん。腰のあたりが痒《かゆ》くって股のあたりがぬれてたまらぬからという sensualist もあらん。いずれも一応聞くべしといえども、これらは結局の理屈にして聞くに堪えず。あるいは宗義、古語に迷える頑説、あるいはあまりに過激なる色狂論というべし。どど一に有之、いわく、「何を何して何してなにと、何でかためた起請文」と。これはサンフランシスコにありし日、ちょっと知人なりし飯村佐平君の作なり。諸君よ諸君、この不成文にして、しかも成文よりも確固たる無字の起請文を夫婦の間に結べる何というものは果たして何でありますか。これくらいのことは各人これをa priori に訴えて可なり。どど一に有之、いわく、「夢でくどかれ現《うつつ》で解けてさめて悔《くや》しきひぢ枕」と。それ口説に、言辞の妙なるに心思の切なるを聞き、中心《ちゅうしん》相融和して実にうれしいよと感じたれば、それで思いはすむはずなるに、まだいかぬうちに悟《さ》めたりとて、枕をなげて悔むものは、たまたまもって夫婦間の情愛の基礎は、実にうんすうんすの一汗にあるを見るべし。

スペンセル◆4は明らかに言えり、美を愛賞する念は全く男女の情愛に出づ、と。熊楠いわく、ス氏は天下の一、二碩儒と称せらるる哲学者なり。しかして、美を愛賞する念の男女の情愛に発するを明言しながら、その道義論初めから終りまで、蚤とり眼《まなこ》で尋ねても、一言の道義心もまた男女の情愛に発せるを言いしを見ざるは、そもそも氏もまた耋《てつ》せるか。それ獣も交わり、鳥も交わり、蛙もや、蛇もなす。しかして人間に限り、この一事より増益して、今日盛大の道徳を現出せるものは、別にその故なくんばあらず。もっとも人間外の動物中にも多少の道徳は存するものありという人あるが、たといあったにせよ、人間道徳の盛大なるに比すべきにあらず。どど一に有之、いわく、「いきな島田が小ぢれにぢれて入れておくれよ水屋さん」と。満面紅潮艶羞の体を写し尽せること無色の撮彩とも謂うべし。

それ天下動物、かくのごとくそれ多しといえども、みなうしろより好事を幹す。特に人間においてのみ互いに妖姚の顔面を見合いながらするを得。これ天の人間を殊遇せること絶大なる所以にして、Wallace 氏の老功をもってなお逸失せるところなり。けだし死ぬ死ぬという声、実はすなわち美なりといえども、これに伴うに、いかにも死にそうな蹙頞《しゅくあっ》、潜眉の顔貌をもってせずんば、これ簾を隔てて文君の琴を聴くなり。きゅっきゅっきゅっとよがる腰つき、佳はすなわち佳なりといえども、これに伴うに春色すでに酥《そ》なりの容姿をもってするにあらずんば、これ盲人の器を按ずるなり。可愛とよする口元も眼を閉じたままでは貝柱《かいばしら》をしゃぶると何の異あらん。抜かれた私の気の悪さの妖言も、出さぬが出すにまさるとは、はずかしの森に言の葉もなき状況を、後ろよりは眼が届かず、眼が届かずば興味もなし。されば少々話が後ろへまわるが、「ときはの山の岩つつじいはねばこそあれ恋しきものを」と、真祖僧正が業平中将の若姿を慕いたるも、「しらせばやほの見し花のおもかげに立ち添ふ雲の迷ふ心を」と桂海が梅若丸を忍べるも、いずれも愚人は真後ろからするもののごとく心得る道ながら、穴のみ恋しとはいわず、ただ顔色の恋しさのみを述べたるなり。しかして真後ろから、頂《うなじ》の髪にくい付いて犬然とやるだろうなどは斉東の野語、実に実に不埒千万なり。

　実は少年道には、この道一時もっとも盛んなりし仏国に、la mĕthode de la croix と申し、そのむかし耶蘇セント・ポールの幼姿を愛し若道の契り浅からざりしおり、道に落ちある十字架の形に擬し、少年は横に臥せ自分は半横《はんよこ》になり、片手は地面と平行し一手を斜めに少年の頸に懸けたまうて蛇の睨《にら》み合いのように斜めに顔を眺め合いながらする時は、少年の眼それとはなしに秋波たっぷり、これより上の楽しみなしとよがりたまえるなること、熊楠仏国古文を読んで発見せり。されば同人が「ロマ書」に、男と男となすべからざるのことを申すなどは、真後ろからやるなということ、半横十字形は、かまいないどころか十分賛成のことと解すべし。さてまた、高野山などには、きゃたつ返しと称し、小さき蒲団様のものを少年の尻の下に敷き、菊の園を一壇高くつき上げ、三角な布に絹を入れたやつを紐にて少年の両股にくくり付け、二脚を男の肩にかけて前よりするときは、快味量りなかりしとぞ。惜しいかな、孔子も時に遇わず、熊楠はこれを試むること能わざりしといえども、留学中無数の同輩に話し散じたれば、そのうち必ず報告もあるはずなり。

追記。獼猴は前よりするという人あり、たぶん事実ならん。また鳥類中、脳力もっとも発成せる鸚哥《いんこ》属も前よりすと、日本でおるとき鳥屋の主人に聞きたり、如何《いかが》にや。もし、これらにして実事ならんには、ワレス氏の大主宰特別淘汰説は破壊さるべし。しかして謹んで案ずるに、犬は一種特別の交合法を用ゆるものなり。このことは犬の同族中もっとも相似たる豺狼狐狸と異なる特徴として、古来学者のすでに知るところなり。すなわち初めは後より腰を使い、愉快初まらんとするに臨み、雄と雌と相背向して一直一線をなすこと、これなり。このことは現にはなはだ teleology に取りて力を与うるものなり。(この一事 mechanically に説くときは、飛んだ僻論を出だすべし。すなわち何の必要あり、何の快事ありて、かかる奇体の法を用うるに及びしや、人間に知れがたければなり。）すなわち一大主宰、かつて一度は犬をもって今日の人間のごとき大開化物となさんと目語《もくろ》見《み》、そのことを始めしが、何分四肢が相抱きて顔を見るに適せぬゆえ中止となり、さらに四肢すでに手足と分かれたる猿属に目論見付して人間を生出せるなり。これをもって犬は事業中止され、後ろとも前ともつかず迷惑ながらやっていることとなり。

撮閑話総附別処《あだしごとはさておきつ》、人間の道徳は到底夫婦前から顔を見ながらやり得るに起因するは前条すでにこれを悉《つく》せり。しかして神戸通いの船に東風、あたかもこれに便宜なるように、人間の陰物、他の動物に比してはるか前方に付きおること、実に一大大大不可思議にあらずや。前年ある人の秘蔵、会津藩の陰陽博士某が手記にかかる、ラテン語で申さば Icones Omancorum ともいうべき珍書一巻、極彩色にて四十余品を廓大して図せるを見るに、くそかけと称し陰孔地に向かえるほど下ったやつは最下等にして、陰孔天に朝せるほど上に進めるやつを、てんつきと唱え、実に千古の絶物、釈迦も達磨《だるま》もこれがために堕落すること受合いなり、と記しありし。画そらごととはいうものの、まだ進化論の出ぬ前に、見識さのみ広からぬ米国人がジョルジア州の「蝴蝶譜」あり。その画するところ、碧色の花の傍にあるは蝶もまた碧に、縦条ある草葉に住める蛄蟖《いもむし》は身にまた縦条を具えたるごとく筆をはこべり。全くこの画者知らず知らずのうちに、後年バチス氏が大発見せし動物擬似《ミミックリー》論を知れるものなりとて、学者挙げてこれを嘆ず。国異《こと》に学同じからずといえども、この会津人もまた、期せず知らぬうちに南方先生の高論の helpinger をつとめしものといわんか。その人の名の知れざりしは学者の大いに恨むところなり。

そもそも人間道徳の種別を説くもの、孔子は道徳を存すべき人と人との関係に資《よ》りて、これを夫婦、父子、君臣等の五倫となし、アリストートルはただちに道徳それ自身の性質に拠りて、これを寛、勇、謙、慈等の七義となせり。もし孔子の分類を奉ずるならんには、なお一言を要するものあり。何ぞや。五倫の中に朋友といえる目あり。これは今日のごとく、いや一盃のめ、ありがたい、食ってしまう、礼言ってかえる、一年も無沙汰する、というような軽きことをいえるにはあらじ。けだし孔子も内々顔回にはよほど頸をのばし、また周公の若姿の絵を見て心をまよわし常に夢に周公を見たが、年老いてのちはわれまた夢に周公を見ずと歎息せしにて、その朋友とはいかなる朋友なりやということは知らる。試みにプラトー、アリストートルの書を繙《ひもと》け、また欧州カバルリの盛世の史を探れ。エリザベス王世の記を見よ。寛永・元禄の物語を案ぜよ。その時代の朋友といえることは、今のごときチャラポコなることにあらず。されば五倫と道徳を分かって由来を尋ぬる日には、四倫は主として夫婦に発し、朋友の一倫は一に少年より起こるといわざるを得ず。また君臣の一倫は、吉原の女郎瀬川が徳本上人の問いに処して、諸国の大名と見奉れば民を治めたまう御方と尊敬し、いかな不男でも疎略にせぬと答えしごとく、女より起こるともあれば、この御息子大殿今にものことあらばと心がけし中井勝弥のごとく、少年より起こることもあるべきなり。しかして吾輩ごとき女嫌いの粋な男も、少年道より推して、お情けをもって別段女と見たら打ってかかりもせぬは、実は少年より生ぜる道徳もまた甚大なりというべし。

しかして、女も少年も後ろよりしては一向道徳を生ぜず、必ず前からか、または半横《はんよこ》でせざるべからざるは、以上述べたるがごとし。かく言わば、あるいは問わん、女は前よりするがよき故なるべく上に付けるものを上とすれば、少年は半横でするを上とするゆえ、ちと横にゆがんだのが最上か、と。しかれども、かくのごときは不当不法の難題というべし。何となれば、すべて少年をする男は僕ごとき粋人ゆえ、ただともに語らうが面白きこと多く、女のようにやりつづけにやるものにあらざれば、たとい横にゆがまずとも、そこは人工をもっていかようにもよき位置を占めしむるを得ることと知るべし。Wallace 氏の論は、詩で結んだれば、わがこの論もまたどど一をもって結ばん。いわく、「そっと手をとり静かにのりな、いくといかぬは棹《さを》次第」。棹顔、同音相近ければ通用の意でこの作あるならん。いくといかぬは顔次第とは、実に名どど一なるかな。

全体この論は、いわゆる「知りてこれをなすもの」、Wallace の説に無理に加勢せる権道論なりといえども、teleological evolutionism に取りて大功あるものなり。しかして mechanical evolutionism をもってこれを説かんことはすこぶる易し。しかし、そうそう秘説を出すも不可なれば、まずこれにて擱筆、その説は佐藤寅次郎氏◆5へ一本送りおけり。同国人ゆえ面会の節、問わるべし。主として、ヘッケル◆6およびスペンセルを攻撃したるものにて、内もれ外もれ（これは高野山のテクニカル・タームなり。少年、次第にそのことを好むに至るの極、前より精を洩らすを外もれという。女のごとく変性せるやつは前陰痿縮して力なく、直腸中に快時一種の液を出す、これを内もれという。ドイツ人にこのことを論ぜし者一人ありて、書名も聞きしが、はなはだしき罕書にて公けに見ることを得ぬ由なり。いずれ欧州にて読閲の上、自説と比較し、さらに差し上げ申すべく候。小生この類の草稿はなはだ多きが、かなしいかな、挙世混濁にして世に公けにするを得ず。欧州にて有志の賛助を得て私《わたくし》にこれを刊行配布するつもりに御座候。）〔文意断絶するが原手簡のまま〕

如是我聞《によぜがもん》、園田大徳◆7は帰命《きみよう》無量の歓喜を第六天の妖女が八功徳池に洩らし羅睺羅《らごら》を得られし趣き、むかし熊楠紀州にあるころは、にいさんにいさんと言いおりし、その女子が有為のほども頼もしく、さぞや毎夜幾転変さるることと、全く喜見城裏のお楽しみを羨むのあまり、蕪辞を直呈し、尊前に奉賀す。

〽しづかに和尚《おしよ》と気を忉利《とうり》天、率兜《そっと》帝釈《しやくらば》 身は大亀氏《けしやば》
〽腰は迦留陀《かるだ》夷《い》、手さきは富楼那《ふるな》、日ごと夜ごとに目犍連《まがだれな》

思うに、盛公も年ごろにて例のにきびをいつまで蓄殖さするも見醜《ぐる》しければ、近日伉儷《こうれい》を求めらるることと存じ候。間諜より報知あり次第、閨《ねや》の中まつ夜の十二月と題し、十二

葉極彩色にて画を差し上げ祝《ことほ》ぎ奉り候べし。

ショッペンハウエルいわく、勉学は勉学ばかりですでに難し矣、しかして人生さらに無事実の小説多く出でたるがために、勉学の難に一倍を加う。壮年の士、物を信ずること早ければ、小説まずその心に浸潤してその一部を占む。ただし、小説に蠱《こ》せられたる人は、求むるに遑《いとま》あらずして知るに及ばざる negative の無智の上、さらに兼ぬるに、知りて反って害をなすべき positive 過失を帯ぶるものなり。しかしこの種の過失は女子においてもっとも大なり、と。熊楠いわく、何ぞただに女子のみならんや、堂々たる丈夫にして古来文に誤られたる者はなはだ多し。われまたこの種の人なり。幼にして学を好み、かつて書を読んで、兄が婦を迎え隣室に歓呼宴飲するをも知らず、『史記』を読み、『荘子』も読み、『法華経』、『西廂』、『水滸』もよむ。しかして洋行後大いにわが行路を過《あやま》たしめたるものは、一日、コンラード・フォン・ゲスネル◆8の伝を読みしにあり。（御承知ごとく、ゲスネル、スイス人、貧究中に博学せし人にて神儒の名あり。日本にても宇田川榛斎〔榕庵の誤記〕の『西説菩多尼訶《ボタニカ》経』◆9にその名古く見えたり。）次いでライプニッツの伝に感ぜられ、さらにスペンセル、ラボックのことに波動せらる。

それからむちゃくちゃに衣食を薄くして、病気を生ずるもかまわず、多く書を買うて、神学もかじれば生物学も覗《うかが》い、希《ギリシア》・拉《ラテン》もやりかくれば、梵文にも志し、流るる水ののどにもあらましの万葉風より、稽固《けいこ》返りのささもつれ髪と甚句体までも研究せしが、わが思うことは涯《かぎり》なく命に涯あり。見たい書物は多々、手元に金が薄しときているから、思うままにもならず。若いとき愛せし報いにや、珪藻を探るとては鳥の肛門に手を入れ、菌芝《きんし》を採るとては馬や猫の糞を一々ひっくりかえす。必竟は何の役に立つべしとも思われず。みずから粥をすすりては「学は熊楠のなお今日あるがごとし」と嘆じ、かつ自慢し、少児の学問を初むるを見ては「人家《じんか》、夜書を読むものあるを知る」と怜《あわ》れみ、かつ入らぬ世話をやくのみ。要するに、説教習う下拵えに早歌と乗馬の沙汰で、一生を棒にふりし馬鹿者と異なることなしと、みずから知れども脱すること能わず。採ればうし、採らねば物の数ならず。可愛い少年も空しく老い、見たい両親もいたずらにぼるること、みずから揣《はか》らざるの罪は熊楠にありといえども、伝記書きしものの咎もまた、少なからんやは。けだし伝記の物たる、世実にこのことあるに拠れるものなれば、人の文を信ずること小説よりもはなはだし。しかして、ために過たることもまた一倍の劇甚を加う。これがために一歎仕り候。

ショッペンハウエルいわく、視覚は解を助け、聴覚は理を輔け、しかして鼻覚は特に記臆を振起するの力あり、と。熊楠、常に店頭チーズを切り売るに心必ず謀反を生ず。謀叛とはいかなることにや。聞く、高野坊主は納豆《なっとう》の香を齅《か》がば心乱るること、狐が老爺に化《ば》けたるに鼠の油煠《あぶらあげ》を示すがごとし、と。知らず××とチーズのあいだにはいかなる関係あるや。今は西洋料理店日本に多ければ、盛公一たび店に上り、チーズを喫して、然《しか》して後に知らん。とは何のこったか。一向分からねーの。

　スペンセルいわく、純理立ちて実用挙がる。石を投ぐるに、空気の圧力も地球の引力もありて、これに加わる。しかれども一切なきものと仮定し、真空にして引力の及ばざるところを石が飛ぶとして、推算して純率を求め、然る後これを万般の飛礫、流星、銃砲、さては玉つきから銃砲より発する音声までに応用して実功を得て見るべし、と。少しくこじつけかは知らぬが、わが条約改正の一事、金瓶楼に今紫がつき出したときのごとく、一同さわぎ立つのみにて、毎度毎度水の中で屁をひるならばまだ泡だけでも揚がるが、屁に水を掛くるがごとく何にも見え申さずに止む。これは衆説一和せず、ためにいろいろ評議の中に、あいつの言葉が失敬だとか横柄だとかいう枝葉のことにまで及ぼし、神州精英の気、凝りて開化楼の集会となり、発して虎の門の爆弾となる。

sodo《ソドウ》（my）のことは、かつてこれを聞けり。◆10 政治のことは丘いまだ知らぬゆえ、口を出すわけもないが、さすが国を思う心は小生も持ちおることとゆえ、成らぬまでも差し出しますするは、一体衆人が一同これで十分だという改正はいかなるものにや。また、これでこそと満足すべき改正後の国情はいかなるものを望まるるや。今日の欧米の強国といえども、外交上男がよくて金持でも、自意に任《まか》せぬこと多ければ、衆人が望むべき改正および改正後の国況などいうことも、石の飛んだような簡単なことにあらざること明々なり。されどまず今十二年間とか六年間とか、二十四銭あれば女郎一人と、すし三つ、とにかく一晩慰めるじゃないか、というような気楽なことよりは重みがある。したがって議定も仕やすしと存ず。何のあてもなく、まず差し当たり六年とか十二年とかで、それがすんだら、また醒めての御相談というようなことでは、痔のある少年とも知らず返事をくれたとて喜ぶがごとし。如何《いかが》のものにや。噫《ああ》、□〔不明〕国日本人は挙げて衆道を解せざるものなるか。

「羽叟は逝けり、岩丈は老いたり。◆11 到底《とうてい》熊公は上々の薄命なり」。この二人は御存知通り、実にわが紀伊の国の花なりき。日々思いを寄する者三、四十人、雪を踏んで百夜歎きし少将あれば、湯殿姿を垣間《かいま》見て思いに沈みし師直あり。ただ、熊公不肖ながら男振り苦《にが》み奔《ばし》りて、しかも忌味なく、かつ美声のころがしあんばい旨《うま》かったればこそ、二つながら御手に入りたるなれ。二人の鑑識は熊公の弁を俟たず、盛公この道の本阿弥なるを知ればなり。しかれども、bishōnenography は天下熊公に優る者あらざれば、ちょっと味噌を揚げんに、一は相好円満、新咲きの梅花、衆芳をお尻の下に敷きたるうちに、実なる情おのずから外に溢れ出でて、見る人坐《そぞ》ろに心を天外に飛ばし、一は面首艶妖、満開の桜英、百卉を眼元で悶死せしめたる外に、風雅なる心持、万般の言動、一笑一撮にまであらわれ、聞く人、思いを屋上の烏に寄すということなし。しかして、一は神仙すでに洞天に帰し、幽顕すでに界を異にして、中有《ちゅうう》の野その間に寂寞《じゃくまく》として広がりたれば、熊公、ただ武帝の煙に涙を催して、「あふと見てうつつのかひはなけれども」と吟じ、一は現存すといえども、眼角当情の処今いずくにかある、さすがに老の波立つ影も辱しと、山どりの水鏡にうつろう色を歎ずるにや。音信もせず遇うたところが、まさかフノリの御用も成るまじければ、うつつに一目みしことはあらずと忘れ行き、忘れ行かれなんをかなしむのみ。

羨む、むかしダンテ九歳の五月の宴に同歳の女ベアトリツェを見初《そ》め、二十五の時他《かれ》は死したれども心これを慕うこと止まず、◆12ついに『神優篇』の一著に托して綿纏の情を不朽に伝えたるを。また怜れむ、カモエンス壮時宮中の嬪に愛せられて事を生じ、一たびはインドに流され、二たびはジャワに寓して無数の酸苦を嘗め、年を経、赦に遇って一眼を盲《めしい》して故国に帰れば、「愁殺す、毛延寿の心はなはだ兇なり」、昭君すでに去りて他人の手に帰し、わが身ばかりはもとの身にして、せっかくの大詩すべてヒーゼンの意を帯びたりとて世に用いられず、空しく麪包《パン》を市に乞うて草頭の露と消え失せたるを。今熊楠、才二子に及ばざること遠ければ、汗のみ出でて文も詩も出でず。二人のことをもって後に伝うる能わざる上に悲しきは、さらに二人生別死別の二苦を兼ねて一身に引き受け、加うるに双親属望高大にして、夕には闇に依り、朝には烏の鳴かぬことはあれど、と泣くをもってす。天道様も、まあ聞こえませぬわいな。熟《つらつら》考うるに、かの二人のぐいと登《のぼ》せたる女のごときは、別に伊国第一ともポルトガルの傾国とも書いた物なければ証拠はなし。言わば馬鹿物の男ぶり悪しきに、かなりの女がほれてくれたゆえ、乗りが来て自惚《うぬぼ》れ、二、三千丈の鼻毛を延ばしたるものに過ぎじ。わが二少年は大いにこれに異なり。すなわち盛君ごときも、当時うきは身にしむ心地するとて、頭痛がちに羨み通したることにて、実に二人の菊の花と吹上の白菊と、共に紀伊国の三芳と唱えられしものなるにあらずや。しかして一は、死んでお花が咲くものか、と大津絵ぶしの穿《うが》てるを証し、一は、こいと言うたとて往かれるものか、と糸くり唄に哀れを残し、この厚情の熊公をして、手も足もきかず、頭もひしゃげ、双眼も暈《かす》み、エテも痿《な》えしむるとは、わが前世いかなる宿業の種を撒いてより、かくまで少年難の相を帯びて生まれ出でたるやらん。But wherefore weep.

　天地は夢国なり、古今は夢影なり、栄辱は夢事なり、衆生は夢魂なり。うれしと言うた夕暮も、かなしと聞きし鐘の音も、ほんの夢の場のちょんの間ぞかし。荘子いわく、夢に酒を得る者は醒めて後哭す、と。野尻猫堂◆13いわく、夢に別嬪を見ると寤《さ》めてのち、おかしな気もちがするですなー、と。いずくんぞ知らん、現《うつつ》と思うて哭するも、おかしな心地がすると思うも、また一場の夢に過ぎざるを。しかして今、熊公かかる夢の国におりて、夢影を尋ね、夢事を夢魂に訴えて止まず。昔時、夢の場のちょんの間の楽しみを思い寝のあまり、夢よりはかなき夢中の人に遇い、いきそうなところで寤めたりとて、さらにその夢たりしを恨む。熊公は、これ夢中夢を説くの痴人、夢のような人物なるかな。

　右ダンテ作は Divina Comedia といえるに傚顰《こうひん》し Divina Norokeana《ノロケアナ》 と名を命じ、不朽に伝うるなり。ジヴィナ・ノロケアナ、必ずすべからく読むべし。必ずすべからく一日一夜の力を尽してこれを読むべし。しかして、もっともすべからく美少年と並坐してこれを読むべし。

熊公の能文なるは知った人が知っておることとなるが、高野礼太郎氏かつて歎じていわく、後世をして日本の南熊にあらずして熊公の日本なりといわしむるものは必ずこの人ならん、と。ここへつけこんで、同人妻別れの一段、これを知らぬものは文を愛する者にあらずというほど傑作なれば、もはや聞かれたならんが、さらに差し上げ候。

Toledo 奇談　迷ふ二道（口上、この男アバタあり）

わたしのととさんかかさんは、たった一人《ひとり》の子ぢゃものと、二人《ふたり》の中にめでまはし、なんで行く末川竹の、うき目を参《み》んと四《し》らんせう、冥土で聴いたら五《ご》立腹、お道理とこそ六《む》理はない、七《なな》つ浪速のよしあしも、まだ分かぬ間におしでるや、八《や》がて全盛お職とて、引く手あまたの夕だに、九《ここの勤め》とめはゆるしゃせず、十《とを》して過ごした主への義理。

舌でころがし　なさけではめて　主のあばたは恋の淵

初夜から末を思ひ寝に、寝られぬ廓の百羽掻《ももはがき》、トレドで結婚した時に、千代もと言ふたその口で、万ざらうそは言はれまい、億《御国》に思ひもさることながら、私を捨てて往く兆《てう》は、何たることとうらみかこちつ聞こゆる鐘、いかなる夢を結ぶらんと、ベッドの隅の蜘蛛《ささがに》も、糸を収めて思案顔、二人は無言で鴛《をし》と鴦《をし》、幾夜重ねて赤沼の、まこも隠れの一つ夜着、楽しみ果てて哀しみの、くると悟りはこの中に、アメリカ風に夫の名、礼といふ字をリーの字に（子があれば川の字なれど、なきゆゑ、一画を省きてリとなる作者の苦心、見る者は視るべし）、かはす枕の終りとは、落つる涙の玉くしげ、あけて悔しきけさのそら、空恐ろしい因果ぞと、思へば浮世はままならぬ、いとしい親のあればこそ、妻に別れて孝と鳴く、軒の烏も〳〵苦労《（黒）》なり。

何と感心じゃろうがの。

熊楠初めてアナバに到りしときは、豪傑日本人中に多く（日本人三十人もあり）、論師舌を振るい勇士腕を奮いて、なかなかその胆をとること難しと認めしかば一計を案出し、火酒、蒸餅を多くかいこみ、私《ひそ》かに室内に隠し置き、さて七日が間、戸を内より鎖して一歩も出でず、酔いては寝、寤《さ》めては飲み、夜中ひそかに溲器《しゅうき》を洗いに往くに、跣足《はだし》なれば知るものなし。主人大いにこれを異《あや》しみ、日本人一同にかけあいとなる。大坪権六（今滋賀県師範校かなにかにおる）回章一篇を日本人一同にまわし、いわく、急変あり、新米の客はたぶん寒気に中《あた》りて凍死せるならん、よろしく衆人立会いの上点検し、ついに死んだものなら止むを得ず一同その責に任ぜん、と。ここにおいて、汎々の輩を除き、七、八人頭株やって来たり、まず奇巧に名ある世良氏（多一氏息）合い鍵をこしらえ、内より閉ざせる鑰《じょう》をつき落とし戸を開き、われよ先よとしりごみす。その間に熊楠はこっそりと酒罎をかたづけ、丸裸で酒の勢い熱くてならぬゆえ、蒲団薄きもの一枚でくるくると巻き、足と頭を亀乎として縮め、総身に力を入れしゃちこばりおる。しばらくして三好太郎後れ来たる。さすが軍人の子とて、棒にて体をつき試みていわく、なるほど堅くなっておる、可愛そうなことだ、松平は知人だそうだから呼びに往けと、大争動となりかかる。ここにおいて、熊楠面白さと気の毒さに、うふふふと笑いしに、世良という人一番に、いやでげすぜ、いやでげすぜと呼びながら逐電す。すでにして三好いわく、いや南方君は死んでいない、一同来たれ、と。丸裸のままつき落とされふりちんで立ったありさまは別なりし。それよりすぐ和睦の宴ときて、飲みのこれる火酒をふれまい得意の法螺、然るべき篇章を講ぜしかば、なるほど豪傑だと大いに感じ、一同ただちに平服して、子分となれり。
御状下され候節は羽山に托するか、喜多幅氏に托するかしてくれたまえ。

南方熊より

中松様

（平凡社版『南方熊楠全集』第七巻117〜132頁）

《語注》

◆1　**中松盛雄**（なかまつもりお　一八六五―一九五二）――田辺藩士中松克正の次男。和歌山中学で熊楠の一期先輩。東大卒、法学士。のち特許局長。一九一四年、中松特許法律事務所を創設。若き日の中松に男色趣味のあったことは、『弘法大師一巻之書』という書物（第三巻『浄のセクソロジー』

421頁以降参照）を、熊楠が中松を介して借りていることでもわかる。

◆2　**支那公**（しなこう）――江聖聡（こうせいそう）。キューバからフロリダに戻った熊楠は、ジャクソンヴィルの江の店（牛肉店とも八百屋とも書いている）に約八ヵ月寄宿した。熊楠が英国へたつとき、江も店を閉じて帰国した。二人の記念写真の裏書きによると広東省新寧県（現、江門市台山県）出身であるが、帰郷後の消息はほとんど不明である。

◆3　**Darwinism**――ウォレス（Alfred Russel Wallace　一八二三―一九一三）の著書。一八八九年五月刊。332頁の大著で、完訳本は日本では出ていない。昭和十八年に大日本出版株式会社から『ダーウィニズム』（湯浅明編訳）が出されているが、抄訳であるし、それも今日では入手困難である。

◆4　**スペンセル**（Herbert Spencer　一八二〇―一九〇三）――イギリスの哲学者。熊楠は在米時代に、その『第一原理』『生物学原理』などの主著を英文で読み、若干の批判はあったが、その「進化哲学」に大きな影響をうけた。

◆5　**佐藤寅次郎**（さとうとらじろう　一八六四―一九二八）――正しくは虎次郎。旧姓茂木、アナバー時代の熊楠の無二の親友。明治二十三年ミシガン大学卒業帰国後、紀州高池の佐藤長右衛門の養子となる。衆議院議員当選三回、最終的には政友会に属す。

◆6　**ヘッケル**（Ernst Heinrich Haeckel　一八三四―一九一九）――ドイツの生物学者、哲学者。イェナ大学教授。ダーウィンの進化論を支持し、一種の形而上学的唯物論ともいうべき体系を構成した。「個体発生は系統発生を繰返す」という法則を主唱し、また生物界を一元論的に説明しようとする一元論を説いた。熊楠は英訳で、その科学啓蒙書を読んでいる。

◆7　**園田大徳**（そのだだいとく）――大徳は高徳の僧の意で、薗田宗恵（そのだしゅうえ　一八六三―一九二二）をさすものと思われる。旧姓浅井で、大学予備門で熊楠の友人。宗恵の年譜によると、明治二十年二月、和歌山湊道場町妙慶寺薗田香潤の養子となり、その後、その長女香代と結婚、明治二十四年五月、長女香寿代が出生している。東京大学文科大学哲学科卒業。のち仏教大学（竜谷大学の前身）学長。

◆8　**コンラード・フォン・ゲスネル**（Conrad von Gesner　一五一六―一五六五）――スイスの動物学者、医者。チューリヒ大学博物学教授。主著『動物誌』（*Historia animalium*）全四巻は、百科全書的な当時の智識の集大成である。熊楠はアナバーで一八八九年十月二十一日の日記に、「コンラード・ゲスネルの伝を読む。吾れ欲《ねがわ》くは日本のゲスネルとならん」と記している。

◆9　**ラボック**（John Lubbock　一八三四―一九一三）――イギリスの著名な銀行家で、下院議員、ロンドン商業会議所所長にもなったが、自然科学、人類学、考古学等にも業績があり、主著『先史時代』（一八六五）は初めて旧石器と新石器を区別したことで知られる。一般科学啓蒙書の著作も多く、熊楠は英文で相当読んでいる。

◆10　**sodo（my）のことは、かつてこれを聞けり**――sodomy（男色）に俎豆という言葉を掛けている。俎も豆もお供えの祭器で、『論語』巻第八、衛霊公第十五の「俎豆のことはすなわちかつてこれを聞けり。軍旅のことはいまだこれを学ばざるなり」という孔子（名は丘）の言をもじったもの。

◆11　**羽叟は逝けり、岩丈は老いたり**（うそうはゆけり、がんじょうはおいたり）――叟・丈はともに敬称で、羽山繁太郎と平岩内蔵太郎をさす。ともに若き日の熊楠の少年愛の対象だった。明治二十七年三月、熊楠は土宜法竜宛書簡の中で、"Divina Norokeana"という平岩内蔵太郎との歌の贈答と称するものを書いているが、実際はその「六年前に死んだ」羽山繁太郎との交情をしのんだものである。（第一巻『南方マンダラ』217～221頁参照）

◆12　**カモエンス**――カモンイシ（Luís Vaz de Camões　一五二四―一五八〇）のこと。ポルトガルの詩人。諷刺劇「セレウク王」（一五四六）が禍して追放され、北アフリカの戦争で右眼を失い、インド等を流浪し、一五七〇年ようやく帰国、長篇叙事詩「ウス・ルジアーダス」（一五七二）を作ったが、窮迫のうちペストにかかって死亡した。

◆13　**野尻猫堂**（のじりびょうどう）――猫堂の由来は未詳だが、野尻貞一（のじりていいち　一八六一―一九四四）をさすものと思われる。日高郡志賀村に生まれ、東京農林学校在学中に熊楠と親交のあったことは日記その他から知られる。

第三部　ロンドンの青春——ロンドン日記より

一八九七年、ロンドン

——孫文との出会い、大英博物館殴打事件

一月一日　金　陰
夜、博物館帰途加藤氏◆[1]を訪、不在。『ネーチュール』◆[2]へ出せし文（死後の婚嫁）再校の為活版プルーフおくり越しにより、ダグラス氏に直してもらう。

一月二日　土　陰
午下、博物館へ之《ゆ》く道にて細井田之助氏◆[3]店にて飲み、暫く番す。
細井は加藤と此夜芝居に之く。

一月三日　日
夜、加藤氏を訪、十一時過頃迄はなし帰る。

一月四日　月　陰

博物館へ之《ゆ》途上細井氏を訪、百鬼夜行図かる。今朝、飯田、細井氏方へ来り、やりこめられし由。

夜、加藤氏を訪。

此夜安眠せず、風引く。

一月五日　火　陰

午後、博物館へ之く道上加藤氏を訪。今井常吉氏も来る。一時間近く話し、共にバスにのりエジワヤー・ロードに到り分る。

一月六日　水　陰

午下、博物館へ之く途上細井氏を訪。不在。前日の巻物かえす。

此夜よく眠らず。

一月七日　木　雨

午下、細井氏を訪、巻物返せし事を弁す。終に六時過に至り分れ、レストランにて独り食す。博物館に之《ゆか》ずして帰る。

一月八日　金

午下、博物館へ之《ゆ》途上細井氏を訪う。

一月九日　土　雨

朝、卵一ばばにかる。

博物館に之く途上細井氏を訪て飯《めし》くう。細井氏家主催促に来り口論。博物館早くすませ、九時過リード氏を訪、今日細井店にて買し支那錦切れ一つ同氏妻におくる。リード氏娘、教育の為来る土曜日瑞士《スイス》シュリッヒに赴くとの事。

一月十日　日　雨

一月十一日　月

博物館へ之く途上加藤氏店を訪。それより博物館にて少年（受つけ、去年十月末迄読書室に奉公せしもの）にリード氏への木盆渡し、読書室に之く。

一月十二日　火　陰

夜七時頃より汽車にて田之助氏と其宅に至り、予カレイ一匹かい飯い酒のむ。同氏妻もあり、色々しゃべくる。十一時になり歩して帰る。氏の宅はキウとハンマースミスの間なり。

一月十三日　水　陰

博物館へ之途上《ゆく》田之助氏を訪。博物館リード氏を訪。同氏女子に前夜ののこりもの細工もの小箱おくる。

夜、加藤八十太郎氏を訪。

一月十四日　木　快

午下、浴湯、又加藤氏に立寄、それより博物館に之く。

一月十五日　金　快

一時過より八時迄書籍室。

一月十六日　土　夕雪

前年バロン・オステン・サッケン、◆6 予の説印度《インド》にもブゴニア説あるべしというを疑しが、今日博物館にて Creuzer の Religions de l' Antiquité より見出す。

此日、予の犬歯、先年国出立の際井沢氏に入れもらいしものぬく。

一月十七日　日　快

夜、加藤氏を訪、十二時前迄話しかえる。

一月十八日　月　陰

夜、木村氏を（博物館帰途）訪、不在。昨夜、巴里《パリ》より着すとの事。

一月十九日　火　陰

夜、博物館帰途木村氏を訪、十一時迄話しかえる。同氏巴里不在中、村上厚（同氏方に留守番せる壮士）女郎家にて乱妨等の難件を語らる。

一月二十日　水　陰

午後、細井氏方にあり、博物館やすむ。夕、細井氏方に行、カレイ一疋買い煮食す。十時半帰る。

一月二十一日　木　陰

夜、加藤氏を訪、細井夫妻及び女二人来りありし跡也。
一月二十二日　金　雪
午下、風呂に往、加藤八十太郎氏方に立よりソーセージ煮ること頼みおき、博物館に行、二時間ほど写書の後、八時過加藤氏方に至れば木村、諫山二氏来りあり、十一時迄話しかえる。
一月二十三日　土　雪
夜、博物館帰途木村氏を訪、不在。（諫山氏方へ船見に行し也。）但あとにて聞に、此時已に諫山氏をつれ帰り室にて話し居しが、予の鈴ならすに気付ざりし也。
一月二十四日　日　快
午下より夕七時迄昼寝。
夜、加藤氏を訪。諫山、山川、木村来りあり、山川と去年喧嘩の和睦す。スシ作りしが不出来也。山川氏持来れる鶏にて飯《めしく》い酒のむ。十時過帰る。
一月二十五日　月　晴
三時過より八時迄書籍室。
一月二十六日　火
午後田之助氏店を訪、五時頃迄居り、それより博物館に之。
帰途加藤氏を訪、十時過共に歩しノッチングヒルに至り別れかえる。

一月二十七日　水　陰
午後、田之助氏を訪、二時半出て博物館に之。
一月二十八日　木
博物館へ之途上、午下、田之助氏店を訪。木村氏もあり、田之助氏不在。三時迄俟返らぬ故立出、木村氏も帰る。
夜、加藤氏を訪、不在。
一月二十九日　金　曇
午下、田之助氏を訪、不在。博物館に之く。帰途加藤氏を訪。木村氏もあり、同氏より女（Hellen）にやる文認めやり、加藤氏とつれ散歩し帰る。
一月三十日　土　曇
博物館へ之《ゆく》途上細井氏店を訪う。木村氏もあり。
帰途加藤氏を訪、不在。
一月三十一日　日　陰
シュレゲル◆7氏へ『通報』落刺馬のことを通知す。道路泥濘甚し。午後四時過より細井田之助氏チジックの宅へ行。加藤、木村二氏もあり。スシ作り飲酒九時頃かえる。
二月一日　月　雨
博物館へ之道上細井氏を訪、不在。

酒代二志《シリング》小児に渡す。のこり九片《ペンス》不持来。

二月二日　火　雨

道泥甚、歩し難し。

二月三日　水　雨

夜、博物館帰途加藤氏を訪。今迄木村氏ありしとのこと。十時過共に歩してノチングヒルに到り分れ還る。

二月四日　木

シュレッゲル氏より状来る。

夜、博物館帰途加藤氏を訪、戸あけぬ故帰る。

二月五日　金

夜、加藤氏を訪、戸あけぬ故かえる。

終夜不眠。

二月六日　土

午後、木村氏を訪う。同氏飯ひまとる間に、余、氏の酒を多くのむ。それより此日とうとう博物館休み、八時前木村氏を辞しかえる。

終夜不眠。◆8

ジッキンス氏よりハガキ来る。又正金銀行よりも勘定ちがいの事に付状来る。

二月七日　日

二日二夜眠らず、今朝一時間斗り眠る。

『ネーチュール』へ投ずべき文を認む。

二月八日　月　雨

『ネーチュール』へ一文投ず。A□〔一語不詳〕Fruit of the Cat.

夜、加藤氏を訪、益一つかう。Dickins に贈る為なり。「エンマ万歳」という悪口新聞かりかえる。それより十一時前出で、共に散歩しかえる。

二月九日　火　陰

午下、博物館に之途《ゆく》上加藤氏を訪。一昨日、加藤氏方へ木村、諫山及細井同行五人来りし由。

Schlegel 教授より状一受く。余読まず、明後朝読むこととす。

二月十二日　金

午後、博物館にてダグラス氏を訪、立談す。

二月十三日　土

午後、博物館にてダグラス氏を訪う。

シュレゲル氏へ状一書留にて投ず。（昨日細井方にて買し木のねつけ亀二つおくる。）

村田氏帰朝の由申し来り、金二磅《ポンド》還さる。

二月十四日　日
終日在寓。
夜、加藤氏を訪、十時過共に出ノッチングヒル迄歩して帰る。
二月十五日　月　陰
シュレゲル氏へ書留状一出す。
午下、風呂へ之、加藤氏店へ立よる。博物館六時に仕まい、それより中井氏◆9（今度徙《うつ》りて始て）を訪。飯ふれまわれ麦酒三本のみ、十一時過迄はなし、かえる。
二月十六日　火　晴
午後、博物館にてダグラス氏にあい、『□□〔二字不詳〕航記』かる。
夜、帰途加藤氏を訪、十一時過かえる。それより加藤氏又明日付国元への手紙書し由。
二月十七日　水　快
博物館に之《ゆく》途上加藤氏を訪。見世大バーゲーンセールの広告に付置直す間、小僧のかわり番する。博物館小僧に昨日二小箱やり、今日大な方のサーバントに二大箱やる。
シュレゲル氏手状来る。
二月十八日　木
博物館へ之《ゆく》道にて細井氏を訪、錦絵の題の訳等手伝う。夜、加藤氏を訪、扇一本もらい志道軒と改名す。つれて歩しノチングヒルに至りかえる。

二月十九日　金
午後、博物館にてダグラス氏を訪、シュレゲル状示す。夜、館の帰途加藤氏を訪、つれて歩しノチングヒルに至りかえる。
二月二十日　土　陰
十一時過より八時迄博物館。
ダグラス氏を訪、『説鈴』にてシュレゲルと問答の薄里波、落須馬等を見出す。
二月二十一日　日
午後四時過加藤氏を訪、不在。◆10（昨夜、美津多氏来りしに付今日同氏方に之《ゆき》し也。）それより中井氏を訪。長岡、巽二氏あり、種々珍談の上、十時過巽氏、十一時過長岡氏去る。十二時に至り予歩してかえる。帰れば三時頃なり。
二月二十二日　月
午下、博物館へ之《ゆく》途上加藤氏を訪。
二月二十三日　火
午後博物館へ之道上加藤氏店に之、酒のみ久くおる。失敬の客来り、予之をやりこめる。
それより燈点後博物館に之。
二月二十四日　水
中井氏及シュレゲルへ状出す。

二月二十五日　木　陰
博物館にあり。酒店に一盃のみに行き、人の傘忘れ出ゆくに知らせやる。是陰徳也。
二月二十八日　日　微雨
午後七時頃、中井氏を訪う。巽、長岡及一週間前に着せし田島担氏[◆11]（故浜口儀兵ェ氏子）あり、十一時に至りかえる。長岡氏はわざとトラムカーにのり、クラパム辺迄おくりくれる。ヴォクスホールにて下車、それよりテームス河畔に行まよい二時頃帰宅。
三月六日　土
午後、加藤氏を訪う。
三月七日　日　晴
午後、加藤氏を訪。諫山、木村氏、章造氏の妻子居合せ、木村氏テンプラ作り食せらる。
三月八日　月
夜、加藤氏を訪、飯《めしく》い酒のむ。
三月九日　火　晴
夜、途上細井氏を訪。博物館の帰途、加藤氏を訪、飯い酒のむ。
三月十日　水　快
博物館へ之途上、午下、細井氏方に立より飯くう。四時頃、木村来り、予と口論す。
三月十一日　木　雨

朝十時過、細井氏来訪。つれて同氏店により、前日かりし飯代一志六片払い、それより同車してオクスフォルトサークスに至り分れ、博物館に之く。
夜バグタニ氏にレストーラントであう。予送りし杖を銀頭らにする由話さる。
三月十二日　金　陰
加藤氏より状一来る。昨夜、加藤氏店の戸にへど吐かけし故也。
巽氏よりも状一来る。
三月十三日　土
博物館やすむ。
午後、加藤氏を訪、夜に入り飯い酒のむ。木村は夕帰り来りしが又去る。予、木村のオバーコートのポケトにへど吐込み帰る。
三月十四日　日
午後五時頃、中井氏を訪。長岡、巽二氏続て来り、予珍談を為す。中井氏は風引きしが予の話しきく。九時頃、田島担氏来る。長岡及巽氏は漸く去る。田島氏と予十二時半迄残り、それより田島氏と歩してブリクストンに至り、氏は去る。予は歩して朝四時前家にかえる。
三月十五日　月
長岡氏より状着。（Mr. H. Nagaoka, 15 Sandmere Rd., Clapham, S. W.）

三月十六日　火　晴
長岡氏よりスクラプ・ブク着す。氏に頼み購う所なり。ダグ氏オフィスにて孫文氏と面会す。◆12
三月十七日　水　雨
夜、中井氏を訪。十時に及帰る。
三月十八日　木
博物館にて孫文氏と館正面の椅子に腰掛談《はな》す。
夜帰れば木村氏より状来りあり。予の事を中井氏に話せし状也。
三月十九日　金　晴
朝、細井氏来る。共にバスにのり、其店に一寸立寄、予は博物館に行く。午後六時過、館を立出、孫文氏と共にマリア（ハイドパーク辺の料理店。予曾て今西、杉田等をつれ行し所）に行き食す。それよりハイドパークにて話し、又バスに乗り、其宅に行、十時迄話し、別れ帰る。
三月二十日　土　微雨
午後、ロンドン大学に之、ジッキンスにあう。
博物館前イースター島像傍のベンチに腰掛、孫文氏と話す。夜、館仕舞い、バグタニ氏と共に其宅に到る。

三月二十一日　日

朝、田島担氏来る。午下共に出、中井氏を訪。竹内某（法学士）、税所篤三、巽、永岡等諸氏在り。十時過帰り、予は田島氏方にとまる。

三月二十二日　月

午後、田島氏と共に動物園を見る。夜に入り、共に税所氏寓を訪。食事後、博物館アッシリア等の部を見る。田島氏をおくり、其宅辺に至り、予は帰る。

三月二十三日　火

博物館早仕まい、田島氏を訪、トルキー浴に之、不在。予、亭主カプテン・キングストンと話すこと小間、田島氏帰る。予を送り Westminster Bridge に至り、別れ帰る。

三月二十四日　水

午下、ジキンス氏を訪う。

夕、博物館早く仕舞、田島氏を訪、共に博物館に之き、グリーク、ローマの部を見る。田島氏を送り、ウェストミンスターに至り分かえる。

三月二十五日　木

朝十時過、田島氏来る。細井氏来る。それより共にナチュラルヒストリー館を見る。マリア方に食して後、領事宅日本人会に行く。領事試補加藤氏◆13演舌《しゃべ》り、◆15其後予は林権介◆14氏と話してかえる。此夜、予旧友伊吹山氏及故羽山蕃二郎友中島という人にあう。此夜、田島氏予方に宿す。

三月二十六日　金　陰

午下、田島氏と共に印度博物館をみる。それよりハイドパークをぬけ、マーブル門より乗車、竜動《ロンドン》橋に至り、同氏は衣服店にゆき、予は分れて博物館に之く。

夜、孫文氏とオクスフォード街ビアナ食肆に食す。孫氏、予を招く也。それより共に税所氏を訪い、共に博物館（アッシリア、バビロニア、埃及《エジプト》及ペリュ等部）を見る。それより孫氏に分れ、税所氏とショーラー方に食い、分《わかれ》帰る。

三月二十七日　土

博物館美少年ハーヴィー館員、訣別に来る。此児予二年以上知る。

夜、博物館仕舞、孫文氏とトテンハムコート街ショラー方に飯す（下等食店）。それより同氏居に行、十時に至り分れ帰る。

三月二十八日　日　雨

午後、孫文氏来る。共に税所氏をまつ、久く不至。夜、共に出、マリア方に飯い、スローン・ストリートにて孫氏と分れかえる。

三月二十九日　月

税所氏状来る。昨日不来を謝するなり。

夜八時過、博物館帰途税所氏を訪、不在、八島艦乗組軍医鶴田氏に面し、十時迄話しかえる。
三月三十日　火
午後、孫文氏と共にダグラスを訪う。
夜、博物館より帰途税所氏を訪、不在。鶴田氏への状を下女に托しかえる。サニタリー・インスチチュートの所在を知す也。
三月三十一日　水　快、夕雨《あめふ》る
林権介、巽孝之丞氏より状各一来る。
四月一日　木　陰
常楠状一至る。
四月二日　金
夕、田島氏を訪、夜に入、共に出（十時前）。ウェストミンスター近傍のレストラントに食、それより別帰る。『洪川語録』かり返りよむ。
四月三日　土　晴及微雨
ダグラス氏にあう。茶碗一。余詩を解く。
夕、田島氏を訪。六時過、氏、友人福島氏方へ行（ブリクストン）。予、中井氏方に行、十二時迄話し歩して帰る。ブリクストンにて女につき当り、女倒る。予歩してクラパムコンモンスに至り、それよりバターシーに至んとし、誤て歩すること久く、ヴォークスホール橋に至り、それより歩して帰れば四時也。
四月四日　日
終日多くは睡る。
四月五日　月
朝、津田三郎氏◆16状至る。
博物館六時に仕舞、孫氏とレストラント（ショーラル方）に食し、孫仕払う。それより孫宅に至り九時迄話し、バスにのりノチングヒルに至り（十時）、十時過帰宅。
四月六日　火
博物館に之《ゆき》不在中（年後五時頃）、細井氏来る。予不在にて還る。（鯛をかい予に食しめん為なりしとあとで聞く。）
四月七日　水　半晴
午前、細井氏来訪。
午下、博物館に之き、孫氏と暫く談す。それより二時十五分の特別汽車（公使より買きり）にてチルベリー・ドクに之、富士艦に入る。入口にも津田三郎氏にあい、握手す。岩見重太郎、秀吉、石川五右エ門を擒する所、旗おどり、剣にて木をきる手練、カッポレを見る。外に式三番ありし由なるが、予は見ず。下室にてハム二きれ食い、シガレット一本もらう。又珈琲一盃（此外は断食）。花飾を見る内、今井常吉氏にあう。（又芝居見るとき高田商会の須田という人にあう。）梯の上り口にて教授ダグラス夫妻にあう。五時五十五分の汽車にて帰る。それより食後、孫氏を訪、不在。歩してホランド・ロードよりかえる。かえる後又出、ハイドパーク辺スローン・ストリートよりクロムウェル街に出かえる。

ステーションにて中井氏令夫人、徳川[17]、鎌田[18]、田島氏を見しが、田島氏に一言いいしのみ、他は言ず。

四月八日　木　陰

此日、孫氏に博物館に一寸話す。

四月九日　金

巽孝之丞へ状一出す。

四月十日　土　晴

博物館に行、孫氏と話す。津田三郎氏へ書留状一出す。又リード氏と話す。これは弩一張、前日リード氏よりくれしもの、津田三郎氏におくるつもりにてタワーの武庫長子爵Dillonの状（使用法を記す）を得し故也。

四月十一日　日　晴、夜陰

終日在寓。

夜散歩、ハイドパーク（クインスゲート等）沿道よりクロムウェル・ロードをあるき還る。

四月十二日　月
博物館仕舞、夜に入、帰途リード氏を訪、Arbalête à jalet をもらい、かたげかえる。
四月十三日　火　晴
朝十時過 Mulkern[19] 氏を訪（孫の友也）、それより地下汽車にて孫氏を訪、三人にてバスにのりフィンチャルチ街停車場に入、共にチルベリー・ドックに津田氏を訪。水兵案内半にして津田氏到り巨細示され、後宴室に入り酒及ソーダ水を予《あたえ》られ、二人は日清戦争の写真帖を見、予は津田氏と話す。其内、津田氏（水雷長）の副斎藤[20]氏来る。共に色々話し、四時三分の汽車にて分れ、ビショプス街にて孫及他一人と分れ、予は歩してトテンハムコート・ロードに至り晩食（ショーラル方）、それより田島氏を訪、福島という人もあり、共に話し、十時半に至り福島は帰る。予は田島と十二時迄話しかえる。
四月十四日　水　晴
珍事なし。
四月十五日　木　晴
一昨日つれ行しは此人也。R. J. Mulkern, 66 Clarendon Road, Holland Park, W.
四月十六日　金　晴
今日は例年通り博物館休み也。終日在寓。
常楠への状認む。夜十時過ハイドパークそばのマリア方に食、歩して帰る。

四月十七日　土　陰
書籍館にてコンラド・ゲスネルの『魚篇』中よりムカデクジラの記を見出す。昨日、バグタニ氏来訪のこと諾ありし処、寝過して事を果さざりし由談さる。常楠へ書留状一出す。昨年来初てなり。
四月十八日　日
終日在宅、夜マリア方に食す。
四月十九日　月
午下、博物館に之《ゆく》途上、田島氏をサウスケンシングトン博物館前に見る。因て馬車より下り、ナチュラルヒストリー館内の園に入り話す。氏、宿屋を立退くことに付色々相談あり。それより分れ、予はマリア方に食し、館に之く。夜、孫氏とカフェ・ヴィエナ（ニウオリスホルト街）に之、飲《めしく》い、其宅に行十時迄談し帰る。
四月二十日　火　晴
午下、博物館へ之途上セントジェームス公園の側にて田島氏歩して行を見、馬車より下り、つれてマリアに至り食し、ハイドパークよりケンシングトン・パークに至り暫時坐して話し、氏は紀侯世子方へ行、余は博物館に之。余又博物館に之途上細井氏を店に訪うに、法律沙汰の事あり。余、為にジキンス氏を大学に訪、不在。博物館にリード氏を訪、それより一寸門に出るに、河内丸受取に来し水夫二人、伴侶三人館内にて見失い、インジアン・ドクに帰る途を不知、途方にくれおる。余、孫逸仙と話しありしが、此事を見出し、孫に分れ水夫をして坐して俟しめ居る内、他の三人出来る。一礼して分れ、細井方に向、不在。

夜、帰途加藤氏を訪、飯ふれまわる。一時半に至り、分れかえる。氏話しに、カイアンの祖母（加藤章造氏の姑）死にし由、二週前とのこと。

館にて孫氏より津田少佐におくる自伝一冊受く。

四月二十一日　水　雨
夜、館よりかえりフロクコートの裏のほころびを縫う。物縫うは当地に来てより先《まず》は初ての事なり。

四月二十二日　木　晴
昼、ダグラス氏に招かれ、オフィスにて面す。富士艦物見のことたのまる。

（午後）館にてリード氏を訪、色々の弩を示し説明さる。

夜、館より帰途加藤氏を訪、十一時迄話し帰る。

四月二十三日　金　陰
朝、細井氏来る。午下出、其店を訪う。それより館に之、ダグラス氏に面す。

津田三郎氏へ状二本出す。

四月二十四日　土

津田氏状来る。ダグラス舟案内の事、承諾の旨申越る。

四月二十五日　日

朝十一時過、加藤氏来る。共に細井氏宅へ之く。田之助氏夫妻、昨夜深更迄大大家の家にて話し、今日妻は頭痛にて出来らず。細井氏、昼飯及夕飯ふれまわる。夕、ハーヴィーという人来る。若き学生様の人、予と日本の事色々はなす。十一時前、加藤氏とつれ出、氏はオクスブリジの方に別れ去る。予は歩してかえれば十一時半なり。

四月二十六日　月　快

朝、田島氏来る。暫時話し去る。

加藤氏店をとい、湯に入り、博物館に之く。

四月二十七日　火　晴

朝起午後三時迄常楠への状認め、それより田之助氏宅へ洗濯すべき裳二持行たのむ。食事して博物館へ之く。五時なり。それより写書、扨七時前帰る。約束故急《いそい》で帰れば七時三十五分過なり。

田島氏は七時に来りしが、ハンマースミスに行七時半に来る約束故まつ。八時頃に来る。それより談し、又レストラントに行飲食、それより其宅へ送り行、已に遅し。それより予一盃途上でのみ帰り、氏も予方に宿す。

四月二十八日　水　雨

朝、浜口〔田島〕氏十時過迄話しかえる。
此朝、茶の事に付宿のカカと議ろんす。予はカブにて博物館に之、ダグラス氏已に停車場に向える旨きき及び、カブにてフェンチャールチに至る。氏を見ず。因てドクに至り、氏に停車場にあう。それより場を出、氏の二女及一子にあう。富士艦にいり、津田氏殊の外寛待さる。四時過に至り一族は去り、予は止る。五時過予去り、フェンチャールチ街よりカノン街に至る途上、女の嘲弄するにあい、予乱暴し、巡査四人来り最寄警署に拘さる。又乱暴数回（六時過か）。夜二時に至りかえる（巡査予の為に閉口す）。
四月二十九日　木
午後田之助氏を訪、それより加藤氏を訪。山川氏もあり。飯いかえる。
四月三十日　金
博物館に之、ダグラス氏を訪、不在。因て氏の二女に贈るべきものを小僧に托しかえる。
五月一日　土　晴
午後、斎藤及田島氏を訪、それより館に之、ダグラス氏に面し、昨日あずけし品を渡す。（二女におくる也。）読書室に七時迄勉め、それよりバスにて斎藤氏を訪。斎藤、田島、近藤（?）、小畠（三井組の人）、加藤（領事館の）氏と徳川世子牛飯の所、予、葡萄酒のみドド一大津絵等やり、加藤（十時過）、鎌田及世子（十一時）に後れ、十二時十分去りかえる。

五月二日　日　晴

朝十一時頃、加藤氏（領事館試補）来訪、二時頃迄話し、食事し（加藤氏払う）、バス及トラムにてキウ園に往、博物館及ヒース多き室を見る。その内閉室、暫時歩し、又トラム及バスにて帰り（帰途、田之助氏夫婦子女窓より見居たるが、予等には気付かず）、ハイストリートにて食事（予払う）。氏はハイストリート停車場へ帰る。予はハイドパーク側、及ノチングヒル、ホランドパーク、オクスブリジ辺迄歩し、帰れば十二時過也。

五月三日　月　晴

朝、田之助氏来る。午後、田之助氏店を訪、飯くい、同くバスにて、氏はチープサイド郵征総局へ、予は博物館に之、ダグラス氏に面す。それより（ダグラス氏自宅へ徳川侯世子をおくことに付）、斎藤氏及鎌田氏を訪、二つながら不在、因て又田之助氏店に之。ハーヴィー氏あり。それより又田之助氏を訪、共に其宅にゆき、マカレル二疋かい飯、十時半帰る。（スローン・ストリート迄歩し、又かえり。）

五月四日　火　晴

午下、鎌田氏を訪、それより斎藤氏を訪、飯くう。（田島氏はケンブリジに行、不在。）それより館に之、読書。ノチングヒルよりホランドパーク・アヴェニューを歩し帰る。

津田三郎氏状一来。

中井氏へ状一出す。夜十時返事来る。世子の宿周旋の労を謝する也。

それより十一時半迄スローン・ストリート辺歩しかえる。

五月五日　水　晴

午下、鎌田氏を訪、斎藤氏来る。三人にて世子室に之、暫時はなし、それより三人にて館に之、ダグラス氏を訪、又リード氏に面す。リード氏、フランクス氏今日オペレーションを受るとて倉皇出之く。三人はダ氏に面し、ホルボーン停車場に歩し、汽車にて氏の宅に之、氏の次男、末子、二女及妻君、停車場迄迎えに来る。氏の宅にて茶のみ色々話し、室を検し、汽車にて帰りヴィクトリア停車場より世子館に之。（途上世子及田島氏にあう。）二本のむ上に、予、今日の模様を述べ暫時にして、九時過帰る。

帰れば津田氏状一、及ヘレン（ダグラス氏娘）より礼状来る。（小箱おくりしなり。）

五月六日　木

午下、館に之、ダグラス氏に面し、それよりリード氏に面す。リード氏急ぎサー・ウォラストン・フランクス方へ行。ダ氏に盆四枚、氏の末子にカラー入一つおくる。中井氏を訪、醤油、干瓢、シイタケ等もらい、歩して帰る。

五月七日　金

博物館に之途上鎌田氏を訪い、田之助氏を訪。館にてダグラス氏に面し、動物園切符のことたのみかえり、田之助氏店により、それより世子館に至る。不在、鎌田氏あり。因て色々話しかえり、昨夜中井氏よりもらいしもの持、田之助氏に詣り、飯い酒のみ帰る。

田之助氏に三十志《シリング》渡し、明後日宴のことたのみ帰る。帰途津田氏へ状一出す。

五月八日　土　半晴

午下斎藤氏を訪、不在。それより田之助氏を訪、十志渡し、明日の宴会の酒精、燈及び鍋等買うことを依托し飯い、博物館に之、ダグラス氏に面す。動物園の札七枚貰う。(此内三枚は一年に二十枚を限るものにて殊の外貴重のものとのこと。)それよりリード氏に面し、孫逸仙及一老人(西班牙《スペイン》人)に明礬茶等を見せることをたのむ。やがて見せる。館は五時半にしまい加藤氏を訪、不在。湯に入り、飯い(マリア方)、世子ホテルに行、燈火なし。因てかえる。

五月九日　日

午下、ベーシー・ホテルに之く。津田少佐友人三人(吉岡、富岡、山田氏)打つれ来り、スモーキングルームにて俟おる。世子及鎌田はかきおきあり、林権介氏方へ昼餐に往しと。因て津田の払いにて一同飯いて、動物園にゆき見る。ベーカー街より汽車にて田之助氏方に至り、牛鍋、すし、さしみ等にて酒のみ大さわぎす。(女共は別に食う。)加藤氏扶助に来りあり、二時間斗りして諸氏は汽車にて去る。あとに女共上り来り、ピヤノあり。加藤、細井大酔。予は十一時前加藤と共に出、バス、トラムにて其宅に至り飲み、別れかえる。

五月十日　月　半晴、雨

午下、加藤氏を訪、話して館に行かず。それより田之助氏を訪、今夜学者連よぶ積りの処中止とのこと。飯いかえる。

五月十一日　火

鎌田氏を訪、斎藤氏もあり。世子、ダグラス方に移るに決せる趣話さる。田之助氏を訪、館に行、ダグラスに面す。それよりかえる。

五月十三日　木

夕、館より帰途鎌田氏を訪、世子方に行、鎌田氏を待合せ、九時過古物学会に行く。畢てリード、ガウランド◆[22]二氏と五人、学士会クラブに行、一飲の後、リード氏とつれ歩して、其宅近くゆき分る。

五月十四日　金

朝十一時過館に行ば、津田氏館前に歩し居る。それより中に入り、木村壮介、富岡、吉岡、沼口◆[23]（大尉）、鳥山（大主計）にあう。ダグラスの嚮導にて書籍室内部、新聞室を見、リード氏を訪、参考室の諸猥褻像を見、又同氏に仕《つか》わるる美少年を見る。それより予の嚮導にて諸室見る。此中鳥山氏は公使館に用ありて去る。三時に至り見畢り、バスにて田之助氏店に至り、ハドソン別嬪より茶を出し、田之助氏と共に汽車にて氏の宅に往く。津田の大津絵、予のドド一、田之スのハウタ、長女のピヤノあり。（彼のピヤノ上手の別嬪は此日欠席。）八時過に至り（三時間斗り飲み）、諸氏等は予の持来れる珍画を帯び、ターナルグリーンより去る。そのあとへ別嬪来りピヤノひく。予は十時過に至りかえる。

五月十五日　土　晴

午下、鎌田氏を訪、共に博物館に之、ダグラス氏を訪、世子同氏方に移ることに決答す。それより鎌田氏と共に細井氏を訪、別れ、予は加藤氏を訪、不在。細井氏を訪い牛鍋にて飯う。女来りピヤノを弾す。十一時に至り別れる。

五月十六日　日　快

午下、鎌田氏を訪、それより斎藤氏を訪、斎藤氏不在。書をのこし、それより徳川侯世子を訪、二盃のみ談しかえり、飯い、鎌田氏を訪、斎藤氏もあり。三人にてバス及カブにて細井氏方に至り、牛鍋飯う。二女舞い、又例の女来りチンチン、ミヤサマ、チョンキナ等のピヤノあり。八時過に至り汽車にてアールスコートに至り、二人は鎌田氏方に行、予は世子を訪、田島氏もあり、十時過帰る。

五月十七日　月　快

午下、加藤氏を訪、同氏と共に汽車にて細井氏を訪、予は別れ館に至る。帰途、加藤氏を訪、飲酒、十二時に至り帰る。

此日久々にてカイヤン母子に、加藤氏店にあう。

五月十八日　火　晴

夕、館より帰途中井氏を訪、不在。妻君に面し、十一時半に至り帰る。

五月十九日　水
リード氏状至る。

博物館にてリード氏を訪、それよりホテルに往、まつことしばらくして世子及斎藤、鎌田、バクストン方の茶宴より帰る。斎藤氏は去、九時過、世子及鎌田氏、学士会院夜会に行く。リード氏案内する筈也。

状を林、中井二人、及世子、及津田、富岡（合名）へ出す。

五月二十日　木
博物館にてリード氏を訪。

五月二十一日　金
午下、鎌田氏を訪、共に出、氏はベーシー・ホテルに行、予は細井氏方に飯い、博物館に行。

夕、リード氏宅を訪、リード氏まさにフランクス氏方より帰りあり。（妻女は眠室に入れり。）聞くに、フランクス氏只今絶命とのことなり。それより暫時ありてホテルに行く。津田、坂本（コンマンダー）二氏及斎藤、鎌田も有り。津田大津絵あり、暫時話し、二人去る。予は斎、鎌二人とつれ出、分れ帰る。

富岡氏状至る。船よりの招待也。

五月二十二日　土　快

午下、細井氏店に待つに、吉岡範策、加藤広〔寛の誤記〕治[24]、宮川邦基三氏至る（何れも士官次室の人）。吉岡氏の案内怪しく、聞違てハイドパークに入しと。それより飯い、細井氏にあい、ナチュラルヒストリー館を見る。それより細井氏に立寄り、三氏は分れ去る。予は加藤氏を訪、飯い酒のみ、十二時に至り分れかえる。

五月二十三日　日　快

午下、田島担氏至る。暫時話し、一時過に至り去る。予、カブにてフェンチャーチ停車場に至り、汽車にてドクに至る。三時頃也。細井夫婦三女及キチェナー女（富岡と来れし女）あり。津田、富岡、木村、沼口、加藤、吉岡、宮川、山田、鳥山等、かわるがわるもてなされ大馳走になり、四時過辞してかえる。道にて（ドクの）マクレーンの女にあう。グロスター街にて細井一同に分れ一度帰り、それより加藤氏を訪、十一時迄のみ、歩してかえる。

五月二十四日　月　晴

細井氏店を訪、不在。吉岡氏へ状一出し、それより博物館に之、ダグラス氏に面し、津田氏より氏の二女におくる二品を渡す。夕、孫逸仙[25]氏と飯い、ホテル世子室に行、まてども誰も到らず。共に鎌田氏を訪、不在。荒川領事に詣る。燈已に闇し。歩してノチングヒルよりマルブルアーチに至り分れ帰る。

五月二十五日　火　晴
朝、吉岡氏電報至る。今日来らぬ旨なり。
午下、田之助店を訪、不在。館に至りダグラス氏に面す。
五月二十六日　水　陰
午下、鎌田氏を訪、それより館に往、孫逸仙と話すること暫時、世子及鎌田氏来る。ダグラス案内にて書籍室を見、四時に五分前、共にダ氏と同車、ホルボーンより汽車にて其宅に往。ダ氏の兄及妻（レジー・バイロン）及他二友来り、二女もあり。室を一覧の上帰り、余ら鎌田氏にアールスコートに分れ帰る。
五月二十七日　木
鎌田氏を訪、葡萄酒のみ、博物館に行、ダ氏を訪、同車してキングス・カレジに往。かえり、田之助氏を訪う。
五月二十八日　金
午下、ガウランドを訪う。それより博物館に之、ダグラス氏に面す。氏、世子の室の謝絶状を出すことに決す。
夕、荒川領事を訪、不在。鎌田氏宛の状をのこし、細井氏宅に行。十時過、荒川氏宅に往、応ぜず。
五月二十九日　土

午後、ガウランド氏を訪、三時に至り田島氏を訪。

五月三十日　日　晴

途上、田島氏を訪う。

午後三時、田之助家に至れば、津田、鳥山、富岡、吉岡四氏来り俟ち居る。それより飲食し、夜八時前去る。予は田之助氏と之を見送り、かえりて又飲み、それより帰家す。

此日富岡氏に托し、アーマダの決定書写し九枚を、氏及び津田、吉岡、木村、鳥山、山田、宮川、加藤、沼口九人に配分せしむ。

五月三十一日　月

此日、加藤高明氏◆26、市商法会議所にて一人演舌あり。予、鎌田氏を訪う約ありしが、此事にて訪わず。

六月一日　火

夜、加藤章造氏妻を訪。

六月二日　水

田之助氏と世子を訪、斎藤氏もあり。

昨夜、世子を訪う。鎌田、斎藤、及真野、飯島四人あり。予久くとどまり、二時に至り還る。

六月四日　金　快

午下、細井氏店を訪、吉岡、加藤、中島（資明）、吉松（稜威麿）四氏まちおる。汽車にてキウに至り、ハム及卵をくい、麦酒のむ後、植物園一覧す。バスにて田之助氏宅に至り飲食す。加藤氏絃を皷す。頗る妙なり。九時前に至り、一同と共に汽車にのり、予はアールスコートにて下車し帰る。

六月五日　土　晴

午後、世子ホテルを訪、鎌田、斎藤、田島も来る。これより館を去り、他の家に移るとのこと。鎌田、田島と出で、バスにてキウ植物園に行、散歩。帰てハイストリートにて食し、歩してハイドパークに至り、スローン・ストリートにて田島に、アールスコートにて鎌田に別れ帰る。途上ハンマースミスにて吉岡氏へ発電。帰れば氏よりも二電信到りあり。これは昨日約せし明日動物園へ艦長を案内することに付てなり。

六月六日　日　半雨

午後、カブにて動物園南門に到れば、三浦大佐、田島大尉、斎藤少尉と樹下にまち居れり。それより内に入り（切符は前日ダグラス及リードの得くれしもの）、諸処洩れなく案内、海狗に食やるを見る。支那大使の一連も来りあり。園を出て、艦長は高山大技師の夫人病気を見舞の為、他二人と急に去る。予、歩して帰る。エジワヤ・ロードにて大驟雨にあう。

六月七日　月　陰

午後、一寸ナチュラルヒストリー館を見る。バサー氏◆27を訪、不在。それより家に帰り、家の児チャーレー及其友フレッド二人つれ、博物館に行、三浦大佐に送るべき『名家手蹟』第二帖一集と『マグナカルタ』四をかう。(田島、津田、坂本、斎藤少佐◆28におくる。)バグタニ氏を誘い、五時半フェンチャルチを発し、四人にて艦に趣く。吉岡少尉三人を案内し、予は士官津田、斎藤以下と快話す。又士官次室にて飯う。八時過、三人は水兵案内にて去り、次に予も帰る。加藤少尉、停車場迄送らる。ピカジリーにて人を打つ。

六月八日　火

午下、ナチュラルヒストリー館にてバサー氏に面す。夕、田之助氏宅に至り、カレイ煮もらい食しかえる。

六月九日　水

夕、加藤章造氏妻を訪、前日借し書を返し、トラウザルス月曜日の驟雨にて大に汚れしをなおすことを依頼し帰る。

六月十日　木　晴

午下、ナチュラルヒストリー館に至れば、三浦大佐、津田、鳥山、瀬戸、斎藤(少尉)、木村、来りまち居る。それより館に入り、バサー案内にてバトラル氏に面し、蝴蝶室及び火酒づけ室を見、それより案内して六時に至り、南ケンシントン停車場隣にて茶のむ。

斎藤少尉は予の家に来り顕微鏡を見、酒のむ。他は荒川領事方に往。予も九時過斎藤と荒川氏を訪（始て面す）。それより一同とバスにてピカジリーサーカスに至り、分れ帰る。

六月十一日　金　晴

ジッキンス状一至る。世子のやどなきを謝するなり。

歯悪きにより、下宿の主婦にマカレルやきもらい食う。午後二時頃、加藤章造氏妻を訪、トラウザルス直りしをもらい、それよりナチュラルヒストリー館に行、バサー氏に面す。それより帰り酒のみ、又マカレル食し、『時事新報』よむ（昨朝着）。夜十一時過、ケンシングトン・ハイストリートに出、飯いかえる。

六月十二日　土

夜、ガウランドを訪、已に十一時前なれば開けず。見る内燈消ゆ。因て散歩して帰る。

六月十三日　日　晴

午下、バサー氏より書してランチに招かる。

午後一時二十分、停車場ハイストリートに往、バサー氏夫妻及他一女在り。汽車の切符間違い同行を得ず。フェンチャルチに至れば已に五分おくる（二時十分）。待て四時半に至り汽車を得、艦に至れば、丁度艦長三浦大佐バサー一行三人案内すみ、別るる処也。

それより艦長室にて同氏と飯い、艦長の前に下宿せし家の女共来り、予は艦長室にて、沼口、富岡、斎藤（少尉）と話す。それより士官食室に入り、追々諸士官来り、予、「竹助伝」を講ず。艦長も来聴す。九時前辞し別れ道中迄吉岡送らる。又斎藤少尉も走り来り、はなす旨あり。フェンチャーチよりルドゲート迄歩、それより馬車にて帰る。

六月十四日　月　晴

午後、ガウランドを訪、不在。所借の書を返し、田島氏を訪。夕、別れ出、トテンハムコートに至り、飯いかえる。

六月十五日　火　晴

十五日朝、田之助妻より伝言にて予を招き来る。予ことわる。

午下一時五分過ナチュラルヒストリー館に往ば、入口の東側の園に斎藤少尉（七五郎氏）水兵十名率い来りまち居る。館に入り斎藤氏（前日バサー氏を艦中悉く案内せる故を以て）及金鵄勲章帯たる水兵一人つれ、バサー氏室に至り立談暫時、それより予、斎藤少尉及水兵を引き（入口の広堂にて鎌田氏にあう）諸室を見せ悉くすめば、六時閉館に五分前なり。講釈中、植物室に福島行信氏来る。（前月曜面会せし水兵曹南音吉よりタバコ一封くれる。）一同出て南ケンシングトン停車場向うの酒屋にてのみ、六時半に水兵一同は去る。予及福島、之をプラトフォーム迄見送り、それより田島氏を訪、福島とともにハイストリートにて会食。予は福島をおくりヴィクトリヤ停車場に至り、歩してハイドパークコーナーより帰る。

六月十六日　水　晴

午後、鎌田氏を訪。二時過出て博物館に往、一寸ダグラス氏に面す。それより氏の召仕アルドリジに、古文の写し第二帙（二十枚ずつ七志半ずつ）四部買しめ、孫逸仙と鎌田氏を訪。それより予の家に来り、田島氏も来る。孫氏と食肆に行、それよりハイドパークに歩し、十二時前別れ帰る。

ダグラス氏状一来りあり。

六月十七日　木　晴、半雨

午後、正金銀行に為替証おくり金求む。それより浴湯後、博物館に行、読書七時に至り、バグタニ氏とトテンハムコート・ロードに食（但し各別に払い）。それよりノチングヒル迄バス、其後は歩しかえり、加藤広治氏へ状一認め（「竹助伝」の妙処写し入る）、十一時半出し、暫時歩しかえる。

六月十八日　金　陰

孫氏をまつ、来らず。因て博物館に之く。

六月十九日　土

午下、孫逸仙氏来る。共にキウに行、途上田島氏及同宿の西班牙《スペイン》産ラモンにあう。それよりキウに行、諸室を見る。汽車にて西ケンシングトンに到り、田島氏を訪、話して九時に至る。出でて暴雨を冒しハイストリートに至り（バス賃上げアジソン・ロードよりハイストリート迄六片）食し、孫氏はバスにて帰る。
予帰ればジッキンス氏より状来りあり。世子キウ気像台を見るに付、台長よりの案内状也。

六月二十日　日
午下、孫氏来る。共にナチュラルヒストリー館を見る。マリアー方にて飯の後分る。

六月二十一日　月
終日在寓。
夜、歩してトラファルガルに至りかえる。

六月二十二日　火　半晴
朝、ジュビリー行列見に行、群集にて一向なにも見得ず。夜、近街を散歩し、マリアー方に飲食。マリア主人及二給仕人に酒おごる。

六月二十三日　水　晴
朝、バス賃なお高きにより、ハイストリートより汽車にてガワー街に之、博物館に之、ダグラス氏訪わる。夕、日本の皇族来り観る（読書室には来らず）。

六月二十四日　木　晴、小雨
汽車にて博物館に之、バグタニ氏昼食をおごらる。夕、館仕舞いハイドパークに歩す。
印度人の樹下演説をきく。（此印度人の樹下演説、昨夜又聞く。）

六月二十五日　金
インペリアル・インスチチュトのアベル氏（東洋語学黌長）より『聖諭広訓』何処にて得べきやをとわる。博物館に之、孫氏訪わる。明後日相会を約し分る。
六月二十六日　土　晴
朝、細井氏訪わる。フクジン漬ほしとのこと也。予ことわる。
博物館にてダグラスに招かれ、蘇颋《そてい》の詩を訳す。ダ氏に『聖諭広訓』はトルブナー会社にて得らるる由聞き、アベル氏に返事す。
六月二十七日　日　晴、朝雨《あめふ》る
午後四時前、孫逸仙氏訪わる。七時過共に出、田島氏を訪、菊地謙譲、尾崎行雄◆29二氏へ案内のこと承諾さる。十時過、孫と共に出、マリアー方にて食（時に十一時なり。コールドビーフを食、予酒二盃、孫氏はレモンのみ）。共に出、ハイドパークを過れば十二時也。マーブルアーチにて分れかえる。
孫氏及田島氏、昨日の海軍式を見たり。雨にて孫氏は何にも見ざりし由。
六月二十八日　月　晴
今日、女王ケンシングトン・ハイストリートに来る。近街賑わう。
朝、鎌田氏方に行、状渡し来る。孫氏の事をたのむなり。博物館にて五時過孫氏にあう。氏の訳する所『赤十字会救傷第一法』三冊受く。田島、鎌田及予に贈らるる所なり。

（女王に呈し、又サリスベリー侯におくれり。釘装に各五磅ずつを要せし由。）

アベル氏より礼状来る。

六月二十九日　火

朝、田之助氏来訪、フクジンヅケほしとのこと。

今日、『デーリー・グラフィー』に、去る土曜日午後富士艦の機関工鈴木鉄之助氏死亡、昨日ライドにて葬る。市の長、之に随い[30]墓に之《ゆき》し由をのす。

午下、鎌田氏を訪う。孫文を岡本柳之助氏に紹介の状受取り、博物館に之、四時過孫文来り渡す。

夕、田島氏を訪。菊地謙譲氏への紹介状、已に孫氏へ送りし由。二人近街を歩しかえる。氏の言に、去る土曜日艦にて望月氏打れし由。

六月三十日　水

細井氏へ状一出す。船へ人おくること断る也。

カブにて孫氏を訪（十一時前）。先日共に艦見に行し人もあり。佐藤寅次郎氏宛の状を孫氏に渡し、十一時宅の前にて分れ帰る。二人はセントパンクロス停車場に之。館に之、ダグラス氏に面し、孫よりの辞を述ぶ。夕、ハイドパークにて無神論の演舌きく。演者ロニー中々達舌なり。終に喧嘩おこり、予高帽を巡査に打る。かえれば十一時頃。

七月一日　木

夕、博物館帰途ハイドパークに之、無神論演舌きく。弁者、名はペック、甚き嘲弄家也。

七月三日　土

海外逢知音

南方学長属書

香山孫文拝言

これは六月二十七日孫氏親筆也。

夕、ハイドパークにて無神論演舌きく。耶蘇に化せしジウ来り長々しく論ず。

七月四日　日　晴

終日在寓。歩してサーペンタイン池に至り帰る。

七月五日　月　陰

朝、田之助氏来る。午下、鎌田氏を訪、それより博物館に之。夕、ハイドパークよりケンシントン園を歩して帰る。

ジキンス氏状一来る。

七月六日　火　陰

午下、博物館に至る。元専門学校講師平田譲衛氏、田島氏紹介状を以て訪わる。暫時館前にて話しして去る。夕、ハイドパーク歩して帰る。

七月七日　水

鎌田氏より前日立かえし金一磅一志六片かえさる。夜、鎌田氏宅へジキンスより転致のDr. Chree の状を渡し、それよりマリアに到り飯いかえる。

七月八日　木

夕、博物館仕まい田島氏を訪、十時迄話しかえる。

七月九日　金　晴

博物館に之、飯後館にかえる道にて平田氏にあう。共に其宅 Gower St. 80 に之、話し、又館に之。

夜、ハイドパークにて無神論演舌をきく。平田氏話により板屋確太郎、小倉松夫氏物故の由きく。

七月十日　土

午下、博物館にあり、ハイドパーク演舌家一人握手に来る。夕、ハイドパークに之き、其人の演説きく。一寸話しかえる。

七月十一日　日　晴

夜、ハイストリートに飯に往、其ウェーター注意せず。去てマリア方に行、のみ食い帰る。

七月十二日　月

博物館仕舞い平田氏を訪う。氏外出せんとするにあい、直にかえる。

領事館加藤氏へ一状出す。

七月十三日　火

加藤元四郎氏返事到る。

七月十四日　水　晴

平田氏訪わる。共にダグラス及リード氏を訪、両々不在。夕、氏の方へ『名家手帖』一冊持行、共に汽車にてハイストリートに至り別れ、予は田島氏を訪。『名家手帖』四部渡し帰る。『仏光国師語録』借来り読む。

加藤本四郎氏より状一来る。

七月十五日　木　晴

博物館にて平田氏を待。三時半来り、名刺のこし去る。

七月十六日　金　晴

午後、平田氏博物館へ訪わる。共にダグラス氏を訪い、其保証にて平田氏リーリングルームに入る。リード氏にも平田氏を紹介す。

夕、入浴。

津田三郎氏へ状出す。（当時ポートランドにありと加藤元四郎氏より知さる。）

七月十七日　土　晴

午後、博物館にてダグラス氏を訪う。夕、田島及鎌田氏を訪、両々不在。

七月十八日　日
バグタニ氏をまつ、来らず。夜、近街を歩しかえる。
七月十九日　月　晴
夕、大雨を犯して田島氏を訪、話して十時過に至りかえる。
七月二十日　火
朝、津田三郎氏より来状。富士はポートランドにて竣工の筈、然し何時出立するやは一向分らぬ旨申越る。バサー氏使して『イースト・アシア』初号贈らる。氏の日本の髪ゆいどこの事あり。又第一に孫文氏の『支那行法改革論』あり。
七月二十一日　水
夕、ハイドパークにて無神論演舌きく。
七月二十二日　木　陰、夕雨
七月二十三日　金　晴
加藤本四郎氏より状一受。
七月二十四日　土　晴
夕、博物館仕まい、一寸ハイドパーク演舌きき、それより斬髪。
七月二十五日　日　晴
終日在寓。夜、マリア方にて食。

七月二十六日　月　晴

七月二十七日　火　晴

夕、ハイドパークに之、それより田島氏を訪、不在。加藤元四郎氏へ状一出す。

八月一日　日　晴

午後、加藤本四郎氏来る。マリア方にて午餐の上、ナチュラルヒストリー館見る。

夕、又同処に飯い、それより荒川領事を訪、『名家手帖』第二集一冊おくる。十時迄話しかえる。同氏妻君及小女にも面す。

八月三日　火

津田三郎氏より富士艦士官一同◆[31]の写真被送付。

八月七日　土　晴

夕、ハイドパークに之、ペック氏演舌きく。反対者ボッツ・ポープ。

加藤広治氏より状一着。

八月八日　日　雨

終日在寓。夜、マリア方に餐す。

八月九日　月

午後、リード氏に面す。博物館早く仕舞い領事館に之、荒川領事に面し、加藤元四郎氏を伴い、共にブリチシュ博物館を見、それより南ケンシングトン博物館を見る。マリア方にて夕飯し、ハイドパークに之、ハイドパークコーナールに至り分れ帰る。
此日、書肆トルスローヴ・エンド・ハンソンに命じ、スエトニウス『リヴス』四冊（吉岡、宮川、中島、吉松四少尉）、ウッズ『ナチュラル・ヒストリー』三冊、津田少佐へ、ボカッシオ『デカメロン』一冊、加藤少尉へおくる。又十冊ジュビリーの行列図、これは前日予ナチュラルヒストリー館へ案内せし水兵におくる。

八月十日　火

夜、ハイドパークにて演舌きき、近街を歩して帰る。
津田及び加藤へ連名状一出す。これは昨日書送りしことを報ずる也。

八月十一日　水　本日時々微雨

朝、入湯前にけぬきかう。
午下、レオン方に至りパンタロネス受取、十三志半払う。それより博物館に至り、加藤広治へ一状、津田三郎氏へ一状出す。夕、ハイドパークにて無神論演舌きく（弁者ロニー氏）。それよりノチングヒル又グロスベノル町及アールスコールトを歩して帰る。

八月十二日　木

博物館へ平田譲衛氏及荒川氏の状来る。直に出、領事館に之、前田正名氏◆[32]に面す。（氏は古谷竹之助より予のこときき知れり。）それより夕、田島氏を訪、鎌田氏及山本新治郎氏（紀州日方の人、吉田直太郎と同く米に航せし人）にあう。共に出、分れかえる。

八月十三日　金
加藤広治氏状至る。書籍の受取り也。又ガンルーム一同より、名を銘せる巻烟草入一個着す。
夜、ノチングヒル辺を歩し、道にまよう。それより荒川氏を訪、鎌田氏もあり、共につれ出、鎌田氏宅前にて別る。歩してケンシングトン園に至り、五人斗りと打合い、帽砕かれ傘おられ鼻血出てかえる。
八月十六日　月
津田三郎氏状一来る。
斎藤七五郎氏状一至る。水兵共より予がおくりし品の礼のぶるなり。
午後三時過、前田正名氏、伊東氏と共に来る（博物館へ）。リード氏案内にて喜楽仏像及び牛、女を淫する碑、又ライブラリー内部を見。其前にアルドリジ案内にて、新聞室及マグナカルタ及シェキスピヤルの手書を見る。
八月十七日　火
朝十一時、前田氏を訪。それより共に出。領事館に至り、前田氏、予に午餐ふれまわる。荒川領事も来り暫時話して予は去り、一先宅にかえり、バサー氏を訪、不在。田島氏を訪、帽及傘かり、夜リード氏を訪。
八月十八日　水

リード氏より前田氏をダイヤル氏[33]に紹介状を得。
八月十九日　木
朝十一時、前田氏を訪、堀田瑞松氏父子も来りあり。午下、前田氏と共に汽車にてパジングトンよりハイストリートに至り、それよりバス及トラムにてキウに至り、直にダイヤールス氏官宅をとう。仏人大種商ビル・モランも来りあり、ダイアルの妻子と会席。それよりしばらく園中を見、予前田氏を案内し、大コンサーベトリー食虫草、菌室等を見る。帰て氏の宅近傍にて分れ、夜、博物館しまい、山本氏を訪、不在。それよりランカム・ホテルに至り、前田氏演舌きく（日本人会）。それより前田氏同伴、其宅に至り、氏委托の統計書の名を渡し直に帰る。
八月二十日　金　微雨
朝、田島氏を訪、帽及傘をかえし、それより博物館に之。氏より『万朝報』、望月小太郎、下田歌子らのことの報を示さる。
八月二十一日　土
博物館にてリード氏に面す。夜、山本氏ら見る。共にブリチシュ博物館を見る。
八月二十二日　日　晴
朝出、鎌田氏を訪、不在中へ山本氏来りまつ。午下、汽車にてキウ植物園に之。帰途ダイアルス氏細君へ小函十二のこし、帰り田島氏を訪、不在。マリア方にて食し、マーブルアーチより西方へ数町歩し、山本氏は去る。
八月二十三日　月
夜、リード氏を訪う。
八月二十四日　火
午下、鎌田氏を訪、不在。しばしまつ後出。マリア方に飯す。下男ツリ銭ごまかすを叱りやる。夜、リード氏を訪、珍画かり来る。
八月二十五日　水
午後、博物館にリード氏に面す。夜、帰途斎藤氏を訪、田島、鎌田、次に世子来る。共にカブにてリード氏を訪、世子パールシアの画及リード氏写真を受。予ドド一、二つうたい十一時迄二時間話しかえる。
八月二十六日　木　陰
午下、トテンハムコート・ロードに餐し、汽車にてベイスオーターに之。(汽車間違えロヤルオークに至る。)風呂に入、博物館に之く。夕、雨。歩してスローン・ストリートに至り、バスにのりかえる。
八月二十七日　金
午下、館に之、リード氏に一寸あう、話さず。夕、館しまいナイツブリジにてプリニー『博物史』羅甸《ラテン》文五冊、二志にてかう。それよりアールスコート辺を歩し帰る。

八月二十八日　土
博物館仕舞、夜、斎藤氏を訪、不在。
八月二十九日　日　雨
夜、斎藤氏を訪、田島もあり、直ちに去る。進藤、世子、及鎌田氏集り飯う。余ドド一等やり、鎌田氏とつれかえる。在米松野氏にあう。
九月一日　水
夜、斎藤氏を訪。氏夕食後、斎藤、進藤二氏と共に鎌田氏を訪、田島及鎌田女とつれ芝居より帰る。此夜リード氏に帰すべき珍画忘れ、大に不安心睡らず。
九月二日　木
午後、キウに之、ダイヤル氏を訪、不在。箱一つのこしかえる。雨をおかしスローン街に之、豚肉くい、それよりリード氏を訪、所借の珍画返しかえる。
九月三日　金
午後、斎藤氏を訪、鎌田氏来る。暫時にして去る。予斎藤氏方にて飯い、共に鎌田氏方に至れば、徳川世子もあり、共に汽車にてキウに之。（ステーションにて凡そ一時間まつ。）ダイアル氏に面す。一寸案内され、氏に別れ、四人汽車にてアールスコールト停車場に至り、予は分れ、トテンハムコート・ロードに至り飯いかえる。
九月四日　土

午後、荒川氏を訪、ダイアル氏より新嘉坡《シンガポール》植物園長へ前田氏の紹介状なげこみ。夕、加藤本四郎氏を訪、不在。

九月五日　日

終日在寓。

九月六日　月

弟より八十円着。

加藤本四郎氏状一到る。

九月七日　火

夕、博物館にてバグタニ氏に遇う。二週間休まんと。

九月八日　水　雨

九月九日　木　陰

夕七時前、博物館しまい、加藤本四郎氏を訪、不在。

九月十日　金

夜、リード氏を訪、『美術世界』を贈る。（前日おくりし外に十七冊也。）

山本新治郎（一昨夜スコトランドより帰りし由）及荒川巳次氏より状各一来る。

九月十一日　土

夕、加藤本四郎氏を訪、不在。

九月十二日　日
午下、山本新治郎氏来訪、飯ふれまい、出で斎藤を訪、不在。一昨々日シスルトン・ダイヤルより回送の種子五十二種を留め、それよりマリアー方にて食し、山本氏は先き往く。予は大便して同氏方に往、十時半迄話しかえる。氏は明朝出発、大陸に往、帰国。（此日、池田綦治、午前九時死亡、先年ミチガン農学に同学の人也。九月二十三日の『時事新報』に出。）
九月十四日　火　晴
午後、博物館にてダグラス氏にあう。一ヵ月間スコットランドに在し由。食時に日本人吉永兼吉という人の一行五人にあう。
九月十五日　水　晴、微雨
夕、博物館しまい、スローン街よりアールスコートを歩してかえる。
夜半、常楠への状認む。
此日 J. Moura の『柬埔寨国《カンボジア》』第二巻より、拇印千八百五十二年に柬埔寨に公行されしこと見出す。
九月十七日　金　雨
常楠へ書留状一出す。
夕、博物館仕舞い、加藤元四郎氏を訪（九時過也）。話して十時に至り、共に出ハンプ

テットヒース停車場側の酒店に飲む。十一時半に至り、分れ帰る。道に車なし。歩して
ハイドパーク辺に至り、カブにのり帰る。雨にて閉口す。
ナチュラルヒストリー館よりシャープ氏動物園切符五枚送らる。

九月十八日　土
中島氏へ状出す。

九月十九日　日
終日中島氏をまつ。不到。

九月二十日　月　快
中島氏状至る。（中島滋太郎、甲州人、羽山蓄次郎氏友人。Mr. S. Nakajima, 42 Stanley Garden, Haverstock Hill, N. W.）
夜、レストラントへミュラル『梵字文典』忘れ、又覚り、とりに行く。

九月二十一日　火
夕、バグタニー氏と同く料理店に食う。次の日曜日、共に動物園に之んことをすすむ。
氏返事不分。

九月二十四日　金
午後、博物館にてダグラス氏に面す。

九月二十五日　土　朝快晴、夜雨《あめふ》る

博物館にてダグラス氏に面し、シュレゲルの事話す。

加藤章造氏ハガキ一来る。前週帰りしと也。鎌田氏より一書来る。明後日世子方へ来れと也。二氏へ返状出す。

九月二十六日　日　晴
加藤氏話に、昨夜ホテル・メトロポールにて徳川氏二十人斗りよばれし由。

朝十一時過、加藤本四郎、中島滋太郎二氏来訪。二時過迄話し、バスにてマリア方に至り飯い飲み、カブにてマーガレット街に之、バグタニ氏を訪、不在。（三時迄俟おりし由。四時過なりし。）又カブにて動物園に往（札はドクトル・シャープくれし）、虫室の外悉く見也、それより中島氏宅に往、飲み又飯う（家主及二婦人と）。十時過帰る。

中島氏プリムローズヒル迄送らる。予、道間違えトテンハムコート・ロードに至り、バスにのり帰る。

九月二十七日　月
博物館にてダグラス氏を訪、氏、今日鎌田氏をベーシー・ホテルに訪う筈の由。

九月二十八日　火　霧
夜、ハイドパークに之、演説きく。

加藤章造氏状到る。

九月二十九日　水　陰、夜八時頃大雷雨

此日徳川氏出立の筈也。

十月一日　金

午後、博物館へ予を高橋某◆34という人尋来る。飯ふれまい帰す。（此人は新嘉坡より来り飯田氏方に居る由。）夕、加藤章造氏を訪、魚油あげにて飯い酒のみ話してかえる。

十月二日　土

夕、加藤章造氏を訪、牛肉にて飯酒。十一時前分れ帰る。

十月三日　日　快晴

午下、田島担氏来訪、話して二時に至り去る。予はカブにのりマーガルト・ストリート一番地に行、バグタニ氏室にて飯い、共に動物園迄歩し之を観る。園内にて林権介氏にあう。

六時過に至り北入口にて分れ、予は歩して中島氏方に之。輪船会社の吉井氏（伯耆人）もあり、共に加藤元四郎氏方に之、飲酒。余得意の「竜動《ロンドン》水滸伝」を演ず。それより酒店に之、又飲酒。十時過分れ、トラム及バスにて帰り来る。

十月四日　月　陰

博物館にてダグラス氏紹介によりインペリアル・インスチチュート長に面す。

十月五日　火　晴

加藤章造氏へ状一出す。

十月六日　水　陰

朝、細井、高橋と共に来る。予あわず。

夜、ハイドパークにて演舌きく。

加藤章造氏ハガキ一来る。加藤氏へ状一出す。

十月七日　木

国元より新聞二郵着す。

十月八日　金　夕雨

十月九日　土　快

午後、ダグラス氏に面す。『日本書目録』成しに付、予に序を読聞せらる。予より馬琴[37]及林鵞峯の名号を教えはなし、乃ち序に書入る。又序にはアストン[35]、サトウ[36]、楢原陳政、又予の四人に礼をのべらるる由稿を示さる。

十月十日　日

午下、バグダニ氏を訪、飯及酒ふれまわる。それよりカブにのりナチュラルヒストリー館に行、鳥、鯨、虫、魚の部を見る。化石部に至り半見ずに時来り、出でハイドパーク辺に至り分れ、田島を訪、不在。マリア方に食しかえる。

十月十一日　月

『ネーチュル』へ投書、蠍螯にホテントット人耐る事也。加藤元四郎氏へ状一出す。
十月十二日　火
夜、ハイドパークにて演舌きく。
十月十三日　水
朝、宿のカカとランプの事に付議論。
夜、坊主レベランド・ウェストンより状来る。天主教の徒放逐の事とわるる也。
十月十四日　木
加藤本四郎氏状一来る。十七日招しをことわる状也。吉居氏へ状一出す。
十月十六日　土　晴
ダグラス氏に『紀州名所図会』旧校堂（今は常楠宅）の図示す。
夕、ハイドパークにて演舌きく。
加藤章造氏ハガキ一着す。吉居氏より状一来着す。
十月十七日　日
午下、バグタニ氏を訪う筈の処、昼飯遅く不果、加藤章造氏を訪、八十太郎氏もあり。ウドン作り食う。章造氏カカすねて面白からず、十時に至りかえり去る。
十月二十二日　金
国元より状一来る。

十月二十三日　土
　公使館より天長節宴招状受く。
十月二十四日　日　晴
午後、バグタニ氏を訪、共にナチュラルヒストリー館を見る。それよりハイド公園迄歩し別れ帰り、マリア方にて飯、又パークに行、演舌きく。それより演舌家一人とつれマーブルアーチ迄歩し、分れホランド・アベニューより歩してかえる。足甚《はなはだ》痛む。
十月二十五日　月　晴
午下、入湯、それより博物館に之く。
（此頃より博物館の少年フレッチャール見えず。）
十月二十七日　水　陰
朝、高橋氏来る。細井より依頼の仏像見てもらいに来る也。予ことわる。暫時話し、共に出、予は博物館に之く。
十月二十八日　木　陰
十月二十九日　金　快
十月三十日　土　快
　細井及加藤章造へ状各一出す。
夜、ハイドパークに之、演舌家と小話す。

十月三十一日　日
加藤氏を訪、諫山、高橋二氏来る。飯食の後、諫山、次に高橋去り、次に予出る。
十一月一日　月
朝、田島氏来訪。午下分れ、予は館に之く。
十一月二日　火
午下、博物館へ田島氏来訪、共に読書室を見、それよりて出てエジワヤー街に飯い飲み、伊藤氏を訪。オルダー母子来る。去後、田島又去る。予ややはなし帰る。
十一月三日　水
加藤元四郎氏状来る。日本学会への紹介状也。
朝、高橋氏来る。
午後、加藤氏を訪、叔甥に馬車上往ちがい、予其宅に至りまつ内二人かえる。共に出、博物館に之、アルドリジ案内にて読書室及「マグナカルタ」を見る。それより其宅に往、飯い、リードを訪、春画一枚おくり、プライスへの紹介状もらい加藤に渡しかえる。
十一月五日　金
加藤氏に状出し、田之助に預し書物引戻しのことを頼む。
十一月六日　土
平田譲衛氏、博物館に来訪。共に近街に飲む。明日曜来んかと問いしに、鈴木鳥左也と先約ありとのこと。
十一月八日　月
午後、博物館書籍室に入りさま毛唐人一人ぶちのめす。[38] これは積年予に軽侮を加しやつ也。それより大騒ぎとなり、予タムソン[39]を罵し後、正金銀行へ之、中井氏に十磅かる。領事館へ之、加藤及山下に面し、それより加藤章造を訪、道具二品もちリード氏を訪、不在、妻君に面し帰る。
十一月九日　火
夜、リード氏を訪、不在、妻に面し、ホイスキーのみ加藤氏を訪う。大酔乱言して帰る。
十一月十日　水
田島氏ハガキ一着、安着の由申来る也。（ノルフォークに之し也。）
夜、リード氏を訪、不在。
十一月十一日　木
一スープ払済。
夕、バサー氏を訪、浮世絵一枚、同人妻に与えかえる。妻には不面。伊藤祐侃[40]を訪、酒のみ七時過出、カブにてリード氏を訪。
十一月十二日　金
一スープ。

博物館に之、浮世絵二枚バサーに托し其妻におくる。それよりスミス氏（柔軟動物学者）及他一人（猬状動物学者）にあう。

浴湯後、ダグラスを博物館にておくり、刀一本其子に与えるを托し帰る。館内にて安岡雄吉氏にあう。

十一月十三日　土

一スープ。

夜、荒川領事を訪、小松謙二郎氏あり、話して十一時に至り、分れ帰る。酒二本のまさる。

十一月十五日　月

バグタニ氏宅に之、フレンチ文典一冊下女に渡し帰る。

夜、荒川氏及ガウランドを訪、不在。

十一月十六日　火

朝、高橋金二氏来る。共にマリアー方に飲、同車して動物園に之見る。それよりベーカー・ストリートよりレゼントサークスに歩し、大便の上、トテンハムコート街に之、飲食し、バスにてオクスフォールド街に到り別れ帰る。

十一月十七日　水

朝、高橋氏来る。氏の為に状一つ認め、氏をつれエドイン・アーノルド方門に至り、氏は入り、予はナチュラルヒストリー館にてまつ。一時余して氏来る。共に飲食し、宅につれ帰り談話し、氏は去る。
十一月十九日　金
夕、加藤氏を訪。
ジッキンス氏状一受。
パテント附ランプ一から。
十一月二十日　土　陰
午後、竜動《ロンドン》大学にジッキンスを訪、氏の訳『竹取物語』一冊被送。
加藤章造氏を訪、一寸話して帰る。近街を遊歩す。
十一月二十一日　日　陰
終日在寓。
十一月二十二日　月　陰
午後、平田譲衛氏をフィンスベリーパーク・ロードに訪う、不在。暫時歩してかえれば氏も帰り来る。十時迄話し酒のみかえる。
十一月二十三日　火　陰
朝、高橋謹市氏来る。昨日エドウィン夫人宅かいくれし由話さる。予と共にマリア方に飲食、予ウェーターを叱り付、一同大あきれ。ハイドパークに喫烟の上ロンドン大学に往、高橋のことをジキンスにたのむ。ジキンス大あきれ。汽車にてブロンスベリに行、郷田栄三郎夫婦を三井倶楽部にとい、高橋世話になりし礼いう。高橋をおくり、其宅かどに之、分れかえる。

十一月二十四日　水

午下、高橋と共にナチュラルヒストリー館を見る。それより共に安飯屋に飯くい、氏はエドウィン方に行、夜来る。共に加藤氏を訪、昨日とか美津田◆41氏方にありし小児十才のもの（菊松）を国へおくるとてアントワルプに之《ゆか》んとのこと。因て三人つれ出、忽ち分れ帰る。

十一月二十五日　木

此日、高橋ひとりジキンスを訪。

終日酒のみ、絶食してふす。夜スローン・ストリートに出、安めし食う。

十一月二十六日　金

朝、高橋来り、予為に状かき与う。それもちてジキンス方に行く。ジキンス他の一人と金一枚やろうというを辞し、予方に来る。予はブロンプトン墓場を見、加藤氏を訪。未だアントワルプより帰らず。

夜ジキンス状来る。

高橋とつれ出、其宅迄おくりかえる。高橋大酔、シャッポ馬糞中に落す。

十一月二十七日　土

ダグラス氏状来る。

朝、高橋、ジキンスにエドウィン◆[42]の状及び藤田領事のサーチフェケート示しに之、それより予方に来る。顔色甚悪し。暫時やすみ、共にハイストリートに飯い、それより髪つみエドウィン方に之、予、暫時かどにてまつが出来らず、因てかえり来る。

夜に入、高橋来る。共に出、歩して其宅辺に至り分れかえる。

十一月二十八日　日

此朝、加藤氏アントワルプより帰る。

夜、高橋つれ出、ハイストリートに飯い、高橋カレー大食、料理屋のカカあきれる。ともにアールスコート迄歩す。夜晩く迄『武鑑』に洋字をかき入れす。これはエドウィン・アーノルドの所持の書也。

十一月二十九日　月　晴

午後、ハイストリートに食し、博物館に之、ダグラスを訪、印籠一つ贈る。同氏より予タムソンに以後博物館構内にて喧譟せぬ盟書起草され、予もちかえり写して郵送す。それより高橋氏来りつれ出、分れ加藤章造氏を訪、印籠一かい、荒川氏宅入口にて中井氏と立談し、スローン街にて豕めしくう。

十一月三十日　火　晴

朝、田島氏より状一着、片岡政行捕縛の『時事新報』おくらる。直に略を訳してリード氏に送致す。田島氏へ状一出す。

午後三時出、安めしくう。帰途バサー氏を博物館外にまつ、おそくして不遇。夕、高橋氏来る。暫時にして去る（進藤方へゆくとて）。十時半出てスローン街に安飯くう。

十二月一日　水

高橋と共にナチュラルヒストリー館に之き、バサー氏に面し、印籠一つおくる（潮見小平正誠作。加藤章より一磅半にかいしもの、根付おじめ付）。バサー氏に托し、アウステン氏に画一袋十二枚おくる。バサー署名の上、願書二通バサーさし出しくれる。それより別れ、高橋と共にボークスホール橋より中井氏を訪、夜に入帰来る。飯い十時前帰り来る。

十二月二日　木

リード氏状一来る。片岡のこと驚入し旨申来る也。

午後、安飯くいに行、帰る途上高橋氏にあい、烟草かいにやる。氏来り、それより共に出、アールスコートにて飯い、加藤を訪、飯たき居たるをかくす。高橋氏宅辺おくり帰る。

アウステン氏より画おくりし礼状来る。

十二月三日　金

南ケンシントン、ナチュラルヒストリー館より植物及動物学部への許可状来る。ナチュラルヒストリー館に之、アウステン氏に面す。バクレー氏著『ブンブン編』の抜書を頼み帰る。

十二月四日　土

朝、アウステン氏の抜書来着。

夜、高橋氏と共にリード氏を訪う。南ケンシングトン迄歩し、それよりバスにて雨を冒し安めしくいに行く。南ケンシングトンにて分れ、それより高橋は頭剃り一志とられる。

十二月五日　日　陰

朝早く高橋氏来る。やどの主婦、高橋毎度来るを怒り、予口争の上、去年やりし盆一枚焼く。

午後、高橋、荒川氏方より平田氏に予の状渡しに行。(平田氏より返状、同人に附し来る。) 予は加藤氏方に往、それより中井氏を訪、奥村、岸、巽、菊地、長岡諸氏あり、酒のみ、予はウェストミンストル橋をへて帰る。高橋宿に之、開けず。因て歩して加藤方に至る。燈火なし。因て中井氏に貰いし栗くい乍ら帰宅してねる。一磅、中井氏より借。

十二月六日　月

昼迄臥し、出てアールスコートに一飯し、加藤氏を訪。此日初て浅野長道◆[44]の墓みる。

夕、リード氏を訪う。
此夜より34 Bowerdean Street, Fulham にとまる。
十二月七日　火
朝、ナチュラルヒストリー館に之、バサー紹介にてムレー[45]、ジェップ[46]二氏に面し、植物学部札を得、アウステンに面し、バトラー（病間）のオフィスにて動物学部札を得。外出する所へ高橋来る。（氏はジキンスを訪、多忙にて明日来れといわる。）共に飯くい、それより博物館に之、ダグラスを訪、リードを訪、不在。それより出てバスにて進藤の店に之、高橋は入り、予は久くまつ。やがて出来り、バスにのり、スローン街に至り下車。道に田之介にあう。昨夜、高田商会によばれし由。それより高橋と共に加藤氏を訪、それより帰る。
十二月八日　水
朝、加藤氏を訪、金一磅半かり、前の宅に之き諸払いすます。
火を焚き書を見、暫く眠る。中井氏よりの借金封入書留状一（九磅不足入り）をとり、夜に入り立出、食後カブにて加藤氏をとい金はらう（十三志は未済）。
バサー氏より平田氏の状廻送さる。十志ビヤー二ダース代として送らる。
十二月九日　木　快晴
朝五時、亭主いなかへ出立、土曜に帰る筈。

高橋とつれ出、予は加藤氏を訪、八十太郎氏と同車して南ケンシントンにて分れ、予はランス店にてトランク二つかい、ナチュラルヒストリー館を見、歩して帰り加藤氏に立より、十三志かえす（これにて皆済）。それより帰り臥す。家主婦、余午後不在の処、予についで帰り来る。

正金銀行より状一来る。去る七日送金を告る也。

予はねてしまう。高橋はエド方よりコンコベリー平田氏方に行き、五時間もまつに、九時半になるも平田氏帰らず、遂に帰る。

家主婦、予既に帰れるを知ず、しばらく高橋と話す。其内、予、高橋をよび、共に其室に臥す。

此日、加藤氏より田島氏状一受く。

十二月十日　金
中井氏へ状一出し、借金十磅の証文おくる。本月十八日迄の期限也。

十二月十二日　日　雨
雨を冒してリード氏を訪、それより中井氏を訪う。金子延期の事たのみ、酒三本のみ、夕かえる。

十二月十三日　月　微雨
夕、高橋と共に出、ハイストリートに食し、それより荷車やとう。明日転宿の為、二人雪隠に往、高橋嘔吐す。それよりホランドガルズンスに至り、ジョシーを訪、不面会、つれて帰る。

十二月十四日　火　快

博物館より予にチケット帰す状来る。

朝、高橋ジョシー方に之、不面会。エドウィンを訪、紹介状返し、予の旧寓に来る。予は先に在り、不在中に高橋来りまちおる。一時に至り車及人足二人来り荷物つみうつる。

夜、高橋つれハイドパークよりノチングヒルを歩し、ハイストリートにて食す。已に十二時也。それより歩して帰る。微雨。

十二月十八日　土

郷田栄三郎氏より此品入り状来る。此品、なんのことやら分らず。

十二月十九日　日　陰

午下迄、高橋予の『風俗画報』揃えくれ、それよりエドウィン・アーノルド方へ往。予は町に出、安飯くい帰る。已に夕なり。夕に及び、主人妹、高橋状もち来る。次に高橋帰り、エドウィン明朝限り高橋の仕払い止る由、いわれしという。予出てリード氏を訪、『万宝全書』一部おくる。高橋室に同宿。

十二月二十日　月

夜、高橋と共に安飯くう。

高橋、今夜予と同宿。

十二月二十一日　火

朝十一時頃迄酒のみ、栄三郎氏よりとて酒三ダースの使来る。之をことわる。高橋は田島、吉井及下条氏へ、予の状もち往、又銀行に之、中井氏よりジョシーの処きき知り、ジョシーを訪う。

十二月二十二日　水

高橋、朝早く出、大倉氏を訪、不在、栄三郎と向山という人をとい、ジョシーに面し、金十志貰い帰る。加藤八十太郎を訪、宿を求んことを乞えども不聴、止を得ずハンマースミスの安宿に止る。

予は竜動《ロンドン》大学にてジキンスに面し、銀行に之、中井氏に面し帰り（夜、加藤氏を訪）、十一時迄主人夫婦と高橋をまつ、不帰。

十二月二十三日　木

（朝、羽山蕃とやる夢を初て見る。）

朝、高橋来り、予ジョシーへの手紙かきやる。予は午後出、ジキンスを竜動大学にとい、十二磅正金銀行へ氏より払わるることを約し、予は三磅受。帰り一寸ダグラス氏を訪。一人ハイストリートに夕食し、家に帰る。高橋氏来る。共に出、其宿に止る。

十二月二十四日　金

朝十時頃、高橋と共に帰り、書物つむこと助らる。カレーを食い、高橋去て、加藤氏を訪、又大倉を訪、不在。予は博物館に之、ダグラスに面し、又チケット取戻し、八時迄読書。帰途、高橋方に宿す。

十二月二十五日　土　陰

朝、大霧。高橋外出、用を立せずに帰る。

十一時高橋と共に宅に帰り昼飯くい、三時半頃高橋は加藤方に之、三十分斗りまち家に帰る。

余は七時半頃高橋方に之、カンヅメの鮭にて酒のみ止り宿す。（高橋家主婦子供と賽をふり、又ほうびきのこと。）

本日霜解《とけ》ず。

十二月二十六日　日　陰

午下、高橋方を出、宅にかえる。主人夫婦、今朝二時半隣家の宴より帰りし由。

高橋と家にて飯ぅ。

十二月二十七日　月

午後、加藤氏を訪、八十太郎氏もあり。

カブにて竜動大学に行、閉たり。因てブリチシュ館に之、ダグラスに面す。ダグラスより予に書籍室入口にて復館の喜びをのべらる。

夜、高橋方に宿す。

十二月二十八日　火

午後、ジッキンス氏を訪、一磅かる。ダグラスに面し、諸所へ状出し、遼東のこと問う。

夜、高橋方に宿す。

十二月二十九日　水

博物館にて中井氏より状及新聞きりぬき受く。

加藤公使、荒川領事及伊東祐侃氏へ、昨日状出し、日魯のことどう。

夜、高橋氏方に宿す。

十二月三十日　木

ある丈の金にて中井氏に可送。

『名家手蹟帖』かう。

山座氏状来る。

夜、高橋方に宿す。

十二月三十一日　金

朝、高橋方よりかえり、『ネーチュール』とり、博物館に之《ゆく》道上、車中（?）にて之を失う。

高橋も此朝予と共に来り、卵を注文するに、予には二、氏には一をやり、因て高橋は不食。

国元より状一、『植物学雑誌』等来りあり。加藤八十太郎氏に二志かる。荒川氏状来る。館にて前日喧嘩に予を助けくれし老人よりあいさつあり。高橋は今日エドウィン方に之、相手にせずとのこと。

夜、高橋方に宿す。

（平凡社版『南方熊楠全集』別巻二71～109頁）

《語注》

◆1　**加藤氏**――加藤章造（かとうしょうぞう）。ロンドンで日本の美術・骨董品などの輸入販売の店を開いていた。店は熊楠たちの梁山泊だったようである。ロンドン時代の熊楠の手記に「武州忍藩の家老職の子」とある。

◆2　**ダグラス**（Robert Kennaway Douglas　一八三八―一九一三）――イギリスの東洋学者。一八六五年大英博物館に入り、九二年から東洋書籍部長。その整理・調査のため熊楠に仕事を依頼することがあった。

◆3　**細井田之助**（ほそいたのすけ）――単に田之助と記することも多い。美術・骨董品商。明治十八年（一八八五）オランダ人タンナケルが約百人の日本人をひきいて、Japanese village（日本人村）と称する見世物を開いたが、その残留者と思われる。当時の記録には、職業は彫刻師、住所は横浜区尾上町二－二一栗田方寄留、出身は福井県福井大利上町三八とある。

◆4　**リード**（Charles Hercules Read　一八五七－一九二九）――イギリスの古美術・民俗学者。大英博物館の副部長・部長時代に熊楠と親交があった。

◆5　**加藤八十太郎**（かとうやそたろう）――加藤章造（前出、注1）の弟（甥ともいう）。

◆6　**オステン・サッケン**（C. R. Osten-Sacken　一八二八－一九〇六）――ロシアの昆虫学者。男爵。アメリカで公使館書記官や総領事をつとめたこともあるという。熊楠はそのビュゴニア伝説研究に材料を提供し、『ネイチャー』誌上にも、'Some Oriental Beliefs about Bees and Wasps', 'Notes on the Bugonia-Superstitions…' などを発表している。

◆7　**シュレゲル**（Gustav Schlegel　一八四〇－一九〇三）――オランダの東洋学者。ライデン大学教授。東洋研究雑誌『通報《ツンパオ》』を主宰。この時期、熊楠は落剌馬（ロスマ）をめぐって彼と文通し、論争しはじめる。

◆8　**ジッキンス**（Frederic Victor Dickins　一八三九－一九一五）――ロンドン大学事務総長。若いころ日本に滞在したため、日本文学の翻訳・紹介を手がけていた。熊楠との親交はロンドン時代だけでなく、帰国後も長く続いた。

◆9　**中井氏**――中井芳楠のこと。前出（本書77頁注3）。

◆10　**巽**――巽孝之丞（たつみたかのじょう　一八六四－一九三二）。紀州藩士吉川定之進の長男。神社合祀反対で熊楠に協力した衆議院議員中村啓次郎の実兄。巽家を相続、慶応義塾を卒業、横浜正金銀行につとめ、ロンドン支店に赴任。のち中井芳楠の後を襲って、支店長兼重役となる。

◆11　**田島担**（たじまたん　一八七二―一九三七）――慶応義塾および東京専門学校政治科卒、渡英して明治三十五年ケンブリッジ大学卒、帰国して浜口姓で衆議院議員となり、豊国銀行、猪苗代水力電気会社等の役員を歴任。

◆12　**孫文**（そんぶん　一八六六―一九二五）――孫逸仙。後年柳田国男宛書簡で、孫文に一生の所期を問われて、西洋人の駆逐を揚言して孫文を失色させたと述べている、最初の会談がこの日である。

◆13　**領事試補加藤氏**――加藤本四郎（かとうもとしろう　?―一九〇八）。元四郎とも書いているが本が正しい。大分県森の生まれ。羽山蕃次郎の共立学校時代の友人で明治二十八年東大法学部卒。ロンドンの外交官の中では熊楠と親しかった一人。のち奉天総領事在任中に病死。

◆14　**林権助**（はやしごんすけ　一八六〇―一九三九）――権介は誤記。明治二十六年から三十一年まで、一等領事のち一等書記官としてロンドンに在勤。三十二年韓国公使となり、日露戦争前後の対韓政策の実際を担当。のち各国公大使を歴任。枢密顧問官、男爵。

◆15　**中島という人**――中島滋太郎（なかじましげたろう）。山梨県出身。羽山蕃次郎と共立学校時代の友人。日本郵船会社ロンドン駐在員、のち重役になったという。

◆16　**津田三郎**（つださぶろう　一八五七―一九〇一）――紀州出身の海軍軍人（当時少佐）。和歌山学生会の特別会員で、富士艦乗組士官の中では熊楠の旧知だった。のち海軍大佐・ベルリン駐劄日本公使館付武官として在任中病死。

◆17　**徳川**――徳川頼倫（とくがわよりみち　一八七二―一九二五）。田安家徳川慶順の第五子。旧紀州藩主徳川茂承の養子となる。この日記でしばしば「世子」と書かれているのはそのためである。熊楠はその在英中の宿舎の斡旋をダグラスに頼んでいる。

◆18　**鎌田**――鎌田栄吉（かまたえいきち　一八五七―一九三四）。紀州藩士の家に生まれ、慶応義塾を卒業、母校の教鞭をとる。この時期徳川頼倫に同行して欧州漫遊中。帰国後慶応義塾塾長、勅選貴族院議員、文部大臣。

◆19 **Mulkern**――マルカーン（Rowland J. Mulkern）。アイルランド独立党員。孫文の友人。のち明治三十三年（一九〇〇）孫文や宮崎滔天らが計画した恵州蜂起の準備行動に、福本日南とともに参加した（中国名・摩根）。滔天の『三十三年之夢』にモルゴルンと記されている人物である。

◆20 **津田氏の副斎藤氏**――斎藤七五郎（さいとうしちごろう　一八六九―一九二六）少尉のこと。のち海軍中将、海軍軍令部次長。大正九年、少将のとき田辺に熊楠を訪ねている。

◆21 **フランクス**（Augustus Wollaston Franks　一八二六―一八九七）――一八六六年より大英博物館古美術部長、九六年引退、リードが職をついでいた。「履歴書」で英文を校訂してもらった上に御馳走になったと述べているのは、この人である。

◆22 **ガウランド**（William Gowland　一八四二―一九二二）――イギリスの製鋼技師。一九七二年来日、造幣寮（局）技師としてつとめ、また日本考古学とくに古墳調査にも業績がある。一九八八年帰国した。

◆23 **沼口（大尉）**――野間口兼雄（のまぐちかねお　一八六六―一九四三）のこと。沼口は聞き違いであろう。のち海軍大将、軍事参議官、横須賀鎮守府司令長官。明治四十三年に熊楠と文通あり。

◆24 **加藤寛治**（かとうひろはる　一八七〇―一九三九）――広治は誤記。当時は少尉だったが、のち海軍大将、連合艦隊司令長官、軍令部長。昭和四年の熊楠の進講に際し交際と文通が復活した。

◆25 **荒川領事**――荒川巳次（あらかわみのじ　一八五七―没年未詳）。鹿児島出身の外交官。すでに明治十九―二十二年に書記生としてロンドンに在任したが、再び二十九―三十五年にロンドン領事、総領事をつとめた。のちメキシコ、ペルーなどの大使を歴任した。

◆26　**加藤高明**（かとうたかあき　一八六〇―一九二六）――明治十四年東大法学部卒、三菱に入社し岩崎弥太郎の知遇を受け、のちその長女と結婚。二十年官界に転じ、二十八―三十二年駐英特命全権公使。のち外相（四回）、首相となる。

◆27　**バサー**（Francis Arthur Bather　一八六三―一九三四）――大英博物館（自然誌博物館）の動物学者、古生物学者。熊楠が博物館の本館を追放されたのち、自然誌博物館（ナチュラル・ヒストリー館）を利用し、「燕石考」などの執筆を続けられたのは、バサーの尽力による。

◆28　**斎藤少佐**――斎藤実（さいとうまこと　一八五八―一九三六）。富士艦では副長であった。のち海軍大将、海軍大臣、総理大臣、内大臣を歴任、子爵。二・二六事件で死去。

◆29　**尾崎行雄**（おざきゆきお　一八五九―一九五四）――号は咢堂。新聞記者をへて衆議院議員当選二十四回、文相、法相、東京市長を歴任、立憲政治の擁護につくした。

◆30　**岡本柳之助**（おかもとりゅうのすけ　一八五二―一九一二）――明治時代の軍人。旧和歌山藩士。陸軍大尉として西南戦争に功があった。明治十一年の竹橋騒動で官職を剝奪され、二十八年の朝鮮王妃殺害事件に連坐して一時投獄された。四十四年中国革命の報に接し上海に渡ったが、翌年客死した。

◆31　**富士艦士官一同**（ふじかんしかんいちどう）――今までロンドン時代以後も交遊の続いた人だけ注記したが、ここに写真の裏書によって士官一同の官位と名を列記する。海軍大佐三浦功、海軍少佐斎藤実、同坂本一、同津田三郎、同岩本耕作、海軍機関少監山本安次郎、海軍軍医少監木村壮介、海軍大尉但馬惟孝、同野間口兼雄、海軍大機関士富岡延治郎、同瀬戸菊次郎、同兼常猪三、海軍大軍医桑原荘吉、海軍大主計鳥山頼二、同山田昌寿、海軍少尉加藤寛治、同吉岡範策、同中島資朋、同斎藤七五郎、海軍少機関士吉松稜威麿、同宮川邦基、海軍上等兵曹堤市次、同深津亀吉、同黒屋勇三郎、

同柏田良明、海軍船匠師水谷鎗三郎、海軍上等機関兵曹山田純夫、同志摩亀吉、同玉井清崑、同楠久三郎、同高橋忞。

◆32 **前田正名**（まえだまさな　一八五〇―一九二一）――農政家。農商務省に長くつとめる（最後は次官）。東京農林学校長、貴族院議員、男爵。前田が大英博物館で殖産興国の資料見学を求めると、熊楠が早速淫画室へ案内したという逸話が残っている。

◆33 **ダイエル氏**――シスルトン・ダイヤー（William Thiselton-Dyer）のこと。当時キュー王立植物園の園長。

◆34 **高橋某**――高橋謹一（たかはしきんいち）。はじめのうちは金二、謹市などと記されている。大井憲太郎の子分と自称するが、経歴不詳。熊楠が解説を書いた浮世絵（枕絵）を高橋が売りさばいて糊口をしのいでいた。

◆35 **アストン**（William George Aston　一八四一―一九一一）――イギリスの外交官、日本学者。一八六四年、江戸イギリス公使館日本語通訳として来日、兵庫領事、朝鮮総領事、東京の公使館書記官を歴任、帰国後日本の言語文化の研究に没頭した。『日本書紀』の英訳、『神道』などの著書で知られる。

◆36 **サトウ**（Ernest Mason Satow　一八四三―一九二九）――イギリスの外交官、日本学者。一八六二年通訳として来日、パークス公使の片腕として活躍した。のち駐日・駐中国公使。薩道と号して日本文化の研究にも多くの業績を残した。

◆37 **楢原陳政**（ならはらのぶまさ　?―一九〇〇）――明治十五年中国に渡り、八年間漢学を学ぶ。二十三年公使館書記生として渡英、エジンバラ大学に学ぶ。のち二等書記官として北京に赴任、義和団の乱の北京籠城戦で傷死。

◆38　**毛唐人一人ぶちのめす**――大英博物館理事会議事録によると、犠牲者はG・セントーレジャー・ダニエルズという閲覧者である。この事件で熊楠は一時閲覧室利用を停止された。

◆39　**タムソン**――トンプソン（Edward Maunde Thompson　一八四〇―一九二九）のこと。当時館長であった（一八八八―一九〇九）。熊楠がタムソンをなぐったというのは全くの誤伝である。

◆40　**伊東祐侃**（いとうすけなお）――佐賀の人。鍋島侯の世嗣の付人としてロンドンに留学中。のち朝日新聞の記者。大正九年の寺石正路宛書簡では、「伊藤博文公世話にて朝鮮で新聞出しおりしが、今は一向聞こえず候」と述べている。

◆41　**美津田氏**――美津田滝治郎（みつだたきじろう）。明治二十六年ロンドンで知り合った曲芸師。後年「ペルー国に漂着せる日本人」の中で熊楠は「この人武州の産、四十余歳、壮快なる気質、足芸を業とし…」と記している。なお南方家に残されている美津田の写真の裏には「美津田瀧次良」と署名されており、本人はこの字を用いていたらしい。

◆42　**エドウィン**――アーノルド（Edwin Arnold　一八三二―一九〇四）。イギリスの詩人、ジャーナリスト（デイリー・テレグラフ主筆）。来日して日本婦人と結婚して帰国、日本人との交際が多かった。釈迦の生涯をテーマにした長篇叙事詩『アジアの光』がある。

◆43　**片岡政行**（かたおかまさゆき）――プリンスという、あだ名の美術・骨董商。英語が極めて達者で、大英博物館にも出入りし、熊楠をフランクスやリードに紹介した。ここに書かれている彼が連座した事件は未詳。

◆44　**浅野長道**（あさのながみち　?―一八八六）――旧安芸広島藩主侯爵浅野長勲の嫡男。明治十七年渡欧、十九年十二月二十四日ロンドンにて客死。

◆45　**ムレー**（George Robert Milne Murray　一八五八―一九一一）――イギリスの隠花植物学者。

大英博物館（自然誌博物館）の植物学部長。熊楠に日本の隠花植物の研究をすすめた人である。その *A Handbook of Cryptogamic Botany*（隠花植物便覧）は、熊楠にとって良き教科書だったようだ。

◆46　ジェップ（Antony Gepp　一八六二—一九五五）——イギリスの植物学者。

第四部　紀州隠棲——履歴書より

履歴書

大正十四年一月三十一日早朝五時前

矢吹義夫[◆1]様　御侍史

南方熊楠

再拝

拝復。二十八日付御状三十日朝拝受、近来何故か郵便毎々延着仕り候。先日差し上げし拙[◆2]考案、会社において御採用相成り候由、寸志相届き、まことにありがたく存じ奉り候。

尊書には第二の考案すなわち三輪の三神と有之《これあり》候えども、それは匆卒の際の御記臆違いにて、これは宗像《むなかた》の三神に御座候（すなわち安芸の宮島の三神と同体に御座候）。念のためくわしく申し上ぐると、この三神の名は、

『日本紀』の本文に、㈠田心姫《たごりひめ》、㈡湍津姫《たきつ》、㈢市杵島姫《いちきしま》（宮島を厳島《いつくしま》というはこの第三の女神の名に基づくか。）

『日本紀』の一書には、㈠瀛津島姫《おきつしま》、㈡湍津姫、㈢田心姫

また一書には、㈠市杵島姫命《のみこと》、㈡田心姫命、㈢湍津姫命

また一書には、㈠瀛津島姫命、またの名市杵島姫命、㈡湍津姫命、㈢田霧姫命《たきり》

とあって、姉妹三神の順序一定せず。ただし三神の名はかわりなし。

『古事記』には、㈠多紀理毘売命《たきりひめのみこと》、またの御名奥津島比売命《おきつしまひめ》、㈡市寸島比売命《いちきしま》、またの御名狭依毘売命《さより》、㈢多岐都比売命《たきつ》、とあり。

錯列法でいろいろと三神の順序をおきかえたごとく、種々さまざまにちがいおり候。その上二神名を同一とするあるなど、定まった伝が早く失せ混じたと判り申し候が、とにかく宗像の女工の神はこの三神に御座候。大三輪の神は前状〔平凡社版全集第八巻所収〕に申し上げ候通り、男神大己貴命と女神玉櫛姫命の二神に御座候。これは御採用なかりしと承れば今説くを要せず。

前日小畔《こあぜ》〔四郎〕◆[3]氏より来状あり、貴下小生の履歴を知らんことを求められ候由、これを世に公けにして同情者に訴えらるる由承り候。しかるに、かようのことはすでにたびたび友人ども（杉村楚人冠◆[4]、河東碧梧桐◆[5]、故福本日南◆[6]、田中天鐘道人等）がなし下されたることにて、それぞれその人々の文集に出でおり候が、さしたる効果も無之《これなく》、ただこの人々の

名文で書きたる小生の伝記ごときものを読んで畸人など申し伝えられ候のみに止まり、まずは浮《うか》れ節《ぶし》同様の聞き流しに有之《これあり》候。大庭柯古が六年ばかり前、『日本及日本人』に書きたるものには、宮武外骨と故小川定明と小生を大正の三奇才兼三畸人と有之しと覚え候。また二年ばかり前、田中天鐘（逸平、この人は故塩谷宕陰の孫の由）が、『日本及日本人』に小生訪問の記を出だされ候。それには老子を訪ねた想いを懐く由を記され申し候。これらはいずれも小生を通り一遍に観察せし人々の出たらめにて、小生は決して左様不思議な人間に無之候。左に小生の履歴を申し上げ候。

小生は慶応三年四月十五日和歌山市に生まれ候。父は日高郡に今も三十家ばかりしかなき、きわめて寒村の庄屋の二男なり。◆7十三歳の時こんな村の庄屋になったところが詮方《せんかた》なしと思い立ち、御坊町◆8と申すところの豪家へ丁稚《でっち》奉公に出る。沢庵漬を出し来たれと命ぜられしに、力足らず、夜中ふんどしを解き梁《はり》に掛けて重しの石を上下し、沢庵漬を出し置きし由。その後、和歌山市に出で、清水◆9という家に久しく番頭をつとめ（今の神田鐳蔵氏妻君の祖父に仕えしなり）、主人死してのちその幼子を守り立て、◆10成人ののち致仕して南《みな》方《かた》という家へ入聟《いりむこ》となり候。この南方は雑賀《さいが》屋と申し、今も雑賀屋町と申し、近ごろまで和歌山監獄署ありしその辺がむかし雑賀屋の宅なりしなり。

鴻ノ池の主人、雑賀屋へ金の屏風を十二枚とか借りに来たりしに、雑賀屋主人二枚しか蔵せずとことわりし。鴻ノ池主人怒りて、雑賀屋は予に辱《はじ》かかせんとて佯《いつわ》りをいい、あるものをかくしてなしという、という。使い帰りて告げしに、雑賀屋主人、鴻ノ池主人のいわゆる金屏風とはどんなものか、予の方にある金屏風はこれなり、とて見せしは、鈍金の板にて屏風を作りしなり。鴻ノ池より来たりし使い、これを見て大いに驚き、わが家主人の求むるところは金箔金泥で装うたる屏風なりというを聞いて、そんなものならいくらもあり、幾十枚でも持ち去れとて貸し与えしという。

その雑賀屋の末《すえ》衰えて老母と娘一人のこり（男子ありしも蚤世《そうせい》す、この男子は士族に伍して藩学に学びしなり。小生は分からぬなりにこの男子の遺書を読んで学問を始めたり）、家朽ち屋根傾きて何ともならず。この娘に聟ありしが、それも死す。しかるに、小生の亡父弥右衛門の外にこの家の整理をなすものなしとて、後夫に望まる。そのころは農家の子がむやみに商人になること能わざりし制度ゆえ、亡父は商売を始め独立せんにはこの家に入聟にゆくより外に手段なかりしゆえ、入聟となり、家政を整理すとて何もかも売り払いしに、十三両ばかり手中にのこる。仏檀をも売らんとせしに、その妻手を合わせてなきしゆえこれのみ売らず。この仏檀に安置せる大日如来像は非常の名作にて、拙弟宅に今のこりし旧物とてはこれのみなり。さて、亡父家政の整理して商売にかかりしも、思わしく行かず。妻は前夫とのあいだに女子一人、亡父とのあいだに男子二人ばかりありしと聞くが、小生は知らず。かくて思わしからぬ営業中に妻もその母も死に、女子はいずれへか逐電《ちくでん》し、男子二人をのこされて亡父の迷惑一方ならず。そのころ亡父が毎度通る町に茶碗屋ありて、美わしき女時々その店に見える。この家の主人の妻の姪なり。その行いきわめて正しかりしゆえ、亡父請うて後妻とせり。これ小生の亡母なり。この亡母きわめて家政のうまき人にて、亡夫に嫁し来たりてより身代追い追いよくなり、明治十年、西南の役ごろ非常にもうけ、和歌山のみならず、関西にての富家となれり。もとは金物屋なりしが、明治十一年ごろより米屋をも兼ね、後には無営業にて、金貸しのみを事とせり。父の前妻子はいずれも小生生まれぬ前に死に失せ、後妻に子多かりしが、成長せしものは男子四人と女子一人なり。[11]

小生は次男にて幼少より学問を好み、書籍を求めて八、九歳のころより二十町、三十町も走りありき借覧し、ことごとく記憶し帰り、反古《ほご》紙に写し出し、くりかえし読みたり。『和漢三才図会』[12]百五巻を三年かかりて写す。『本草綱目』[13]、『諸国名所図会』、『大和本草』[14]等の書を十二歳のときまでに写し取れり。また、漢学の先生[15]について素読《そどく》を学ぶに『文選』[16]中の難読たる魚へんや木へんのむつかしき文字で充ちたる「江の賦」、「海の賦」を、一度師匠の読むを聞いて二度めよりは師匠よりも速やかに読む。明治十二年に和歌山中学校できてそれに入りしが、学校にての成績はよろしからず。これは生来事物を実地に観察することを好み、師匠のいうことなどは毎々間違い多きものと知りたるゆえ、一向傾聴せざりしゆえなり。明治十六年に中学を卒業せしが学校卒業の最後にて、それより東京に出で、明治十七年に大学予備門（第一高中）に入りしも授業などを心にとめず、ひたすら上野図書館に通い、思うままに和漢洋の書を読みたり。したがって欠席多くて学校の成績よろしからず。十九年に病気になり、◆17和歌山へ帰り、予備門を退校して、十九年の十二月にサンフランシスコへ渡りし。商業学校に入りしが、一向商業を好まず。二十年にミシガン州の州立農学に入りしが、耶蘇《やそ》教をきらいて耶蘇教義の雑《まじ》りたる倫理学等の諸学課の教場へ出でず、欠席すること多く、ただただ林野を歩んで、実物を採りまた観察し、学校の図書館にのみつめきって図書を写し抄す。

そのうち、日本学生がかの邦の学生と喧嘩することとあり。これはhaze《ヘイズ》とて、上級の学生が下級の学生を苦しむるを例とする悪風あり。小生と村田源三（山県、品川、野村三家より給費してこの学校にありし人、嘉納治五郎氏同門にて柔道の達人。嘉納氏も腕力は及ばざりしほど強力の人なり）、三島桂（中洲の長男。毎度父をこまらせ、新聞を賑わせし、はなはだ乱妨《らんぼう》な人。只今式部官たりと聞く）二人と話しおる日本語が聒《やかま》しいとて、学校の悪少年ら四、五輩室《へや》の戸を釘付けにし、外へ出るを得ざらしめたる上、ポンプのホースを戸の上の窓より通し、水を室内へ澆《そそ》ぎしなり。その時村田剛力にて戸を破り、三島はピストルを向けて敵を脅かせり。小生はさしたる働きもせざりしがこのこと大評判となり、校長の裁判にて学生三人ばかり一年間の停学を命ぜらる。しかるに、この裁判の訴文を小生が認《したた》めたるをもって、小生をほむるものと悪《にく》むものとあり。その歳も終えて寄宿生一同帰郷の前夜、小生をほむる者ども、小生ら三人と寄宿室に小宴す。その時、一人町にゆきて、ホイスキーを買い来たり、おびただしく小生に飲ます。その場はたしかなりしが、自分の室のある建築に帰るうち、雪を被《かぶ》りておびただしく酔いを発し、廊下に臥せり。校長ウィリッツ（後に農務大臣次官で終わられし。この時六十余歳の人）雪を冒して寄宿舎を見まわるうち、小生の廊下に偃臥《えんが》するを見、村田をよび来たり、灯をむけてこれを見せしめ、村田大いに弱り入りて、小生を校長とともに扶け負いて小生の室に入れたり。翌朝早く眼をさませしに、村田来たりて右の次第をいう。さて、日本学生一同議せしは、かかる珍事ありし上は早晩今度は日本学生が校長の裁判を受けざるべからず。しかるときは三人ことごとく飲酒の廉《かど》をもって放校されん、不承にはあるべけれど熊楠一人その罪を負いて速やかに脱走しては如何《いかん》とのこと。しかして当夜会飲せし米人学生らも何とぞ左様にしてほしいと望む。多人の放校さるるところを一人にて事済まば結構なりとて、小生は翌朝四時に起き、毛氈一枚もちて雪中を走りて（七マイルばかり）ある停車場に達し、それよりアナバーという処に至り駐《とど》まる。

此所には日本人学生二十人ばかりありし。後には三、四十人もありし（粕谷義三、岡崎邦輔、川田鷹、杉山三郊、その他知名の士多し）。ここにて小生は大学校に入らず、例のごとく自分で書籍を買い標本を集め、もっぱら図書館にゆき、広く曠野林中に遊びて自然を観察す（その時の採集品は今もあり）。飯島善太郎氏（埼玉県入不止《いりやまず》とかいう処の人、米国に十五年留学。ただし、小生同様学校に入らず実地練習し、山県侯の子分中山寛六郎氏に識られ、伴われ帰りて南品川に電気変圧機の工場を持てり。当地へ小生を尋ね来たり、旧を叙せしことあり、大正二年のこと）のみ、毎度小生と同行して植物を採れり。かくて二、三年おるうち、フロリダで地衣《こけ》類を集むるカルキンス大佐と文通上の知人となり、フロリダには当時米国学者の知らざる植物多きをたしかめたる上、明治二十三年〔二十四年の誤り〕フロリダにゆき、ジャクソンヴィル市で支那人の牛肉店に寄食し、昼は少しく商売を手伝い、夜は顕微鏡を使って生物を研究す。その支那人おとなしき人にて、小生の学事を妨げざらんため毎夜不在となり、外泊し暁に帰り来たる。二十四年にキュバに渡り、近傍諸地を観察す。◆18 所集の植物は今もあり。大正四年に、米国植物興産局主任スウィングル氏田辺に来たり一覧せり。この人も、ちょうどそのころフロリダにありしなり。小生の所集には、今も米人の手に入らぬもの多く、いまだに学界に知れざるものもあるなり。キュバにて小生発見せし地衣に、仏国のニイランデーがギアレクタ・クバナと命名せしものあり。これ東洋人が白人領地内において最初の植物発見なり。当時集めし虫類標本は欧州をもちまわり日本へもち帰りしが、家弟方にて注意足らぬゆえ一虫の外はことごとく虫に食われ粉となりおわる。捨て去らんと思いしが、田中長三郎あまりに止めるゆえ、今も粉になったまま保存しある。これら小生西半球にて集めたるもの、ことに菌類標本中には、日本人が白人領土内にて発見せるものとして誇示すべきもの多くのこりあり。しかるに一生不遇、貧乏にして、今に自分の名をもって発表し得ざるは古今の遺憾事なり。

明治二十五年に米国へ帰り、その年九月英国へ渡りし。その船中にあるうちに、父は和歌山にて死亡す。[19]英国に着いてロンドンの正金銀行支店に着せしとき支店長故中井芳楠氏[20]より書状を受けしが、それを聞き見ると父の訃音なりし。この亡父は無学の人なりしが、一生に家を起こせしのみならず、寡言篤行の人にて、そのころは世に罕《まれ》なりし賞辞を一代に三度まで地方庁より受けたるなり。死に臨みしとき、高野山に人を派して、土砂加持《どしゃかじ》を行ないしに、生存の望み絶えたりと僧どもが申す。また緒方惟準氏を大阪より迎えて見せしに、これまた絶望との見立てなりし。その時天理教はやり出せしときにて、誰も天理教徒に踊らせて平癒せり、某は天理王を拝してまた健やかなりなどいう。出入りの天理教を奉ずる者、試みに天理教師を招き祈り踊らせては如何と言いし。亡父苦笑して生る者必ず死するは天理なり、いかに命が惜しければとて、人の死せんとする枕頭に唄い踊るようのものを招きて命の延ぶる理あらんや、誰も免れぬは死の一事なりとて、一同に生別して終わられ候由。むかし雅典《アテネ》のペリクレスは文武兼備の偉人で、その一生涯を通じてアテネ文物の隆盛を致し、延《ひ》いて泰西《たいせい》開化の基礎を置いたと申す。しかるに、この人瀕死のさい埒《らち》もなき守り札ごときものを佩ぶるを見て、子細を問いしに、われはこんな物が病気に何のききめもなきを知悉《ちしつ》すれど、万に一つ人の唱うる通りのききめのあるものなれば、これを佩びて命を助からんと思いて佩ぶるなりと言いしとか。偉い人の割りにずいぶん悟りも悪かったと見え申し候。そんな人は命さえ助からば乞食のぼぼでも舐《ねぶ》るなるべし。それに比しては亡父は悟りのよかったことと思う。いわんや何の学問もせず、浄瑠璃《じょうるり》本《ぼん》すら読みしことなき人にしては、いまだ学《まね》びずといえども、われはこれを学びたりと謂《い》わんか。往年ロンドンにあって木村駿吉博士（この人は木村摂津守とて、わが国より初めて米国に使節たりしとき、福沢先生その従僕として随行せるその摂津守の三男で、無線電信をわが国に創設するとき大功ありしは誰も知るところなり）拙寓を訪れしとき、このことを語りしに大いに感心され申し候。この亡父は無学ながらも達眼あり（故吉川泰次郎男なども毎々その人となりを称せられし）。死ぬに先だつ三、四年、身代を半分して半分を長男弥兵衛◆21に自分の名とともに譲り、残る半分を五分しておのれその一分を持ちあり、四分を二男たる小生、三男常楠、四男楠次郎と小生の姉とに分かち、さて、兄弥兵衛は好色淫佚放恣《いんいつほうし》驕《きょう》縦《じゅう》なるものなれば、われ死して五年内に破産すべし、二男熊楠は学問好きなれば学問で世を過ごすべし、ただし金銭に無頓着なるものなれば一生富むこと能わじ、三男常楠は謹厚温柔な人物なればこれこそわが後を継ぐべきもの、またわが家を保続し得べきものなり、兄弥兵衛亡滅の後は兄熊楠も姉も末弟もこの常楠を本家として帰依《きえ》すべきなりとて、亡父自分の持ち分と常楠の持ち分を合同して酒造を創《はじ》められ候。◆22

その前に亡父が心やすく往来する島村という富家翁あり。代々鬢《びん》付け油商を業とせしが、洋風おいおい行なわるるを見て、鬢付け油に見切りをつけ、何が一番うまい商売だろうかと亡父に問われし。その時亡父只今（明治十七、八年）の様子を見るに、酒造ほど儲かるものあるべからずと告げし。すべて至って賢明ならぬ人も、よく賢き人の言を速やかに聞き入れ実行すれば得分の多きものにて。『藩翰譜』[23]に見えたる、山内一豊が関ヶ原役に堀尾忠氏の一言を聞いて忠氏よりも速やかに実行し、それがため徳川氏の歓心を得てたちまち一躍して土佐の大封を受け、今日までも子孫が大名華族として永続するごとき、その著しき例なり。件《くだん》の島村翁は亡父の言を聞いて躊躇せずに酒造に手を出せしゆえ、今もその後が和歌山で強勢の商家たり。これに後るること四、五年にして拙父は酒造を創めしなれど、いわゆる立ち後れにて、ややもすれば島村家の勢いに及ばざること多かりし。

秀吉大阪に城《きず》きしとき、家康に向かってこの城は誰が攻めても落ちまじと言いしに、家康洵《まこと》に左様という。そのとき秀吉その智に誇るのあまり、一度和睦を入れてその間に外壕《そとぼり》を埋めたらんには難なく落つべしと言いし。後年秀頼の世に及び、果たしてその通りの手で大阪城は落とされし。人にもの言うはよくよく心得のあるべきことと見え申し候。

さて小生、ロンドンにありしこと九年、最初の二年は亡父の訃《ふ》に摂して大いに力を落とし、また亡父の死後次弟常楠その家を継ぎしが、年ようやく二十三、四にて、兄より財産分けに対し種々の難題を持ちこまれ、いろいろ困りたることもありとて小生への送金も豊かならず。小生は日々、ケンシングトン公園にゆき牧羊夫の中に坐して読書し、また文章を自修せり。そのうち正金銀行支店より招かれ今の英皇新婚の式の行列を観しことあり。

その座にて足芸師美津田《みつた》[24]という人と知り合いになる。この人はかつて明治九年ごろすでにその後小生が歴遊せし諸国を演芸[25]して廻りしことありて、談《はなし》が合うのでその家へおとずれしに、この人の知る片岡プリンスという者来たり合わす。これは故土井通夫氏の甥なるが、何とも知れぬ英語の名人、むかし曽根荒助氏などと同じくパリに官費留学して、帰朝の途次シンガポールで、もとパリで心やすかりしジャネという娼婦に邂逅《かいこう》し、共に帰朝して放佚《いつ》に身を持ち崩し、東京にいたたまらず、またパリにゆき、窮居中ジャネは流行病で死に、それより種々難行してとうとうあるフラマン種の下宿屋老寡婦の夫となり、日本人相手に旅宿を営みおる、諏訪秀三郎という人あり。韓国王后を刎《くびは》ねたる岡本柳之助の実弟なり。この秀三郎氏の仏語を話すを障子一枚隔てて聞くに日本人と聞こえず、まるで仏人なり。

件《くだん》のプリンス片岡は英語における諏訪氏ともいうべきほど英語の上手なり。かつ『水滸伝』に浪子燕青は諸般の郷語に通ずとあるごとく、この片岡は cant, slang, dialects, billingsgate 種々雑多、刑徒の用語から女郎、スリ、詐偽漢の套言《とうげん》に至るまで、英語という英語通ぜざるところなく、胆略きわめて大きく種々の謀計を行なう。かつて諸貴紳の賛成を経て、ハノヴァー・スクワヤーに宏壮なる居宅を構え、大規模の東洋骨董店を開き、サルチング、フランクスなど当時有数の骨董好きの金満紳士を得意にもち、大いに気勢を揚げたが、何分本性よからぬ男で毎度尻がわるる。それに英人は一度親しみし者を容易に見離さぬところから、どこまでも気長く助けくれたるも、おいおい博賭また買婬等に手を出し、いかがわしき行い多かりしより、警察に拘引せられ、ついには監獄に投ぜらるることもしばしばにて、とうとう英国にもおり得ず、いずれへか逐電したが、どうなり果てたか分からず。斎藤実氏なども、ニューヨークにありし日、片岡にひどい目に逢いしと談《かた》られしことあり。当時小生は英国に着きて一、二の故旧を尋ねしも父が死し弟は若く、それに兄がいろいろと難題を弟に言いかくる最中にて国元より来る金も多からず。日々食乏しく、はなはだしきは絶食というありさまなりしゆえ、誰一人見かえりくれるものもなかりしに、この片岡が小生を見て変な男だが学問はおびただしくしておると気づく。それより小生を大英博物館長たりしサー・ウォラストン・フランクスに紹介しくれたり。

その時ちょうど、『ネーチュール』（御承知通り英国で第一の週刊科学雑誌）に、天文学上の問題を出せし者ありしが、誰も答うるものなかりしを小生一見して、下宿の老婆に字書一冊を借る。きわめて損じた本でAからQまであって、RよりZまで全く欠けたり。小生その字書を手にして答文を草し、◆26編輯人に送りしに、たちまち『ネーチュール』に掲載されて、『タイムス』以下諸新紙に批評出で大いに名を挙げ、川瀬真孝子（当時の在英国公使）より招待されたることあるもことわりし。これは小生見るかげもなき風《ふう》◆27してさまよいおるうちは日本人一人として相手にするものなかりしに、右の答文で名が多少出ると招待などはまことに眼の明らかならぬ者供と憤りしゆえなり。（小生はこの文出でし翌週に当時開き立てのインペルヤル・インスチチュートより夜宴に招かれたるなり。）この答文の校正ずりを手にして、乞食もあきるるような垢じみたるフロックコートでフランクスを訪しに（この人は『大英百科全書』一一板にその伝ありて、英国にかかる豪富にして好学の人ありしは幸いなり、と記しあり）、少しも小生の服装などを気にかける体《てい》なく、件《くだん》の印刷文を校正してくれたる上、

　字書に、sketch と outline を異詞同意《シノニム》とせり。小生もそのつもりで「星どもが definite sketch を画き成す」とか書きたるを見て、これは貴下が外国人ゆえかかる手近きことすら分からぬ。これは英人に生まれねば分かりがたきことなり。シノニムはただ多く似た詞というほどのことなり。決して全く同一の意味というにあらず。sketch は下の猫Aのごとく、outline は此図のごとし。definite なるは sketch にあらずして outline なり。sketch は indefinite にして definite ならず、と教えられたり。他人は知らず、小生などは、外国語を学ぶに字書のみあてにしてこのような誤ち今もはなはだ多し、と自覚しおる。

大いなる銀器に鵝《が》を全煮《まるに》にしたるを出して前に据え、みず

から庖丁してその肝をとり出し、小生を饗せられし。英国学士会員の耆宿《きしゅく》にして諸大学の大博士号をいやが上に持ちたるこの七十近き老人が、生処も知れず、たとい知れたところが、和歌山の小さき鍋屋の悴《せがれ》と生まれたものが、何たる資金も学校席位も持たぬ、まるで孤児院出の小僧ごとき当時二十六歳の小生を、かくまで好遇されたるは全く異数のことで、今日始めて学問の尊きを知ると小生思い申し候。それより、この人の手引きで（他の日本人とかわり、日本公使館などの世話を経ずに）ただちに大英博物館に入り、思うままに学問上の便宜を得たることは、今日といえどもその例なきことと存じ候。大英博物館にては主として考古学、人類学および宗教部に出入し、只今も同部長たるサー・チャーレス・ヘルチュルス・リード氏を助け、またことに東洋図書頭サー・ロバート・ダグラス（この人は大正と改元する少し前に四十年勤続ののち辞職せるを、世界中の新紙に賞讃止まず、わが邦の諸大新聞にも何のことやら分からずに、ほめ立てたり）と、余汝《われなんじ》の交わりをなし、『古今図書集成』などは縦覧禁止なりしも、小生に限り自在に持ち出しを許されたり（『大英博物館日本書籍目録』ダグラス男の序に小生の功を挙げたり）。この大英博物館におよそ六年ばかりおりし。館員となるべくいろいろすすめられたれども、人となれば自在ならず、自在なれば人とならずで、自分は至って勝手千万な男ゆえ辞退して就職せず、ただ館員外の参考人たりしに止まる。そのあいだ、抄出また全文を写しとりし、日本などでは見られぬ珍書五百部ばかりあり、中本《ちゅうぼん》大の五十三冊◆28一万八百頁に渉《わた》り、それをとじた鉄線がおいおい錆びるには、こまりきりおり候。

右のダグラス男の官房で始めて孫逸仙[29]と知人となれり。逸仙方へ毎度遊びにゆき、逸仙また小生の家に遊びに来たれり。逸仙ロンドンを去る前、鎌田栄吉氏下宿へつれゆき、岡

本柳之助氏へ添書を書きもらえり。これ逸仙日本に来たりし端緒なり。（その前にも一度来たりしが、横浜ぐらいに数日留まりしばかりなり）。マルカーンとかいうアイルランドの陰謀士ありて、小生とこの人と二人、逸仙出立にヴィクトリア停車場まで送り行きたり。逸仙は終始背広服、こんな平凡な帽をかぶり、小生が常にフロックコート、シルクハットなりしと反映せり。明治三十四年二月ごろ、逸仙横浜の黄《ワン》某〔温炳臣〕をつれ、和歌山に小生を尋ね来たりしことあり。前日神戸かどこかで王道を説きし時、支那帝国の徳望が今もインド辺に仰がれおる由を演《の》べたるが、これは小生がかつて孫に話せしことを敷演《ふえん》せるにて、つまり前述山内一豊が堀尾忠氏の言を採りしと同じやり方なり。

小生かつて前日まで鉄相たりし小松謙次郎氏に荒川巳次氏（当時のロンドン領事）宅[30]であい、談ぜしことあり。真言仏教（またユダヤの秘密教などにも）に、名号《みょうごう》ということを重んず。この名号ということすこぶる珍な物で、実質なきものながら、実質を動かす力すこぶる大なり。今ここに宇宙の玄妙な力の行なわるる現象を呑み込んで、阿弥陀仏と名づけ

るとせよ。この名号を聞くものは漸次にこの名号に対して信念を生ず。ついには自分に分かりもせぬこの信念のために大事件を起こす。一向徒《いっこうと》が群集蜂起して国守武将を殺し尽せしごとし（越前・加賀の一向一揆等の例）。そのごとくトルコ、支那、ローマ等の諸邦は昨今強弩の末で、風呂敷一枚を貫く力もなきものなり。しかるに近年日清戦争起こると聞いて、ブータン（インドの北にある小邦。これは康熙《こうき》帝に征服されたことあり）の土民が四、五輩、義兵のつもりでわざわざ数月難苦して積雪中をふんで北京に趣き、支那の官憲大いにありがた迷惑を感じて、一日に五十銭とかを給してこれを礼遇しおったと聞く。これ支那という国は弱まっても、その名号がまだ盛んに世界に残りおる証拠なり（孫はさすがにこのブータンの例は引かず、別にカシュミル等の例を引きしと記臆す）。名号とは、一国民や一種族の続くあいだ、その脳底に存する記臆にて national reminiscence ともいうべきものなり。わが国にも田舎には到る処、今日までも蒙古《モクリ》、高句麗《コクリ》とて蒙古と高麗を怖ろしきもののごとく一汎に思い、西洋にも何のこととも分からずに、Gog and Magog《ゴッグ・エンド・メーゴッグ》という野民の来犯をおそる（おかしきことには、ロシア人はトルコ人を、トルコ人はロシア人を Gog and Magog と心得おるなり）。近時大戦争中に連合国人はみなドイツを The Huns とよべり。実はハンスはドイツ人と何の関係なきものなるに、これらにて、事実とは全くちがいながら、この名号というものが、国民の気風や感情を支配し左右する力はきわめて大なるものと知らる。

小生はそのころ、たびたび『ネーチュール』[31]に投書致し、東洋にも（西人一汎の思うところに反して、近古までは欧州に恥じざる科学が、今日より見れば幼稚未熟ながらも）ありたることを西人に知らしむることに勗《つと》めたり。これを読んで欧州人にして文通の知己となれる知名の人多かりし。時にロンドン大学総長《レジストラル》たりしフレデリック・ヴィクトル・ジキンス[32]氏あり。この人幼にして横浜に来たり、東禅寺で茶坊主たりしことあり。梟雄《きょうゆう》の資あってきわめて剛強の人なり。後に横浜で弁護士と医師を兼ね、日本の書物とあれば浄瑠璃、古文国学から動植物までも世界に紹介し、日本協会がロンドンに立つに及びその理事となり、加藤高明氏（そのころの公使）の乾盃辞に答えたことなどあり。この人小生が毎々『ネーチュール』に投書して東洋のために気を吐くを奇なりとし、一日小生をその官房に招き、ますます小生に心酔して、氏が毎々出板する東洋関係の諸書諸文はみな小生が多少校閲潤色したるものなり。なかんずくオクスフォード大学出板の『日本古文』は、『万葉集』を主とし、『枕草紙』、『竹取物語』から発句に至るまでを翻訳したもので、序文に、アストン、サトウ、チャンバレーン、フロレンツと小生に翼助の謝辞を述べあり。このジキンス氏の世話にて、小生は英国第一流の人に知己多少あるに及べり。『ネーチュール』に出せる「拇印考」などは、今に列国で拇印指紋に関する書が出るごとに、オーソリチーとして引かるるものなり。

明治三十一年ごろより小生は『ノーツ・エンド・キーリス』に投書を始め、今日まで絶えず特別寄書家たり。これは七十六年前に創刊されたもので、週間の文学兼考古学雑誌なり。今度御下問の「日本に綿の神ありや」もしくは「いずれの国かに綿の神ありや」というような難題が出るときは、この雑誌へ問いを出すなり（無賃）。しかるときは、読者の中より博識天狗《てんぐ》の輩が争うて答弁を出す。往年英米諸国で、日本の商船に丸という名をつけることにつき種々（日本の海軍と海運との関係について）疑念を抱き、この雑誌に問いを出せしものありしとき、小生答文を出したるを（一九〇七〔明治四十〕年八月および十一月）海軍大将イングルフィールド（『ロイド登録』の書記職）が見てきわめて要用のものとなし、ヒル氏をして提要を拵《こしら》えしめて、大正五年六月十三日の『ロイド登録』に載せしめたり。これは何でもなきことのようなれども、日本政府が船名を、あるいは丸、あるいは艦と付るを制して、商船に限り必ず丸を称せしめたるにつきて、いろいろと飛んでもつかぬ考えを懐《いだ》きし外人少なからざりしが、この登録の文が出でてよりかかる懐疑が一掃されたるなり。（普通には船に丸の名をつけるは征韓役一五九一年に九鬼《くき》嘉隆が作りし日本丸を嚆矢《こうし》とすと思う人多し。しかし、それより先に一五七八年信長が九鬼の日本丸を覧《み》しことあり、また一五八四年家康の清須丸と九鬼の日本丸と戦いしことが『武功雑記』◆33に見ゆ。しかるに一四六八年に成った『戊子入明記』◆34を見ると、当時足利政府より支那へ送りし船には十艘までみな丸という号をつけたり。これらのことはその後何の書にも見えおれど、小生これを明言せるまでは知らぬ人多かりし。）貴下も御承知の通り『ロイド登録』は世界を通じて船舶に関係あるもの必読のものたり。しかるにわが邦には大正五年にすでに外人がかかる提要文を出だしあるに気づかず、今も舟を丸というについて中米、南米また北米諸国でいろいろと日本船について妙な評判を聞くに驚き、さて本邦の学者に問うも何たる取調べもなしおらねば、何が何だか分からずにおるようなこと、この外にも多し。実にみずから侮って、後に人に侮らるるものというべし。

小生大英博物館に在るうち、独人膠州湾をとりしことあり。東洋人の気焔すこぶる昂《あが》らず。その時館内にて小生を軽侮せるものありしを、小生五百人ばかり読書する中において烈しくその鼻を打ちしことあり。◆35 それがため小生は館内出入を禁ぜられしが、学問もっとも惜しむべき者なりとて、小生は二ヵ月ばかりの後また登館せり。当時このこと『タイムス』その外に出で、日本人を悪《にく》むもの、畏《おそ》るるもの、打たれたものは自業自得というもの、その説さまざまなりし。小生はそのころ日本人がわずかに清国に勝ちしのみで、概して洋人より劣等視せらるるを遺憾に思い、議論文章に動作に、しばしば洋人と闘って打ち勝てり。

オランダ第一の支那学者グスタヴ・シュレッゲル◆36と『正字通』◆37の落斯馬という獣の何たるを論じてより、見苦しき国民攻撃となり、ついに降参せしめて謝状をとり今も所持せり。（これは謝状を出さずば双方の論文を公開してシュレッゲルの拙劣を公示すべしといいやりしなり。）落斯馬《ロスマ》と申すは Ros《ロス》 Mar《マール》（馬 海の）というノルウェー語の支那訳なり。十七世紀に支那にありし Verbiest（南仁懐という支那名をつけし天主僧なり）の『坤輿図説』という書に始めて出づ。これを、その文を倉皇読んで Nar《ナル》 Whal《ウワル》（死白の鯨）（一角魚《ウニコール》）とシュレッゲルは言いしなり。これより先ライデンより出す『人類学雑誌』（Archiv für Ethnologie）にて、シュレッゲル毎々小生がロンドンにて出す論文に蛇足の評を加うるを小生面白からず思いおりしゆえ、右の落斯馬の解の誤りを正しやりしなり。しかるに、わざと不服を唱えていろいろの難題を持ち出だせしを小生ことごとく解しやりしなり。さていわく、汝シュレッゲルが毎度秘書らしく名を蔵《かく》して引用する（実は日本ではありふれたる書）『和漢三才図会』に、オランダ人は小便する時片足を挙げてすること犬のごとし、とある。むかしギリシアに、座敷が奇麗で唾をはく所なしとて主人の顔に唾吐きしものあり。主人これを咎むると、汝の驕傲《きょうこう》を懲らすといえり。その時主人、汝みずからそのわれよりも驕傲なるに気づかざるかといえり。汝は日本人に向かって議論をふきかけながら、負けかかりたりとて勝つ者に無礼よばわりをする。実は片足挙げて小便する犬同様の人間だけありて（欧米人は股引《ももひき》をはくゆえ片足を開かねば小便できず、このところ犬に似たり）、自分で自分の無礼に気づかざるものなり、と。いわゆる人を気死せしむるやり方で、ずいぶん残念ながらも謝状を出したことと思う。また前述ジキンスのすすめにより帰朝後『方丈記』を共訳せり。『皇立亜細亜協会《ロヤル・アジアチック・ソサイエチー》雑誌』（一九〇五年四月）に出す。従来日本人と英人との合作は必ず英人を先に名のるを常とせるを、小生の力、居多《きょた》なれば、小生の名を前に出さしめ A Japanese Thoreau of the 12th Century, by クマグス・ミナカタおよびF. Victor Dickins と掲げしめたり。しかるに英人の根性太き、後年グラスゴウのゴワン会社の万国名著文庫にこの『方丈記』を収め出板するに及び、誰がしたものか、ジキンスの名のみを存し小生の名を削れり。しかるに小生かねて万一に備うるため、本文中ちょっと目につかぬ所に小生がこの訳の主要なる作者たることを明記しおきたるを、果たしてちょっとちょっと気づかずそのまま出したゆえ、小生の原訳たることが少しも損ぜられずにおる。

前年遠州に『方丈記』専門の学者あり◆38。その異本写本はもとより、いかなる断紙でも『方丈記』に関するものはみな集めたり。この人小生に書をおくりて件《くだん》の『亜細亜《アジア》協会雑誌』に出でたる『方丈記』は夏目漱石の訳と聞くが、果たして小生らの訳なりやと問わる。よって小生とジキンスの訳たる由を明答し、万国袖珍文庫本の寸法から出板年記、出板会社の名を答えおきぬ。またこの人の手より出でしにや、『日本及日本人』に漱石の伝を書いて、その訳するところの『方丈記』はロンドンの『亜細亜協会雑誌』に出づ、とありし。大正十一年小生上京中、政教社の三田村鳶魚《えんぎょ》氏来訪されしおり、現物を示して正誤せしめたり。大毎社へ聞き合わせしに、漱石の訳本は未刊にて、氏死するとき筐底に留めありし、と。小生は決して漱石氏が生前かかる法螺を吹きたりとは思わざるも、わが邦人が今少しく海外における邦人の動作に注意されたきことなり。

ついでに申す、むかし寛永中台湾のオランダ人が日本商船を抄掠《しょうりゃく》して、はなはだ不都合の行為をなせしことあり。長崎の浜田弥兵衛、かの商船の持主末次茂房に頼まれ行きて、オランダ人を生け捕って帰り大功名せしことあり。平田篤胤の『伊吹おろし』その他の日本書にはただただ浜田氏が猛勇でこの成功ありしよう称揚して措《お》かざれども、実は当時この風聞ペルシア辺まで聞こえ、仏人当時ペルシアでこの話を聞いて賞讃して長文を書き留めたるを見るに、浜田氏のそのときの挙動所置一々条理あり、実に何国の人も難の打ちどころなかりし美事なるやり方なりしと見え候。今日の米人なども無茶な人ばかりのようなれども、実は道理の前には心を空しうして帰服するの美風あり。これに対する者、例の日本男児など独讃的の自慢でなく、いずれの国にても通ずるような公然たる道理を述べ筋道を立てられたきことなり。

小生は前述亡父の鑑識通り、金銭に縁の薄き男なり。金銭あれば書籍を購《か》う。かつて福本日南が小生の下宿を問いし時の記文（日南文集にあり）にもこのことを載せ、何とも知れぬ陋室《ろうしつ》に寝牀《ねどこ》と尿壺《にょうつぼ》のみありて塵埃払えども去らず、しかれども書籍と標本、一糸乱れず整備しおるには覚えず感心せり、とありしと記臆す。いつもその通りなり。ロンドンにて久しくおりし下宿は、実は馬部屋の二階のようなものなりし。かつて前田正名氏に頼まれ、キュー皇立植物園長シスルトン・ダイヤー男を訪れし翌日、男より小生へ電信を発せられしも、町が分からずして（あまりの陋巷ゆえ）電信届かざりしことあり。しかして、この二階へ来たり泊《とま》り、昼夜快談せし人に木村駿吉博士等の名士多く、また斎藤七五郎中将（旅順海戦の状を明治天皇御前に注進申せし人。この人は仙台の醤油作るため豆を踏んで生活せし貧婦の子なり。小生と同じく私塾にゆきて他人の学ぶを見覚え、帰りて記臆のまま写し出して勉学せしという）、吉岡範策（故佐々友房氏の甥、柔道の達人、只今海軍中将に候）、加藤寛治、鎌田栄吉、孫逸仙、オステン・サッケン◆39男等その他多し。

オステン・サッケン男は、シカゴの露国総領事たり。公務の暇に両翅虫学Dipterologyを修め、斯学の大権威たりし。この人を助けて小生『聖書』の獅《しし》の尸骸《しがい》より蜂蜜を得たサムソンの話を研究し、ブンブン（雪隠虫の尾長きものが羽化せる虻《あぶ》で、きわめて蜜蜂に似たもの）を蜜蜂と間違えて、かかる俗信が生ぜし由を述べ、ハイデルベルヒで二度まで出

板し、大英博物館にも蜜蜂とブンブンを並べ公示して、二虫間に天然模擬の行なわるるを証するに及べり。このことは近日『大毎』紙へ載するから御笑覧を乞いおく。このサッケン男（当時六十三、四歳）小生の弊室を訪れし時茶を供えしが、あまりに室内のきたなさにその茶を飲まずに去りし。木村駿吉博士は無双の数学家だが、きわめてまた経済の下手な人なり。ロンドンへ来たりしとき、ほとんど文《もん》なしで予を訪れ、予も御同様ゆえ、詮方《せんかた》なくトマトを数個買い来たり、パンにバターをつけて食せしも旨《うま》からず、いっそ討死《うちじに》と覚悟して、あり丈《た》け出してビール

を買い来たり、快談して呑むうち夜も更け渡り、小便に二階を下りると、下にねている労働者がぐずぐずいうから、室内にある尿壺、バケッツはもちろん、顔洗う水盆までも小便をたれこみ、なお、したくなると窓をそっと明けて屋根へ流し落とす。そのうち手が狂ってカーペットの上に小便をひっくりかえし、追い追い下の室に落ちたので、下の労働者が眠りながらなめたかどうかは知らず。正にこれ「小便をこぼれし酒と思ひしは、とっくり見ざる不調法なり」。翌朝起きて家の主婦に大眼玉を頂戴したことあり。一昨々年上京して鎌田栄吉氏より招かれ、交詢社で研究所のことを話すうち、速達郵便で木村氏が百円送られしこそ、本山彦一氏に次いで寄付金東京での嚆矢たりしなれ。まかぬ種ははえぬというが、カーペットの上にまいた黄金水が硬化して百円となったものと見え候。

こんなことをいいおると果てしがないから、以下なるべく縮めて申す。けだし、若いときの苦労は苦中にも楽しみ多く、年老《と》るに及んでは、いかな楽しきことにあうても、あとさきを考えるから楽しからぬものなり。小生ロンドンで面白おかしくやっておるうちにも、苦の種がすでに十分伏在しおったので、ロンドンに着いて三年めに和歌山にあった母また死せり◆40。「その時にきてまし物を藤ごろも、やがて別れとなりにけるかな」。仏国のリットレーは若きときその妹に死に別れたが、老年に及んでもその妹の顔が現に眼前にあるようだと嘆きし由。東西人情は古今を通じて兄弟なり。小生最初渡米のおり、亡父は五十六歳で、母は四十七歳ばかりと記憶す。父が涙出るをこらえる体《てい》、母が覚えず声を放ちしさま、今はみな死に失せし。兄姉妹と弟が瘖然《いんぜん》黙りうつむいた様子が、今この状を書く机の周囲に手で触《さわ》り得るように視《み》え申し候。それについて、またいまだ一面識なき貴下も、この処を御覧にならば必ず覚えず悽然《せいぜん》たるものあるを直覚致し、天下不死的の父母なし、人間得がたきものは兄弟、この千万劫《ごう》にして初めて会う値遇《ちぐう》の縁厚き兄弟の間も、女性が一人でも立ち雑《まじ》ると、ようやく修羅《しゅら》と化して闘争するに及ぶ次第は近々述べん。

この母が死せしころ、兄弥兵衛がすでに無茶苦茶に相場などに手を出し、家ががらあきになりおった。この人は酒は飲まねど無類の女好きで、亡父の余光で金銭乏しからざりしゆえ、人に義理を立てるの何のということなく、幇間《ほうかん》ごとき雑輩を親愛するのみゆえ、世人に面白く思われず。そのころ和歌山第一の美女というものあり。紀州侯の家老久野《くの》丹波守（伊勢田丸の城主）の孫にて、この久野家は今まであらば男爵相当だが絶えてしまえり。この女が若後家たりしを兄が妾とし、亡父が撰んでくれた本妻を好まず（これは和泉の尾崎という所の第一の豪家の女なり）、久野の孫女の外になお四人の女を囲いおりたり。そんなことにて万事抜《ぬか》り目《め》多くて、亡父の鑑定通り、父の死後五年に（明治三十年）全く破産して身の置き処もなく、舎弟常楠の家に寄食し、その世話で諸方銀行また会社などへ傭われ行きしも、ややもすれば金銭をちょろまかし、小さき相場に手を出し、たまたま勝たば女に入れてしまう。破産閉塞の際、親類どもより本妻を保続するか妾（久野家の孫女）を保続するかと問いしに、三子まで生みたる本妻を離別して、妾と共棲すべしという。そのうち、この妾は借屋住居の物憂さに堪えず、蔭《かげ》を隠して去りぬ（後に大阪の売薬長者浮田桂造の妻となりしが、先年死におわる）。

こんなことにて兄の破産のつくろいに弟常楠は非常に苦辛したが、亡父存日すでに亡父の一分と常楠の一分を含め身代となし、造酒業を開きおりしゆえ、兄の始末も大抵かたづけし。しかるに兄破産の余波が及んだので、常楠が小生に送るべき為換《かわせ》、学資を追い追い送り来たらず。小生大いに困りて正金銀行ロンドン支店にて逆為替を組み、常楠に払わせしもそれもしばらくして断わり来たれり。よって止むをえず翻訳などしてわずかに糊口し、時々博物館に之《ゆ》きて勤学するうち、小生また怒って博物館で人を撃つ。◆41 すでに二度までかかることとある以上は棄てておきがたしとあって、小生はいよいよ大英博物館を謝絶さる。しかるにアーサー・モリソン氏（『大英百科全書』に伝あり、八百屋か何かの書記より奮発して小説家となり、著名な人なり。今も存命なるべし）熊楠の学才を惜しむことはなはだしく、英皇太子（前皇エドワード七世）、カンターベリーの大僧正、今一人はロンドン市長たりしか、三方へ歎訴状を出し（この三方が大英博物館の評議員の親方たりしゆえ）、サー・ロバート・ダグラスまた百方尽力して、小生はまた博物館へ復帰せり。この時加藤高明氏公使たりし。この人が署名して一言しくれたら事容易なりしはず、よって小池張造氏（久原組の重職にあるうち前年死亡せり）を経由して頼み入りしも、南方を予よりもダグラスが深く知りおれりとて加勢しくれざりし。しかるに、今度という今度は慎んでもらわにゃならぬとて、小生の座位をダグラス男の官房内に設け、他の読書者と同列せしめず。これは小生また怒って◆42人を打つを慮《おもんばか》ってなり。小生このことを快《こころよ》からず思い、書をダグラス男に贈って大英博物館を永久離れたり。小生は大英博物館へはずいぶん多く宗教部や図書室に献納した物あり。今も公衆に見せおるならん。高野管長たりし土宜《とぎ》法竜師来たとき小生の着せる袈裟法衣等も寄付せり。ダグラス男に贈った書の大意は、日本にて徳川氏の世に、賤民を刑するにも忠義の士（例せば大石良雄）を刑するにも、等しく検使また役人が宣告文を読まず刑罰を口宣《こうせん》せり。賤民は士分のものが尊き文字を汚して読みきかすに足らぬもの、また忠義の士はこれを重んずるのあまり、将軍の代理としてその言を書き留むるまでもなく、口より耳へ聞かせしなり。さて西洋にはなにか手を動かすと、これを発作狂《ほっさきょう》として処分するが常なり（乃木将軍までも洋人はみな狂発して自殺せりと思う）。日本人が人を撃つにはよくよく思慮して後に声をかけて撃つので決して狂を発してのことにあらず。今予を他の人々と別席に囲いてダグラス男監視の下に読書せしむるは、これ予を発狂のおそれあるものと見てのことと思う人は多かるべく、予を尊んでのことと思う人は少なかるべければ、厚志は千万ありがたいが、これまで尽力しくれた上はこの上の厚志を無にせぬよう当館に出入せざるべしと言いて立ち退き申し候。大抵人一代のうち異《かわ》ったことは暮し向きより生ずるものにて、小生はいかに兄が亡びたればとて、舎弟が、小生が父より受けたる遺産のあるに兄の破産に藉口して送金せざりしを不幸と思い詰《つ》めるのあまり、おのれに無礼せしものを撃ちたるに御座候。

しかるに、このことを気の毒がるバサー博士（只今英国学士会員）が保証して、小生を大英博物館の分支たるナチュラル・ヒストリー館（生物、地質、鉱物の研究所）に入れ、またスキンナーやストレンジ（『大英百科全書』の日本美術の条を書きし人）などが世話して、小生をヴィクトリアおよびアルバート博物館◆43（いわゆる南ケンシングトン美術館）に入れ、時々美術調べを頼まれ少々ずつ金をくれたり。かくて乞食にならぬばかりの貧乏しながら二年ばかり留まりしは、前述のロンドン大学総長ジキンスが世話で、ケンブリジ大学に日本学の講座を設け、アストン（『日本紀』を英訳した人）ぐらいを教授とし、小生を助教授として永く英国に留めんとしたるなり。しかるに不幸にも南阿戦争◆44起こり、英人はえらいもので、かようのことが起こると船賃が安くても日本船に乗らず高い英国船に乗るという風で、当時小生はジキンスより金を出しもらい、フランスの美術商ビング氏（前年本願寺の売払い品を見に渡来した人）より浮世絵を貸しもらい、高橋入道謹一（もと大井憲太郎氏の子分、この高橋をエドウィン・アーノルド方へ食客に世話せしときの珍談はかつて『太陽』へ書いたことあり。アーノルドも持て余せしなり）という何ともならぬ喧咤好きの男を使い売りあるき、買てくれさえすれば面白くその画の趣向や画題の解説をつけて渡すこととせしが、これも銭が懐中に留まらず、高橋が女に、小生はビールに飲んでしまい、南阿戦争は永くつづき、ケンブリジに日本学講座の話しも立消えになったから、決然蚊帳《かや》のごとき洋服一枚まとうて帰国致し候。◆45 外国にまる十五年ありしなり。

帰国して見れば、双親すでに下世して空しく卒塔婆《そとば》を留め、妹一人も死しおり、兄は破産して流浪する、別れしとき十歳なりし末弟は二十五歳になりおる。万事かわりはてており、次弟常楠、不承不承に神戸へ迎えに来たり、小生の無銭に驚き（実は船中で只今海軍少将たる金田和三郎氏より五円ほど借りたるあるのみ）、また将来の書籍標品のおびただしきにあきれたり。しかして兄破産以後、常楠方《かた》はなはだ不如意なればとて、亡父が世話した和泉《いずみ》の谷川《たがわ》という海辺の、理智院◆46という孤寺へ小生を寓せしめたり。しかるに、その寺の食客兼留守番に、もと和歌山の下士《かし》和佐某あり（この人今は大阪で自働車会社を営み、大成金で処女を破膜することをのみ楽しみとすと聞く）。これは和佐大八とて、貞享四年四月十六日京の三十三間堂で、一万三千の矢を射てそのうち八千三十三を通せし若者の後裔なるが、家禄奉還後零落《れいらく》してこの寺にいささかの縁あっておりたるなり。小生この人と話すに、和歌山の弟常楠方は追い追い繁盛なりという。兄の破産が祟って潰《つぶ》れたように聞くがというに、なかなか左様のことなし。店も倉も亡父の存日より大きく建て増ししという。不思議なことに思い、こんな寺はどうなってもよいから、貴公も和歌山に残せし八十歳以上の老母に逢いたかろう、予を案内して和歌山へ行かぬかというに、それは結構ということで、小生有りきり四円ばかりの紙幣をこの人に渡し、夜道一里ばかりあるきて停車場につき、切符を買わせ汽車に乗って三十分ばかりのうちに故郷に着きぬ。それより歩んで常楠の宅にゆくに、見しむかしよりは盛大の様子。これにて兄の破産につれて、弟の家道も大いに衰えたとは虚言で、全く小生の金銭のことに疎きにつけこみ、兄の破産を幸い、小生へ送金せず、小生の分を利用したことと察し申し候。当時、小生は堅固なる独身にて、弟はすでに妻もあれば二子もありし。人間妻を娶る時が兄弟も他人となるの始めと分かり申し候。

故菊池大麓男[47]は、小生毎度英国の『ネーチュール』、東京の『東洋学芸雑誌』へ寄書するを読んで、はなはだ小生をほめられたと下村宏氏に徳川頼倫侯が話されたと聞く。この大麓男の言に、英国人は職業と学問を別にする、医者が哲学を大成したり、弁護士で植物学の大家があったりする、人間生活の安定なくては遠大の学業は成らぬということを知り抜いたからと申されし。すべて習慣が第二の天性を成すもので、初め学問を大成せんがために職業を勉めし風が基《もと》となりて、英人は父が職業を勉めた結果、大富人となり、その子は父の余光で何の職業を勉めずに楽に暮らし得る身なるに、なお余事に目をふらずに学問をもっぱら励むもの多し。いわゆる amateur《アマチュール》 素人《しろうと》学問ながら、わが国でいわゆる素人浄瑠璃、素人角力と事かわり、ただその学問を糊口の方法とせぬというまでにて、実は玄人《くろうと》専門の学者を圧するもの多し。スペンセル[48]、クロール、ダーウィン[49]、いずれもこの素人学問にて千万の玄人に超絶せるものなり。これを見まねてか literary men（文士）と称するものまた多し。上述の、小生が小便をひっくりかえしたる陋屋の近処ながら、小生のとかわり立派な町通りに住居りし故アンドリュー・ラングなどは、生活のためといいながらいろいろの小説や詩作を不断出し、さて人類学、考古学に専門家も及ばぬ大議論を立て、英人中もっとも精勤する人といわれたり。この人などは大学出の人で多くの名誉学位を帯びたが、博士など称せず、ただ平人同様ミストル・ラングで通せしなり。

　しかるに、わが邦には学位ということを看板にするのあまり、学問の進行を妨ぐること多きは百も御承知のこと。小生は何とぞ福沢先生◆50の外に今二、三十人は無学位の学者がありたきことと思うのあまり、二十四、五歳のとき手に得らるべき学位を望まず、大学などに関係なしにもっぱら自修自学して和歌山中学校が最後の卒業で、いつまで立ってもどこを卒業ということなく、ただ自分の論文報告や寄書、随筆が時々世に出て専門家より批評を聞くを無上の楽しみまた栄誉と思いおりたり。しかるに国許《もと》の弟どもはこれを悦ばず、小生が大英博物館に勤学すると聞いて、なにか日本の博覧会、すなわちむかしありし竜《たつ》の口の勧工場《かんこうば》◆51ごとき処で読書しおることと思いおりたるらしく、帰朝の後も十五年も海外におりて何の学位をも得ざりしものが帰ってきたとて仏頂面をする。むかしも尾張の細井平洲◆52は四方に遊学せしが、法螺だらけの未熟な教師に就《つ》いたところが、さしたる益なしと悟って、多く書籍を買い馬に負わせて帰り、それで自修してついに大儒となれりと申す。こんなことは到底、早稲田大学（むかしの専門学校）ぐらいを出た舎弟には分からず。いわんや、平凡なむかしの和歌山の女学校ぐらいを出たきりの、弟の妻には分からぬこと一層にて、この者ども小生を嫌うことはなはだしく、というと学問方法上の見解の差異のごとくで立派だが、実は小生は不図帰朝したので、小生が亡父より譲られた遺産を舎弟が兄の破産の修繕に藉口して利用したるを、咎められはせぬかとの心配より出でし小言と後に知れ申し候。

かくて小生舎弟方に寄食して一週間ならぬうちに、香の物と梅干しで飯を食わす。これは十五年も欧州第一のロンドンで肉食をつづけたものには堪えがたき難事なりしも、黙しておるとおいおいいろいろと薄遇し、海外に十五年もおったのだから何とか自活せよといぅ。こっちは海外で死ぬつもりで勉学しおったものが、送金にわかに絶えたから、いろいろ難儀してケンブリジ大学の講座を頼みにするうち、南阿戦争でそのことも中止され、帰朝を余儀なくされたもので、弟方の工面がよくば何とぞ今一度渡英して奉職したしと思うばかりなるに、右ごとき薄遇で、小使い銭にも事をかかす始末、何をするともなく黙しおるうち、翌年の夏日、小生海水浴にゆきて帰る途中小児ら指さし笑うを見れば、浴衣の前破れてきん玉が見えるを笑うなり。兄をしてかかるざまをせしむることよというに、それが気に入らずばこの家を出よと迫る。その日はたまたま亡父母をまつる盂蘭盆《うらぼん》の日なるに、かくのごとき仕向け、止むを得ず小生はもと父に仕えし番頭の家にゆき寄食す。しかるに、かくては世間の思わく悪しきゆえ、また甘言をもって迎えに来たり、小生帰りておると、秋に向かうに随い薄遇ますますはなはだし。ここにおいて、一夕大乱暴を行ないやりしに辟易して、弟も妻も子供も散り失せぬ。数日して、もと亡父在世の日第一の番頭なりしが、大阪で十万円ばかり拵《こしら》えたる者を伴い来たる。この者は亡父の恩を受けしこと大なるに、亡父の死後、親には恩を受けたり子らには恩を受けずなどいい、大阪に止まって、兄が破産せしときも何の世話も焼かざりしものなり。よって烈しくその不忠不義を責めしに、語塞《ふさ》がる。よって、この者のいうままに小生父の遺産を計《かぞ》えしめしに、なお八百円のこりあり、ほしくば渡すべしという。かかる不義の輩に一任して、そのなすままに計えしめてすら八百円のこりありといいしなれば、実は舎弟が使いこみし小生の遺産はおびただしかりしことと思う。しかるに、小生はそんな金をもろうても何の用途もなければとて依然舎弟に任せ、その家で読書せんとするに、末弟なるもの二十六歳になるに父の遺産を渡されず常々快々《おうおう》たるを見て、これもまた小生同様中弟常楠にかすめられんことを慮《おもんばか》り、常楠にすすめて末弟に其の父の遺産分け与えしめ◆53妻を迎えしめたり。しかるに、小生家に在ってはおそろしくて妻をくれる人なし。当分熊野の支店へゆくべしとのことで、小生は熊野の生物を調ぶることが面白くて、明治三十五年十二月に熊野勝浦港にゆき候。

　そのころは、熊野の天地は日本の本州にありながら和歌山などとは別天地で、蒙昧《もうまい》といえば蒙昧、しかしその蒙昧なるがその地の科学上きわめて尊かりし所以《ゆえん》で、小生はそれより今に熊野に止まり、おびただしく生物学上の発見をなし申し候。例せば、只今小生唯一の専門のごとく内外人が惟う粘菌ごときは、東大で草野〔俊助〕博士が二十八種ばかり集めたに過ぎざるを、小生は百十五種ばかりに日本粘菌総数をふやし申し候。その多くは熊野の産なり。さて、知己の諸素人学者の発見もあり、ことに数年来小畔氏奮発して一意採集されてより、只今日本の粘菌の総数は百五十に余り、まずは英米二国を除いては他の諸国に対して劣位におらぬこととなりおり候。しかし、小生のもっとも力を致したのは菌類で、これはもしおついであらば当地へ見に下《くだ》られたく、主として熊野で採りし標品が、幾万と計えたことはないが、極彩色の画を添えたものが三千五百種ばかり、これに画を添えざるものを合せばたしかに一万はあり。田中長三郎氏が『大毎』紙に書いたごとく、世界有数の大集彙なり。また淡水に産する藻は海産の藻とちがい、もっぱら食用などにならぬから日本には専門家ははなはだ少なし。その淡水藻をプレパラートにおよそ四千枚は作り候。実に大きな骨折りなりしが、資金足らずしてことごとく図譜を作らぬうちに、プレパラートがみな腐りおわり候も、そのまま物語りの種にまで保存しあり。実に冗談でないが沙翁《シェキスピア》の戯曲◆54の名同然 Lover's Labour's Lost! なり。

友人（只今九大の農芸部講師）田中長三郎氏は、先年小生を米国政府より傭いにきたとき、拙妻は神主の娘で肉食を好まず、肉食を強いると脳が悩み出すゆえ行き能わざりし時、田中氏が傭われ行きし。この人の言に、日本今日の生物学は徳川時代の本草学、物産学よりも質が劣る、と。これは強語《きょうご》のごときが実に真実語《しんじつご》に候。むかし、かかる学問をせし人はみな本心よりこれを好めり。しかるに、今のはこれをもって卒業また糊口《ここう》の方便とせんとのみ心がけるゆえ、おちついて実地を観察することに力《つと》めず、ただただ洋書を翻読して聞きかじり学問に誇るのみなり。それでは、何たる創見も実用も挙がらぬはずなり。御承知通り本邦の暖地に松葉蘭《まつばらん》◆55と申すものあり。このものの胞子が発生して松葉蘭となるまでの順序分からず、その隣近の諸類、羊歯《しだ》、木賊《とくさ》、石松《ひかげ》等の発生順序はみな分かりおるに、この松葉蘭のみ分からぬなり。前年平瀬作五郎氏（七十四歳で今年一月四日死亡。この人は銀杏《いちょう》の授精作用を発見して世界を驚かしたるが学位なしで死なれし）に恩賜賞金を下されし時、小生と協同してその賞金をもって松葉蘭の発生順序の研究に尽瘁することとし、小生この宅に多く松葉蘭を栽《う》えて実地検証し、平瀬氏は京都におりて毎年当地へ下り来たり、小生の報告と生本を受けてもち帰り、もっぱら解剖鏡検することと定め、十四年の久しきに渉《わた》って研究せし結果、小生鰹《かつお》の煮汁《にじる》を地に捨てて生ぜる微細の菌を万年青《おもと》の根に繁殖せしめ、それに松葉蘭の胞子をまけば発生するということをつきとめたり。しかるに、吾輩が研究せんとする状態は毎度地中にあって行なわれ、新芽が地上に現わるるときは吾輩が知り明らめんとする状態はすでに失われおる。しかしながら、この植物が必ず発生するようその胞子をまく方法を知った上は、件《くだん》の状態を明らめうるは遠きことにあらざるべしと二人ますます協力奮発するうち、濠州の二学者が相期せずして、この松葉蘭の発生順序を発見し、エジンバラの学会に報告したりとのことを聞き出して、小生より平瀬に報じたるに、平瀬東大へ聞き合わせてその実事たるを知り、力を落として多年の研究を止めしは去る大正九年ごろのことなりし。小生はたとい濠州の二学者がそんな発見ありたりとも、小生が気づきし松葉蘭の胞子を発芽せしむる方法とは別箇の問題なれば（同一のこととするも発見の方法は別途なれば）今に屈せず研究を続けおれり。さて平瀬にこのことを報じたる某博士は、小生がこの田舎にありて今に屈せず研究を続けおるを愍然《びんぜん》なことと笑いおると聞けり。

小生はそんな博士を愍然と怜笑するなり。身幸いに大学に奉職して、この田舎に在て万事不如意なる小生よりは早く外国にこの研究を遂げたる者あるの報に接したりとて、その人が何のえらきにあらず。言わば東京にある人が田辺にあるものよりは早く外国の政変を聞き得たというまでのことなり。小生外国にありしうちは、男のみかは婦女にして、宣教または研学のためにアフリカや濠州やニューギニアの内地、鉄を溶かすような熱き地に入って、七年も八年も世界の大勢はおろか生れ故郷よりの消息にだに通ぜず、さて不幸にして研究を遂げずに病んで帰国し、はなはだしきは獣に食われ疫《やまい》に犯されて死せしものを多く知れり。これらは、事、志と違い半途にして中止せしは愍然というべきが、決して笑うべきにあらず。同情の涙を捧ぐべきなり。

御殿女中のごとく朋党結托して甲を乙が排し、丙がまた乙を陥るる、蕞爾《さいじ》たる東大などに百五十円や二百円の月給で巣を失わじと守るばかりがその能《のう》で、仕事といえば外国雑誌の抜き読み受け売りの外になき博士、教授などこそ真に万人の愍笑《びんしょう》の的なれ。

件《くだん》の博士は学問が好きで子を何人持つか覚えぬ人の由、桀紂《けっちゅう》◆56はその身を忘ると孟子は言ったが、自分の生んだ多くもあらぬ子の数を記憶せずなどいうも、また当世はやりの一種の宣伝か。

ここまで書き終わったところ、友人来たり小生に俳句を書けと望むことははなはだ切なり。ずいぶん久しく頼まれおることとゆえ、止むを得ずなにか書くことと致し候。この状はここで中入りと致し候。右の俳句を書き終わりて、また後分《あとぶん》を認《したた》め明日差し上ぐべし。今夜はこれで中入りと致し、◆57以上只今まで出来たる小生の履歴書ごときものを御覧に入れ申し候。蟹は甲に応じて穴をほるとか、小生は生れも卑しく、独学で、何一つ正当の順序を踏んだことなく、聖賢はおろか常人の軌轍《きてつ》をさえはずれたものなれば、その履歴とてもろくなことはなし。全く間違いだらけのことのみ、よろしく十分に御笑い下されたく候。かつこれまでこんなものを書きしことなく、全く今度が終りの初物《はつもの》なれば、用意も十分ならず、書き改め補刪《ほさん》するの暇もなければ、垢だらけの乞食女のあらばちをわるつもりで御賞玩下されたく候。ただしベロアル・ド・ヴェルヴィユの著に、ある気散じな人の言に、乞食女でもかまわず、あらばちをわり得ば王冠を戴くよりも満足すべしと言いし、とあり。小生ごときつまらぬものの履歴書には、また他のいわゆる正則に（正則とは何の変わったことなき平凡きわまるということ）博士号などとりし人々のものとかわり、なかなか面黒きことどもも散在することと存じ申し候。これは深窓に育ったお嬢さんなどは木や泥で作った人形同然、美しいばかりで何の面白みもなきが、茶屋女や旅宿の仲居、お三どん◆58の横扁《ひら》たきやつには、種々雑多の腰の使い分けなど千万無量に面白くおかしきことがあると一般なるべしと存じ候。

大正十四年二月二日夜九時

前状の続き

かくて小生那智山にあり、さびしき限りの生活をなし、昼は動植物を観察し図記して、夜は心理学を研究す。さびしき限りの処ゆえいろいろの精神変態を自分に生ずるゆえ、自然、変態心理の研究に立ち入れり。幽霊と幻《まぼろし》（うつつ）の区別を識《し》りしごとき、このときのことなり。

幽霊が現わるるときは、見るものの身体の位置の如何《いかん》に関せず、地平に垂直にあらわれ申し候。しかるに、うつつは見るものの顔面に並行してあらわれ候。〔次頁参照〕

この他発見せしこと多し。ナギラン◆59というものなどは（また stephanosphara《ステファノスヘーラ》と申す、欧州にて稀《まれ》にアルプスの絶頂の岩窪の水に生ずる微生物など、とても那智ごとき低き山になきものも）幽霊があらわれて知らせしままに、その所に行きてたちまち見出だし申し候。（植物学者にかかること多きは従前書物に見ゆ。）また、小生フロリダにありしとき見出だせし、ピトフォラ・ヴァウシェリオイデスという藻も、明治三十五年ちょっと和歌山へ帰りし際、白昼に幽霊が教えしままにその所にゆきて発見致し候。今日の多くの人間は利慾我執《がしゅう》事に惑《まど》うのあまり、脳力くもりてかかること一切なきが、全く閑寂の地におり、心に世の煩《わずら》いなきときは、いろいろの不思議な脳力がはたらき出すものに候。

小生旅行して帰宅する夜は、別に電信等出さざるに妻はその用意をする。これは rapport《ラッポール》と申し、特別に連絡の厚き者にこちらの思いが通ずるので、帰宅する前、妻の枕頭に小生が現われ呼び起こすなり。東京にありし日、末広一雄など今夜来ればよいと思い詰めると何となく小生方へ来たくなりて来たりしことしばしばあり。

かくて二年余那智にありてのち、当地にもと和歌山中学にありし日の旧友喜多幅《きたはば》と申す

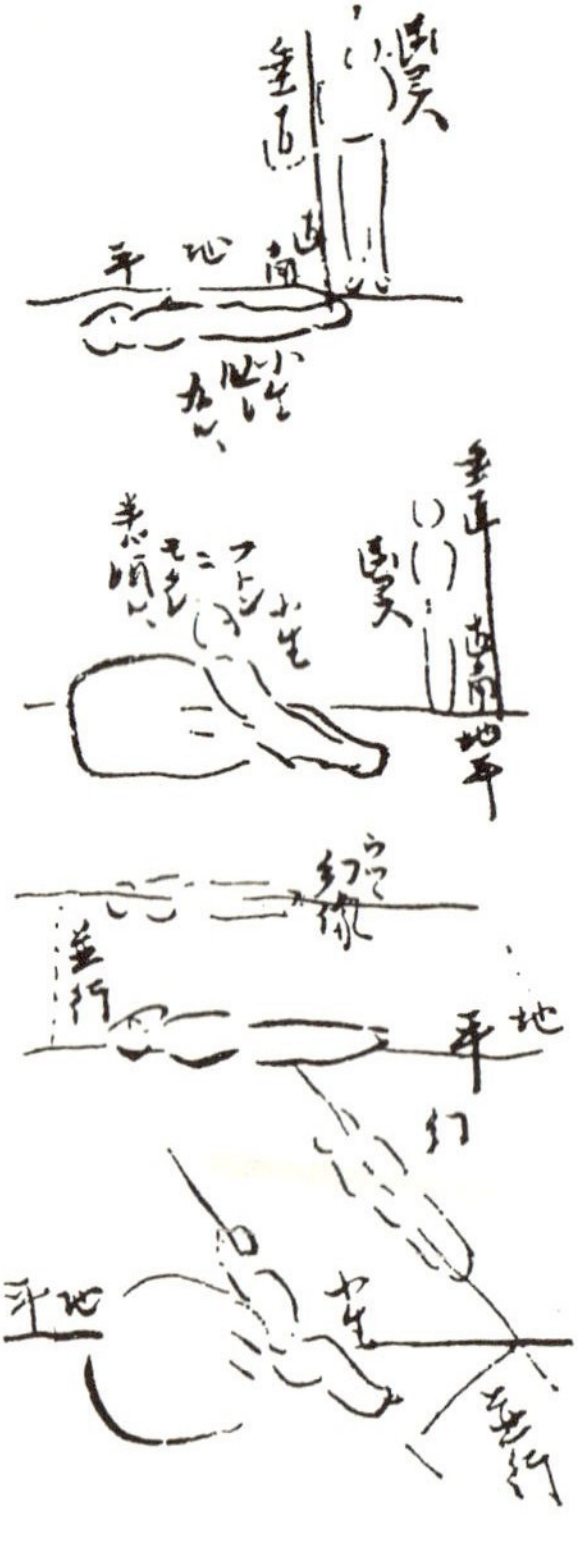

人、◆60医術をもって全盛すときき、むかしの話をせんと当田辺町へ来たり、それより至って人気よろしく物価安く静かにあり、風景気候はよし、そのまま当町にすみ二十年の久しき夏と冬をおくりぬ。独身にては不自由ゆえ、右喜多幅の媒介にて妻を娶《めと》る。小生四十歳、妻は二十八歳、いずれもその歳まで女と男を知らざりしなり。妻は当地の闘鶏《とりあわせ》神社◆61とて、むかし源平の合戦に熊野別当湛増《たんぞう》がこの社で神楽を奏し、赤白の鶏を闘わせしに、白ことごとく勝ちしゆえ、源氏に味方して壇の浦に平氏を殄滅《てんめつ》せしと申す、その社の維新後初めての神主の第四女なり。◆62裁縫、生花などを教え、貧乏なる父に孝行し嫁《か》するひまもなかりしなり。この妻が小生近年足不自由になりてより、もっぱら小生のために菌類を採集し発見するところ多し。本邦で婦人の植物発見の最も多きはこの者ならん。この道に取っては海外までも聞こえたものなり。その父は如法の漢学者なりしゆえ、この女は『女今川』◆63育ちの賢妻良母風の女なり。琴などもよくひくが、小生貧乏ゆえ左様のひまもなく、筒袖をきて洗濯耕作など致しおり、十八になる男子と十五になる女子あり、いずれも行く末知れざるものどもなり。

また那智にありし厳冬の一日、小生単衣《ひとえ》に縄の帯して一の滝の下に岩を砕き地衣《こけ》を集むるところへ、背広服をきたる船のボーイごときもの来たり、怪しみ何をするかと問う。それよりいろいろ話すに、この人は蘭を集めることを好み、外国通いの船にのり諸国に通うに、到る所下宿に蘭類を集めありという。奇なることに思い、小生の宿へつれゆき一時間ばかり話せり。それが小畔四郎氏にて、そのころようやく船の事務長になりしほどなり。同氏勝浦港へ去ってのち、小生面白き人と思い、せめて一、二日留めて話さんと、走り追うて井関という所より人力車にのり、勝浦に着きしときはちょうど出船後なりし。そのとき、小畔氏すでに立ちしか否を船会場へ小生のために見にゆきし中野才一郎（今年三十八歳）という和歌浦生れのものが、このごろ強盗となりて大阪辺を荒らし数日前捕われし由、昨日の『大毎』紙に見えるも奇事なり。それよりのち、時々中絶せしことなきにあらざるも、小畔氏が海外航路から内地駐在に落ち着いてのちは絶えず通信し、その同郷の友、上松《うえまつ》蓊《しげる》◆64氏も、小畔氏の紹介で文通の友となり、種々この二氏の芳情により学問を進め得たること多し。

過ぐる大正七年、米一揆諸処に蜂起せしおり、和歌山の舎弟宅も襲われたるの新聞に接し、兄弟はかかる時の力となるものなればと妻がいうので、倉皇和歌山に趣きしに舎弟一人宅に止まり、その妻も子も子婦《よめ》もことごとくいずれへ逃走せしか分からず。かかる際に臨んでは兄弟の外に力となるものなしと悟り候。しかるにその米高の前後、小生は米に飽くこと能わず、自宅に維新のころの前住人が騎馬の師範で、そのころの風《ふう》とて士族はみな蓼《たで》を多く植えてもっぱら飯の飣《さい》としたり（松平伊豆守信綱も武士の宅には蓼を多く栽《う》ゆべしと訓えしという）。その種子が今も多くのこり、また莧《ひゆ》といいて七月の聖霊祭に仏前に供うる、うまくも何ともなき菜あり、この二物が小生宅の後園におびただしく生える。この二物を米に多く雑《まじ》えて炊《かし》ぎ餓えを凌ぎ、腹がへるごとに柔術の稽古するごとく幾回ともなく帯をしめ直してこれを抑えたり。それに舎弟は、小生が父より譲り受けたる田地二町余を預かりながら（三十石は少なくもとれる）、ろくに満足な送金もせず。しかして、その子に妻を迎えしときの新婦の装束は、多額を費やしたものと見えて、三越の衣裳模様の新報告をする雑誌の巻頭に彩色写真が出でおりし由承る。戦国時代また外国の史籍に兄弟相殺害し、封土を奪い合いしことや、兄弟の子孫を全滅したことを多く読んで驚きしが、実は小生の同父母の兄弟も、配偶者の如何《いかん》によりては、かかる無残の者に変わりしということを、後日にようやく知るに及び候。

そのころ小畔氏より三千円ばかり送りくれたり。それにて小生は妻子もろとも人間らしく飲食し、また学問をもつづけ得たるなり。大正九年に同氏と和歌山に会し、高野山に上り、土宜法主にロンドン以来二十八年めで面謁せり。◆65 この法主は伊勢辺のよほどの貧人の子にて僧侶となりしのち、慶応義塾に入り、洋学をのぞき、僧中の改進家たりし。小生とロンドン正金銀行支店長故中井芳楠氏の宅で初めて面会して、旧識のごとく一生文通を絶たざりし。弘法流の書をよくし、弘法以後の名筆といわれたり。小畔氏と同伴して金剛峰寺にこの法主を訪ねしとき、貴顕等の手蹟で満ちたる帖《ちょう》を出し、小生に何か書けといわれし。再三辞せしも聴《ゆる》さざれば、

爪の上の土ほど稀《まれ》な身を持ちて法《のり》の主にも廻りあひぬる

これは阿難が釈尊涅槃《ねはん》前に仏と問答せし故事によりし歌なり。また白紙を出して今一つと望まれたので、女が三味線を弾ずる体《てい》を走り書きして、

　高野山仏法僧の声をこそ聞くべき空に響く三味線（この画かきし紙は小畔氏が持ち去れり）

　これは金剛峰寺の直前の、もと新別所とか言いし所に曖昧女《あいまいおんな》の巣窟多く、毎夜そこで大さわぎの音がただちに耳を擘《つんざ》くばかり寺内に聞こえ渡る。いかにも不体裁な至りゆえの諷意なりし。後にその座にありて顔色変わりし高僧どもは、あるいは女に入れあげて山を逐《ちく》電《てん》し、あるいは女色から始まって住寺を破産しおわれりと承りぬ。年来この法主と問答せし、おびただしき小生の往復文書は、一まとめにして栂尾《とがのお》高山寺に什宝《じゅうほう》のごとくとりおかれし。それをいろいろの人物もあるもので、ひそかに借り出して利用せんとするものありときき、師にことわりて小生方へ送還しもらい、今も封のままにおきあり。今から見れば定めてつまらぬことばかりなるべきも、この往復文書中には宗教学上欧米人に先立って気づきしことどもも多く載せあるなり。（大乗仏教が決して小乗仏教より後のものにあらざること、小生の説。南北仏教の名をもって小乗と大乗を談《かた》るの不都合、このことはダヴィズなど言い出せり。このことその前に土宜僧正が言いしことなり。その他いろいろとそのころに取っては嶄新なりし説多し。）小生次回に和歌山に上《のぼ》りて談判、◆66 事すまずば、多くの蔵書標品を挙げて人に渡しおわるはずなれば、その節この往復文書は封のまま貴下に差し上ぐべし、どこかの大学にでも寄付されたく候。ただし小生死なぬうちは、他人をして

開き見せしむることを憚《はばか》られたく候。この土宜師は遊んだ金が四万円ばかりありし。小生くれと言うたら、少なくも二万円はくれたるなれど、出家から物を貰うたことなき小生は申し出でざりし。出家の資産などは蟻の尸《し》体《たい》同前で死んだら他の僧どもが寄ってたかって共食いにしおわる。実にはかなきところが出家のやや尊き余風に御座候。

大正十年の冬、小生また高野に上りし。布子《ぬのこ》一枚きて酒を飲み行きて対面（法主は紫の袈裟にて対座）、小生寒さたまらず酔い出でて居眠りし洟《はな》をたらすを、法主「蜂の子が落ちる」と言って紙で拭いてくれたところを、楠本〔秀男〕◆67という東京美術学校出身の画師が実与して今に珍重せり。その時、東京か大阪のよほどの豪家の老妻六十歳ばかりなるが、警部に案内されて秀次関白切腹の室を覧《み》るうち、遠く法主と小生が対座せるこの奇観の様子を見、あきれて数珠を取り出し膜《ぼ》拝《はい》し去れり。

洟たれし（放たれし）次は関白自害の場◆68

と口吟《くぎん》して走り帰り候。古人はアレキサンドル大王が、時としてきわめて質素に、時としてはまた至って豪奢なりしを評して、極端なる二面を兼ねた人と評せしが、小生も左様で、一方常に世を厭い笑うたことすら稀《まれ》なると同時に、happy disposition が絶えず潜みおり、毎度人を笑わすこと多し。二者兼ね具《そな》えたゆえか、身心常に健勝にて大きな疾《やまい》にかかりしこと稀なり。

小生は田辺にありて、いろいろのむつかしき研究を致し申し候。例せば、粘菌類と申すは動物ながら素人《しろうと》には動物とは見えず、外見菌類（植物）に似たこと多きものなり。明治三十五年夏、小生田辺近傍鉛山《かなやま》温泉にてフィサルム・クラテリフォルム◆69という粘菌を見出だす（これはほとんど同時に英人ペッチがセイロンで見出だし、右の名をつけたり）。その後しばしばこの物を見出だせしに、いずれも生きた木の皮にのみ着きあり。およそこの粘菌類は、もっぱら腐敗せる植物の中に住んでこれを食い、さて成熟に及んでは、近所にありて光線に向かえる物の上にはい上りて結実成熟するなり。しかるに右の一種に限り、いかに光線の工合がよくても、死んだ物にはい上らず、必ず遠くとも生きた物に限りて、その上にはい上り、結実成熟するなり。それより小生このことに注意して不断観察すると、十種ばかりの粘菌はかくのごとく生き物に限りはい上りて成熟するに、一の違例なし。このことを斯学の大権威リスター女史（これはむかしメガネ屋主人にして顕微鏡に大改良を加えしリスターという者の後胤にて、初代のリスターはメガネ屋ながら学士会員となれり。その後代々学者輩出し、リスター卿に至りて始めて石炭酸を防腐剤に用いることを明治八、九年ごろ発明し、医学に大功ありし。その弟アーサー・リスター◆70は百万長者にして法律家たり。暇あるごとに生物学に志しついに粘菌図譜を出して斯学の大権威となる。小生は初めこの人に粘菌の鑑定を乞いて、おいおい学問致せし。リスター女史はその娘なり。一生嫁《か》せず粘菌の学問のみ致し、今年あたり亡父の粘菌図譜の第三板を出す。それに小生自宅の庭の柿の樹の生皮《なまかわ》より見出だせし世界中唯一の属に、女史が小生の氏名によってミナカテルラ属を立てたる一種の三色板の画が出るはずなり。たぶん昨年出たことと思うが、曽我十郎が言いしごとく、貧は諸道の妨《さまた》げで、近来多事にして文通さえ絶えおり候）に報告せしより、女史が学友どもに通知して気をつけると、欧米その外にも、小生が言う通り、生きた物にかき上りてのみ初めて結実成熟する粘菌また十余種（すなわち日本と外国と合して二十余種）あることが分かり候。

御承知通り連盟とか平和とか口先ばかりで唱えるものの、従来、またことに大戦以後、国民や人種の我執《がしゅう》はますます深く厚くなりゆき、したがって国名に関することには、いかに寛大篤学の欧人も常に自国人をかばい、なるべく他国人を貶《けな》し申し候。したがってこの、ある粘菌に限り、食うものは腐ったもの死んだものを食いながら、結実成熟には必ず死物を避けて生きた物にとりつくを要すということも、小生と別に英国のクラン Cran という僧が、小生と同時に（もしくは少し早く）気づきおりたるように発表され申し候。まことに苦々《にがにが》しき限りにて、当初この発見を小生がリスター女史に告げたとき Cran などいう坊主のことは聞きも及ばず、リスター女史みずからきわめて小生の報告を疑い、精確に小生が検定せる、生物にのみ身を托して初めて結実し得る諸粘菌の名を求められた状は今に当方にあるなり。しかるに、小生の発見確実と見るや、たちまち右の坊主を撰定して小生とその功を分かちまたは争わしめんと致され候。万事この格《かく》で、日本人が自分の発見を自分で出板して自在に世界中に配布するにあらざれば、到底日本人は欧米人と対等に体面を存することは成らず候。リスター女史などは実に小生に好意の厚き人なるに、それすらかくのごとくなればその余は知るべし。

さて以下はまだ洋人が気づかぬらしいから申すは、小生右の一件より考うるに、どうも世界には生気《せいき》とでも申すべき力があるようなり。すなわち生きた物には、死んだ物になき一種の他物を活《い》かす力があるものと存ぜられ候。よって考うるに、今日の医学大いに進んだと申す割合に薬がきかざるは、薬にこの生気がなきによると存じ候。生きた物に、まわりくどき無機物よりも、準備全成の有機物がよくききまわるは知れたことで（土の汁をのむよりも乳の汁をのむ方が早くきくごとく）、この点より申さばむろんむかしの東西の医者のごとく、自分で薬草を栽《う》え薬木を育てて、その生品を用いるが一番きき申し候。しかるに地代が高くなり生活に暇なくなりてより、むかしの仙人ごとき悠長なことはできず。ここにおいて薬舗が初めてできる。これが営利を主とする以上は、なるべく多く利を得んがために、生きた物の使いのこりを乾かし焙《あぶ》りなどして貯えおくことになる。これより薬はさっぱりきかなくなれり。西洋とても同様で、生きた薬を使ったら一番きくぐらいのことは知れきったことながら、生活いそがしくなり、無償で薬を仕上げることもならぬとなったところへ、アラビア人がアルコールで薬を浸出することとランビキで薬精を蒸餾することを発明したるより、遠隔の国土より諸種の薬剤を持ち渡すには、途中で虫や鼠に損ぜらるること多く、生きた物に劣ること万々なるを知りながら、止むにまさるの功ありとの考えより、蒸餾や浸液《チンキ》を専用することとなりたるなり。温泉などその現場にゆきて浴すれば大いにきくが、温泉の湯を汲んで来て冷《さ》めたやつを煮てより、入ったりとてさまでにきかず。これ温泉の湧くうちはラジオ力に富むが、冷めた上は、その力が竭《つ》きるゆえなり。それと等しく、薬も乾かしたり焙《あぶ》ったり、またいわんや蒸餾や浸出して貯え置ては、すこぶるそのききめを減ずることと知り申し候。

そのころ、また欧州に空中より窒素を取る発明ありたりとて、日本で喧伝され、三井、三菱等、人を派してその方法をドイツより買入れに勉むるとの評判高かりし。その前に炭酸曹達《ソーダ》ほど手近く必要おびただしきものはなく、その炭酸曹達は、薬局法などに書いた通りの方法で、一挙していつでも木灰からできることとわれわれ十四、五歳のときより思いおりたり。しかるに、大戦起こりて外国よりの輸入絶えたるに及び、いざ実試とやって見ると、これほどのものも日本でできざりし。されば自国で何の練習もせず、あれも珍しこれもほしと、見る物ごとに外国伝習をあてに致しては、まさかの時には絹のふんどしかいて角力に立ち合わんとするごとく、思いのほか早く破れてしまうものなり。たとい窒素を空中より取る法があってからが、高い金を出した相応に本当のことを伝授さるべきや、怪しき限りなり。

小生はとても左様の大事業を思い立つべきにあらざるが、物みな順序なかるべからずで、まず第一に空中から窒素をとる一法としては、その方向きのバクテリアを養成せざるべか

らず。バクテリアの種《たね》を養成するに、普通用うるアガーアガー（トコロテンを精製せるもの）は今日決して安値なものにあらず。トコロテンを作るべき海藻は到る処の海に生ぜず。海中にても定まった少許の処にのみ生ずるものなれば、到底空中から多く窒素をとるに必要なるだけ多くわが邦に産せざるなり。しかるに、他邦は知らず、この紀州にはずいぶん多く生ずるパルモグレアという藻《も》あり。これは陰湿の丘側また山村の家の庭園などに、葛《くず》を煮て打ちなげたるごとき、透明の無定形の餅塊をなして多く生ずるなり。

顕微鏡で見れば、このような〔図のAをさす〕微細の小判形の緑色のもの多くあり。これが藻の本体にて、こんな〔図のBをさす〕餅塊でつつまる。これが軟膠《ゼラチン》で、件《くだん》の藻の体よりふき出さるるなり。海藻よりカンテンを作るには煮たり晒《さら》したりいろいろと手数を要するが、この陸生のトコロテンは既成のカンテン同様純白無色透明で、ただ多少混入せる土砂をさえ去ればよいのですこぶる便利にもあり、土の上に生じたのを水に入れ、ちょっと洗って砂糖をかくればただちに食い得るなり。陰湿の地にさえあらば多量に繁殖せしめ得る。よってこの陸生トコロテンを多く繁殖せしめて、空中から窒素をとるべきバクテリアを安価に多く繁殖せしむる方便とせんと企てしに、第一に日光とこの藻との精確なる関係を知り明らむるを要するゆえ、一畝ほどの畔《あぜ》を作り、これに件《くだん》の藻を栽《う》えつけ冬至の日にその畔の北端まで日があたるように作り、それより一日一日と立つに随い、日光がおいおい夏至までにその畔の南端まで及ぶように作り、多年日光がこの藻に及ぼす影響を試みし。ただし、この外にもいろいろと学術上試験すべきことありて、この畔を日夜七度ずつ、夜は提灯をとぼして五年つづけて怠りなく視察しおりたるなり。

この外に粘菌類に、フィサルム・グロスムというものあり。これは他の粘菌とちがい、初め朽木を食べて生きず、地中にあって地中の有機分を食い、さて成熟に臨んで地上に現われ、草木等にかきのぼりて生熟するが、中にも土壁や石垣等の生気なきものにはい上りて成熟すること多し。明治三十四年に、小生和歌山の舎弟の宅の雪隠の石壁に、世界中レコード破りの大なるものを見出だす（直径三寸ばかり）。去年秋小畔氏邸の玄関の履《くつ》ぬぎ石につきしものは一層大きかったらしい。他にもアフリカ辺にかくのごとく土中に生活する粘菌二、三種見出だされたるを知る。これは先に申せし、生きた物につかねば成熟せぬものどもと反対に、なるべく生命のなき物を好むとは妙なことなり。朽木腐草などを食って生活するものよりも、有機分の少なき土の中に活きお

りては体内に摂取する養分も少なかるべく、したがって成熟した後の大きさも、生物を食うものどもに比して小さかるべきに、事実はこれに反し、尋常生物の腐ったのを食うものどもよりも数百倍または千倍の大きさなり。これをもって見ると、滋養分の多い物を食うから身体大きく、滋養分の少ない物を食うから身体小さいというわけに行かぬと見ゆる。このことを研究したくて、右の畑にこの粘菌をも栽え、不断その変化発生を見たるなり。

また妙なことは、粘菌類が活動しおるうちの色は白、紅、黒、紫、黄、緑等いろいろあるが、青色のものはなかりし。しかるに大正八年秋末に、この田辺の知人で杓子かけ、くらかけ、ちりとり、鍋ぶた等を作りて生活する若き人が妙なものを持ち来たる。春画に見ゆる淫水のようなものが土の上に滴下しおる。その色がペレンスのごとく青い（きわめて快晴の日の天また海の色なり）。小生はこの人戯れに糊《のり》に彩色を混じ小生を欺きに来たりしかと思いしが、ついでありしゆえその宅にゆき件《くだん》の物の生ぜし所を見るに、ちょうど新たに人を斬ったあとのごとく、青き血が滴《したた》り飛びおる体《てい》なり。それよりおよそ三尺ほどの径《わた》りの所（雪隠の前）の地面の中央には大なる滴りがあり。その滴りを見ると、四方八方へやや長くなりて大きさ不同の滴りが飛び散りおれり。その滴りを見ると、蠕々《じゅじゅ》として動くから粘菌の原形体と分かり、大なる樽の栓をその辺へころがしおき、この淫水様の半流動体がこの栓に這い上り、全くこれを蓋《おお》うたなら持ち来たれと命じ帰宅すると、翌朝持ち来たり栓が全く青色になりおる。

さて、その栓を紙箱に入れ、座右に置いて時々見ると、栓の全体を被《おお》った青色の粘液様のものが湧きかえり、そのうち、諸処より本当の人血とかわらざる深紅の半流動体を吐き出す。翌朝に至り下図のごときものとなり、すなわちフィサルム・グロスムという粘菌で、多く栓の上の方に登りて成熟しおりたり。（灰茶色が尋常なれど、この時に限り、灰茶色にして外面に青色の細粒をつけておりたり。しかるに、数日のち青色の細粒は全く跡を留めずなりぬ。）むかしより支那で、無実の罪で死んだものの血は青くなり、年月を経《ふ》るも、その殺された地上にあらわるると申す。周の萇弘という人は惨殺されたが、その血が青くて天に冤《えん》を訴えたという。また、倭寇《わこう》が支那を乱妨《らんぼう》しあるきしとき、強姦の上殺された婦女の尸《しかばね》の横たわった跡に、年々青い血がその女の像形《すがたかたち》に現われたということあり。これはこの粘菌の原形体が成熟前に地上に現じ、初めは青いが、おいおい血紅となるので、これを碧血となづけ、大いに恐縮したことかと思うて、ロンドンの『ジョーナル・オヴ・ボタニー』へ出しおけり。◆71 とにかく、従来かつて無例の青色の原形体を見たのは小生一人（およびむろん発見者たる匠人また小生の家族）で、何故普通にこの種の粘菌の原形体は淡黄なるに、この一例に限り青色なりしかは今において一向分からず、この研究のためにもその種を右の畑にまき、日夜番《ばん》しおりしなり。

しかるに花千日の紅《くれない》なく人百日の幸なしでか、大正九年末に及び、小生の南隣の家を、ある（当時の）材木成り金が買って移り住む。もと小生の宅は当地第一の有福の士族の宅地で悉皆《しっかい》で千坪に余るべし。その家衰えて幾度にも売りに出し、いろいろと分かれて、拙宅が中央、さて北隣りの宅は小生知人のものとなり（これは本持主《もと》の本宅たりし）、南隣りの宅がいろいろと人の手に渡りてこの成り金のものとなりしなり。

御承知の通り紀州の田辺より志摩の鳥羽辺までを熊野と申し、『太平記』◆73 などを読んでも分かるごとく、日本のうちながら熊野者といえば人間でなきように申せし僻地なり。小生二十四年前帰朝せしときまでは（実は今も）今日の南洋のある島のごとく、人の妻に通ずるを尋常のことと心得たるところあり。また年ごろの娘に米一升と桃色のふんどしを景《けい》物《ぶつ》として、所の神主または老人に割ってもらうところあり。小生みずからも、十七、八の女子が柱に両手をおしつけ、図〔図下〕のごとき姿勢でおりしを見、飴《あめ》を作るにやと思うに、幾度その所を通るもこの姿勢ゆえ何のことか分からず怪しみおると、若き男が鬮《くじ》でも引きしにや、己れが当たったと呟《つぶや》きながらそこへ来たり、後よりこれを犯すを見しことあり。また熊野の三個の最難所といわるる安堵ヶ峰◆74に四十余日、雪中に木小屋にすみ、菌類を採集中、浴湯場へ十四、五の小女《こむすめ》、小児《こども》を負って来たるが、若き男を見れば捉えて「種臼《たねうす》切って下んせ」と迫る。何のことか分からざりしが、女陰を臼に譬えしことは仏経にも多く例あれば、種臼とは子をまく臼ということと悟り申し候。夫婦のことに関してすらこんな乱妨《らんぼう》な所ゆえ、他は推して知るべしで、今も熊野の者は行儀の作法のということを知らず。

これは昔話のようだが、上野《うわの》◆75という所（紀州の最南端にて無線電信局のある岬なり）に喜平次という旧家あり（旧家といっても元禄ころの地図にこの地名さえ見えぬほどゆえ、米国の旧家と斉《ひと》しく知れたものなり）、今も多額納税者なり。この家の老主婦がある年

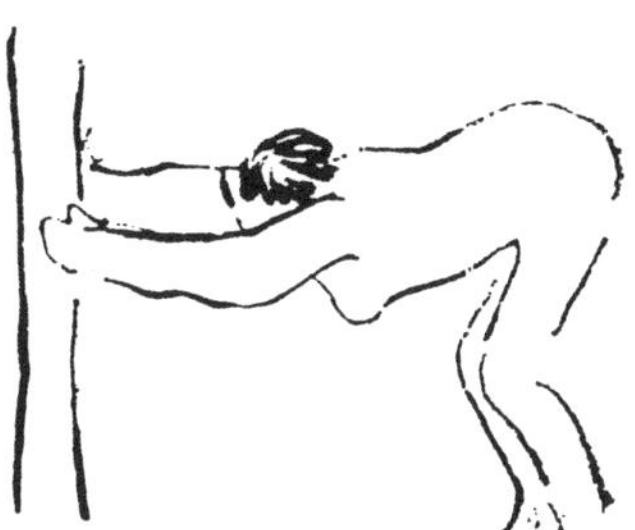

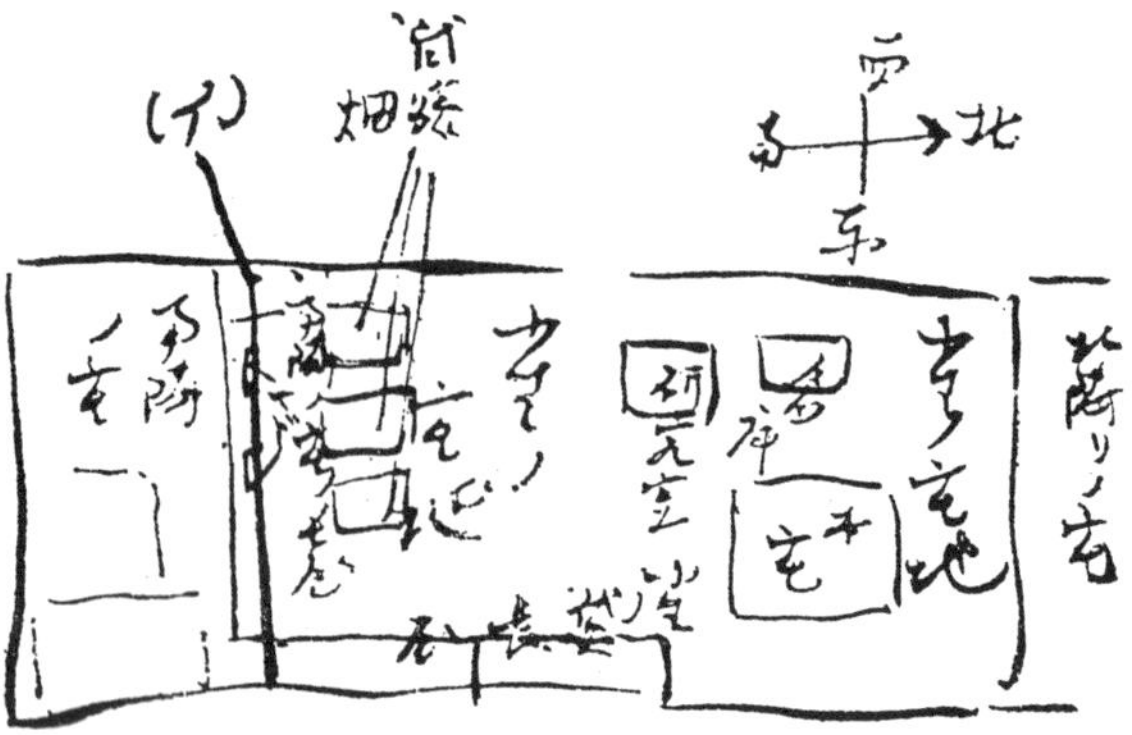

本願寺とかへ参るとて、自家の船に乗り大阪の川口に到りしに、たまたま暴風起こり諸国より集まりし船舶大いに混雑するを見て、この老婆が、みなみな静まれ、喜平次の船じゃ喜平次の船じゃと呼びしという。熊野の小天地で勢いあればとて、天下の船場処たる大阪の川口で、みなみな静まれとて名乗りしも、遠州浜松の町通り同然広いようで狭きのはなはだしきものと、後年まで万人の諺となり、笑うところとなりおる。

それ◆76に違わず小生南隣に移り来たりし男も、川添村とて何とも知れぬ僻邑の生れで、わずかな成り金となりたればとて、他人のことを一際《いっさい》かまわぬものなり。それが小生の隣宅を買い移り来たりてのち、その長屋〔上図(イ)〕で蜜柑箱の製造を始める。この長屋に窓二つあって小生宅の後園に向かう。これは成規によ

れば隣宅の内部を見るはよろしからぬことゆえ、空気だけ通して眼視るを得ざるように目かくしを設くべきものなり。しかるに、これまで南隣の宅に住せし人は小生の知人にもあり、礼儀をも心得たる人ゆえ、かつは小生よりも久しく住せし人にて、もとこれらの隣接せし三家は一人の住宅たりしゆえ、かかるこむつかしきことを要せず。拙方の者どもが後園に出れば南隣の人が長屋の窓をしめきり、拙方の者どももまた長屋に人ありと見るときは、斟酌《しんしゃく》してなるべく近づかざりしなり。しかるに件《くだん》の成り金がミカン箱製造を始めてより、立ちかわり入れかわり、どこの人とも知れぬ者を傭い来たり、長屋の窓を終日開けはなして拙方を自由自在に見通すから、女子ども恥じて後園に出ること能わず。幾日経ってもこの次第ゆえ、小生その窓辺にゆき、你《なんじ》らここよりわが園内をのぞくなと言いしに、それより事起こって、この南隣の者が右の長屋（二階なしの低きもの）を高さ二丈ばかりの二階立ちに改築せんとす。

左様さるると五年このかた試験し来たりし前述の畑は冬三《み》月間《つきかん》全く日光が当たらず、試験ができなくなる。よって抗議を申し込みしも聞き入れず、止むを得ず和歌山に登り、当時の県知事小原新一氏に頼み、同氏より長さ三尺ばかりの長文の諭書を出し、郡長、学務課長をして説諭せしめしに、表面半ば聞き入れし体《てい》を装い、せっかく材木を集めたことゆえまるで工事を止むることはならざるも、図のごとくロロロなる旧長屋をイイなる高き二階立ちにするに正中の処だけは大分低くすべし、しかる時は日光が多少畑に及ぼし、あまりに全く冬中畑に及ぼさぬということなかるべしとのことで、イイの点において構造組み立ての棟を切って見せる。よって学務課長らも安心して県庁へ引き上げ、小生もまずはやや安心して外出せし間に、隣主多くの人足を急に集め、件《くだん》の一度切ったる棟をつぎ合わせ、全く二丈ばかりの高さの建築を立てたり。これがため小生の試験畑はまるで無効のものとなり、累年の試験は全廃となり申し候。

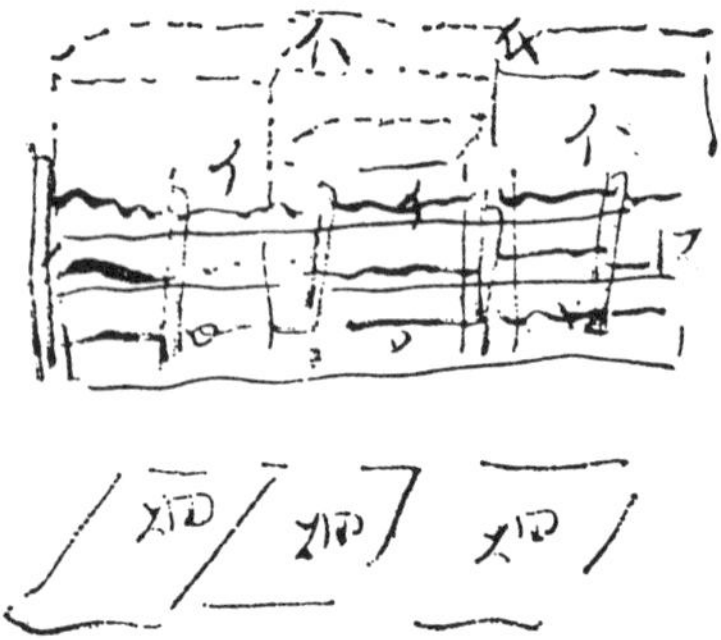

しかしてもっとも不埒なことは、この高き建築と拙宅界限との間に少しも空間をおかず、ただちに限界を摩して右の建築を立てたるゆえ、人足ら棟上《むねあ》げの時足場の余裕少しもなければ拙方の邸地内に多人入り来たり、件《くだん》の試験畑を蹂躙し、小生不在なるゆえ妻子が咎めると悪口雑言し、はなはだしきは小便をたれちらす。（その人足というはあまり人々の好

まぬ人群といえば、そのいかようの人群なるかは貴察あるべし。）

小生帰り来たりてこの由をきき大いに怒り、次日右の高廈《こうか》の小生方へ向きたる方に壁をぬらんとするを知り、再び小生宅地内に入り込まざるように、こちらも限界に摩接《ませつ》して、

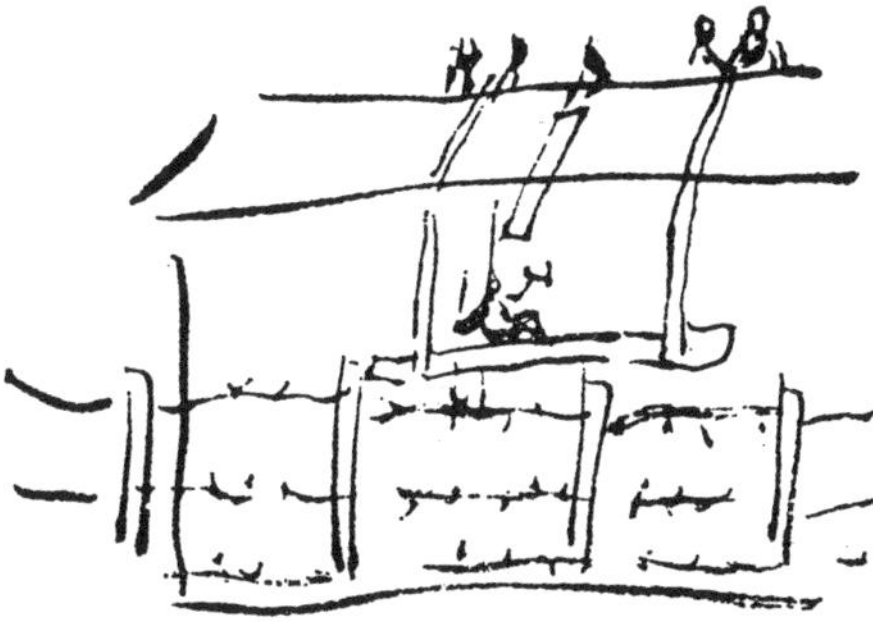

曲鉤刺《かぎばり》を具せる鉄条を三列にはりつめたり。故にこの鉄条網と壁との間に、壁ぬり人足が身を入るること能わず。いろいろ歎願せしも小生聞き入れず、到底壁をぬること成らぬゆえ、図のごとく、屋根の上より太き綱を下げ、狭き板を中釣《ちゅうづり》にし、その上に人が坐して屋根の上より渡す板を一枚一枚とりて粗壁《あらかべ》に打ちつけて、ようやくこれを蓋《おお》えり。この時小生方に軍師ありて、この高建築に近接して堭《ほり》をほるべしと言いしが、小生は左様なことをすると、件《くだん》の建築が必ず小生の邸地内へ倒れ込むからと言って見合せにせり。

当時県庁より吏人を派し説諭せしめ、また県知事みずから長文の諭書を出せしなどは（知事も学務課長も）法学士なるにしてははなはだ不穿鑿《ふせんさく》なることにて、一年後に東京で控訴院判事尾佐竹猛氏に聞きしに、家と家との間には必ず三尺の空間を除きおくべしと明文あり、またこれを犯せし

者を訴えて改築せしめることを得れば、損償をとることもできることの由。もと当地に検事たりし、田村四郎作という新宮の弁護士、去秋来訪されしときも、民法にその箇条ありとて示され申し候。小生はいろいろの学問をかじりかいたが、亡父が、亡兄を法律をふりまわして多くの人ににくまれ、ついに破産すべき者なり、熊楠は必ず法律に明るくなるべからずといわれしを守りて、少しも法律を心得ざりしゆえ、かようの屈すべからざることをも屈せねばならぬへまをやらかし申し候。◆77

催眠術などで御承知の通り、精神強固ならぬうちに尊長のいい聞かしたことは、後年までもその人の脳底に改革できざる印象を押し申し候。シベリアの土民間に、男にして女の心性なるもの多し。これは軍《いくさ》に勝った者が負けた者の命をとるべき処を宥《ゆる》しやり、その代りに以後きっと女になれと言い渡すなり。精神のたしかな〔らざ〕る土民のこととて、それより後は心性全く婦人に化し、一切男子相応の仕事はできず、庖厨《ほうちゅう》縫織《ほうしょく》等の業のみつとめ、はなはだしきは後庭を供して産門に代え、主人の慾を充たしめて平気なるに至る。小生は脳の堅固ならぬうちに、家が商売をするについて金のためにいろいろ人の苦しむを見、前状に申し上げしと思うが、自分の異母姉が博徒の妻となって、その博徒が金の無心に来て拘引されしなどを見、また父が常々、兄が裁判所にのみ出でて金を得て帰るを見て、法律法律というものは人情がなくなる、金を儲《もう》くることが上手でも必ず人望を失うてついには破滅すべしと誨《おし》えしを、幼き脳底に印したので、金銭と法律には至って迂遠《うえん》なるが一つの大玼《たいし》（?）に御座候。研究所を企つるに及んでより、止むを得ず金銭や法律のことをも多少懸念するに至りしも、ほんの用心を加うるというばかりで、このごろの金慾万能の舎弟その他より見れば、まるのおぼうさんたるは論なし。これがために一歎もすれば、また自分の幸福かとも悦び申し候。小生は口も筆も鋭く、ずいぶん人をこまらせたること多き男なれども、今に全く人に見棄てられず。一昨々年三十六年めで上京せし時◆78も、旧知内田康哉伯（当時の外務大臣）、岡崎邦輔氏ら、みな多少以前に迷惑をしたことのある人々なれども、左様の顔をもせず紀州の名物男を保存すべしとてそれぞれ出資され、ことには郵船会社の中島滋太郎氏を始め、旧友という旧友斉《ひと》しく尽力して寄付金を募《つの》り贈られ申し候。（四十七円もち汽車中で牛乳二本のみしのみで上り、三万三千円ばかり持ち帰り申し候。）明智光秀というは主君を弑《しい》した不道の男なり。かつ最期の戦争のやり方ははなはだ拙《つた》なかりし。武勇の甥、明智左馬之介をして、あったところが何の役にも立たぬわずかの軍勢を分かち率いて空しく安土の城を守らせたるがごとし。しかるに山崎の一戦に、その将士はことごとく枕を並べて討死致し候。四方天、並河、内藤を始め、いずれも以前光秀とは敵たりしが止むを得ず降参せし人々なり。それにその人々が一人も背《そむ》かずまた遁れずに光秀のために討死致し候。小生は善悪ともにとても光秀の比較にならぬ男ながら、右申す通り、多くの人々が三十余年、二十余年の後も旧交を念じ、旧怨を捨てて尽力下されしは、小生が金銭と法律のことにあまり明るからざるよりの一得《いっとく》かと存じ申し候。その時集まりし金に本山彦一氏よりの五千円の寄付を合わせて、今も三万九千余円は少しも減らさず、預け有之《これあり》候。小生の弟は多額納税者ながら三年立ちし四年めの今日まで約束の二万円を出さず、また親戚どもより集まったはずの五千円も寄せくれず。これはやはり小生が金銭と法律に明るからざるの損に御座候。一得一失は免れざるものにやと存じ候。西洋では親が子を罵ることを大いに忌《い》み候。ドイツの昔話に、父が子供三人にみなろくなものなし、鳥になれといいしに、たちまち鳥と化し飛び去った話あり。実談にはあらざるも、女になれと言われて女になることもあれば、よりどころなきにあらず。

右の次第にて小生は、南隣の主人の無法のために五年来の試験を打ち切らざるを得ざることとなりしにつき、県知事始め友人ら、これ全く小生多年あまりに世間とかけ離れて仙人棲居《すまい》をせし結果なれば、何とかして多少世間に目立ち、世人より敬せられ保護さるるようの方法を講ずべしとのことにて、協議の末生まれたのが植物研究所で、その首唱者は、拙弟常楠と田中長三郎氏（趣意書の起草者、大阪商船会社、中橋徳五郎氏の前に社長たりし人〔の令息〕）なりし。しかるに、この常楠というもの、幼時は同父同母の兄弟として至って温厚篤実の者なりしが、その妻が非常の悍婦にて、もと小生ごとき成り金ものの悴とかわり、代々名高かりし田舎長者の娘なり。にわか大名がひたすら公卿の娘を妻として誇りたきごとく、小生の父亡後、母が以前士族に奉公したことがあるので、悴に旧家より嫁をとりやりたしとて、この女を弟の妻としたるなり。その女の兄は明治十九年に妻を娶り、少しの間に狂を発し、今に癲狂院に入りおり、時々平癒して帰休するとまた発狂して入院するなり。その弟は発狂して人を殺せしものなり（その後若死せり）。しかして兄の妻また悍婦にて、嫁入り来たり一男一女を挙ぐるうちに、夫が発狂せしゆえ、寡居して家を守り、姑《しゅうとめ》（すなわち拙弟の妻の母）と至って仲悪く、数十年別居しおる。この姑すなわち拙弟の妻の母もまた若くして寡となりしものにて、いろいろと醜行の評もあり、それを気に病んで、その長男が発狂し、母の髪を鋏《はさ》み切りたるなり。こんな家に生まれたる女ゆえ、拙弟の妻また狂人ごときふるまい多く、何とも始末におえず、自分の里に帰りしことなしといえば、しごく貞女のようなれど、実は発狂せる兄の妻が悍婦で、姑を逐い出すほどの者ゆえ、夫の妹（すなわち拙弟の妻）を容れず、それがため、拙弟の妻は拙弟方にかじりつきて、この家で討死と覚悟を極《き》めおるから勢い凄《すさ》まじく、拙弟が頭が上がらず。亡父の時の旧番頭にて分家せしもの、また小生と常楠の末弟、また小生の兄や姉など、あまりのことに驚き怪しみ、拙弟を戒め、今少しく鉗制せよというと、この女、則天武后◆79、平の政子◆80という体で、威猛高にこれに反抗す。それがため、兄と末弟はほとんど窮死また自殺同前に死んでしまい、兄の娘は娼妓同前に横浜の色情狂ごときものの妻にほとんど売られおわりぬ。姉も去年死亡す。かくて、小生は久しく海外にありし者ゆえ、その間のことは一切分からず。家の伝説履歴を知った者はみな死んでしまう。小生の父母の一族は一切舎弟方へ寄りつかず、ただただ舎弟の妻の一族のみ強梁《きょうりょう》しおるなり。

物徂徠[81]の語に「僧侶の行い浄《きょ》きものは多く猥語《わいご》を吐く」とありしと記臆す。ローマのストア派の大賢セネカも、わが行を見よ、正し、わが言を聞け、猥なり、といえり。小生は、ずいぶん陰陽和合の話などで聞こえた方だが、行いは至って正しく、四十歳まで女と語りしことも少しく、その歳に始めて妻を娶り、時々統計学の参考のためにやらかすが、それすらかかさず日記帳にギリシア字で茶臼とか居茶臼《い》とか倒澆蠟燭《さかさま》とか本膳とかやりようまでも明記せり。司馬君実《くんじつ》は閨門中の語までも人に聞かされないものはないと言ったそうだが、小生はそのまだ上で、回向院の大相撲同前、取り組みまでも人に聞かされないものはないと心得おる。また他人とかわり、借金ということをしたことなし。至って尋常なことのようだが、これは至ってしにくきことに御座候。しかるに舎弟は、表面孔子からつりをとるような顔[82]をした男ながら、若い時折花攀柳とやらで淋病を疾《や》み、それをその妻に伝えたるなり。漢の呂后、隋の独孤后、唐の則天などは知らず、黴毒ということ盛んに行なわるる世となりては、これを伝えられたる妻が性質一変して嗔《いか》りと嫉《ねた》みより牝獅が子を乳するときのごとく狂い出すはあり内のことで、今の世に妻に頭の上がらない夫は十の八、九はこの一つの過失ありしため、めめしくも閉口しおると見え申し候。

今の医学者など、黴毒はコロンブスの時米国より水夫が伝染して世界に弘まれりと心得る輩《やから》多し。それが慶長、元和ごろ唐瘡《とうかさ》とて本邦に渡り、結城秀康、黒田如水、浅野幸長、本多正信など、みなこのために歿せしと申す。なるほど劇しき黴毒は左様かも知れず、しかしながら『壒嚢抄』◆83は文安時代（足利義政公まだ将軍に任ぜざりしとき）できたものなり。それに、ある鈔物にいわくと引いて、和泉式部が瘡開《かさつび》という題で「筆もつびゆがみて物のかかるるはこれや難波のあし手なるらん」と詠しとあり。（紀州などには今も黴毒をカサという。つびゆがみて物のかかるるとは黴毒を受けた当座陰に瘡できて痒《かゆ》きをいえるなり。）和泉式部と同じく平安時代にできた『今昔物語』◆84巻二四に、貴女の装いし美なる車に乗りて典薬頭《てんやくのかみ》某という老医師方に来たり、貴公に身を任《まか》すからと言いてなく。何事ぞと問うに、女袴の股立《ももだ》ちを引き開けて見すれば、股の雪のごとく白きに少し面腫れたり云々。袴の腰を全く解いて前の方をみれど毛の中にて見えず、典薬頭手をもってそれを捜れば、辺《へり》にいと近くはれたる物あり。左右の手をもって毛を掻き別けて見れば、もはらに慎むべき物なり、云々。典薬頭われに身を任せたと聞いて大悦びで、種々手を尽して治療し、なお数日留め置きてこの女を賞翫《しょうがん》せんと楽しむうち、この女忍んでにげ去り、老医泣き怒りしという咄《はなし》を載す。これも梅毒と見え申し候。もちろん今の梅毒と多少ちがうかもしれぬが、同様の病いたることは論なしと存じ候。一八八二年にドイツのロセンバウムが『淫毒病史』を出す。これは、黴毒はコロンブス以前よりありし証をヘブリウ、ギリシア、ローマ以下の書どもよりおびただしく挙げた大著述なり。

◆87小生かかることを長々しく言うは、支那の名臣房玄齢《ぼうげんれい》、◆85戚継光《せきけいこう》、◆86わが邦の勇将福島正則すらも妬婦悍婦にはかなわなんだよう見ゆ。これらはその内実夫《おっと》において疚《やま》しきことがあったので、実は黴毒を伝えたのがおったと存じ申し候。英国に下院へ一案が出たるに、これを出したる政党の首領の失策でこの案通らず、しかるに大蔵大臣がその首領の姻戚たりし縁でその辺造作もなく通過したり。バジョーこれを見て、近世政党史を編するに特に著名なる政治家の縁戚を調べて、縁戚関係が政略の成不成《せいふせい》に及ぼせる子細《しさい》を研究したら面白かろうと言いしとか。氏自身も誰もこれが研究をしたものありや、小生は知らず。過日の貴社の騒動なども内手をしらべたら、世間に思いがけなきこの類のことがもっとも力ありしこともあるべしと存じ候。

またついでに申す。インドの神や偉人の伝に、その父母が何形を現わして交会して生めりということ多し。鸚鵡形《おうむがた》、象形、牛形等なり。これはちょっと読むと、神や偉人の父母はむろん常人にあらざればかようにいろいろの動物に化《ば》けて交会せしごときも、実は然《しか》らず。上に述べたる茶臼とか居茶臼とか後《うし》ろどりとかいろいろのやりようあるなり。それにかくのごとき動物の名をつけたるなり。本邦にもやりように、古く鶴の求食《あさり》、木伝《こづた》う猨《ましら》などいろいろの名ありしこと『類聚名物考』◆88に見えたり。英国のサー・リチャード・バートンいわく、インド人がかかることに注意してかきとめしは大いに有意義で、やりようの如何《いかん》によって産まるる子の性質に種々のかわりあることなるべし、深く研究を要す、と。

さて研究所の首唱者は舎弟常楠と田中長三郎氏二人なりしが、田中氏は大正十年仲春、洋行を文部省より命ぜられ米国へ渡り、何となく退いてしまわれし。これは今より察するに、舎弟が我慾強き吝嗇漢《りんしょくかん》で、小生の名前で金を募り集め、それを自分方に預かりて利にまわさんとでも心がけて、小生に慫慂《しょうよう》したることとらしく分かったので、田中氏はのいてしまいしことと察し申し候。小生は世俗のことに闇《くら》きゆえ、そんなことと知らず、すでに研究所の趣意書までまきちらしたことゆえ、また東京では数万金が集まったことゆえ、今に鋭意して集金しおり、基本金には手をつくることならぬゆえ、いろいろと寄書、通信教授また標本を売りなどして、わずかに糊口しおり候。舎弟は、小生意外に多く金あつまり銀行へ預けた上はそれで自活すれば可なりと、研究所の寄付金と小生一家の糊口費を混視し、従来送り来たりし活計費を送らざることとすでに二年、よってさし当たりこの住宅なくては研究安定せざるゆえ、前年買いしときの約束に基づき四千五百円で譲与を望むも、今の時価ならでは（少なくとも一万円）譲らずと主張し、またその代りに小生亡父より譲られたる田地を渡し交換せんというに、大正三年小生の望みにより名前を舎弟のものに切り換えありという。これはそのころ当町の税務署より突然小生に所得税を徴せられしことあり。小生、一向所得税を払うべき物なしと言いしに、田地二町二反余あるを知らずやという。小生そんなことは末弟らより聞きしことあるも、自分は金銭のことに疎《うと》ければ知らずと言いて、舎弟へ書面を出し、右様のこと申し来たりては面倒ゆえ従前ごとく小生に代わりこれを預かりおるその方より納税しおきくれと、代納の委任状をおくれり。実印は舎弟に預けあり。よってその代納税の委任状の小生の記名を何とかして譲与証書を作り、自分の物にしてしまいしことと存じ候。小生の月々の費用は、米が居多《きょた》にて年々六石ほど食う。右の二町二反余より三十石ばかり上がるなり。それに小生は迂闊《うかつ》にして、右二町二反余の地価の九百九十円とあるを明治二十年ごろの価と知らず、わずかなことなれば介意するに足らずとして、このごろまで過ぎおりたるなり。酒屋というものは毎年納税期に四苦八苦して納税する、そのためにはずいぶん兄弟や親戚の財産を書き替えることもありと聞くゆえ、骨肉の情としていつでも間にあわせ用が済まばまた小生に復《かえ》すことと心得、実印までも預けおきたるなり。しかるに、小生ごとき金銭にかけては小児同様のものをかようになしおわるとは、骨肉しかも同父母の弟としては非人道の至りなり。例年代納し来たりしに、この歳に限り小生依然金銭に迂なりや否を試《こころ》見んため代納を拒み、突然小生に徴税せしめたると分かる。このかけあいに前日上りしも◆89寒気烈しくして帰り来たり、さらに妻と妻の妹を遣わし、五時間もかけ合いしも埒《らち》明かず、春暖になれば小生またみずから上らんと思う。しかして談判のかたわら、生れ故郷のことなれば今も知人や知人の子弟は多くあり、それらの人々に訴えて集金せんと思う。今のような不景気な時節に集金は難事ながら、只今とても時々小生の篤志を感じ寄付金をおくらるる人なきにあらず。小生一度企てた以上は、たとい自身の生涯に事成《な》らずとも、西洋の多くの例のごとく、基礎さえ建ておけば、また後継者あって大成しくることと思う。

御存知かもしれず、前年原敬氏首相たりし時、神社合祀の令を出し、所によりこれを強行することはなはだしく、神社神林を全滅して私腹を肥やすこと大いに行なわれ、心ある人々は国体を害することこれより大なるはなしと申せしも、誰一人立ってこれをいう者なかりし。その時伊勢に生川《なるかわ》鉄忠という神官ありてこのことを論ぜしも、ただ筆さきに止まり何の影響なかりしに、大正九年、小生このことを言い出し、代議士中村啓次郎氏に頼み数回国会へもち出し、またみずからこれを論議するのははなはだしかりしより、十八日間未決監につながれしことあり、◆90その後もやめずにこれを論じ、ちょうど十年めに神社合祀は無益とのことを貴族院で議決され申し候〔大正九年はこの議決の年〕。およそ十年このことに奔走し、七千円という、小生に取りては大なる金円を損じ申し候。しかして神社合祀無益と議決されし時は、すでに多くの神社が合祀全滅されたる後にて、何の役に立たざりしようなれど、これがため今も全国に存残せる神社は多く、現に当町の神社などは、一、二の外はみなのこれり。さて今日となって、神社へまいりたきも道遠くしてまいり得ざる等の事情より田舎の人心離散せること、都会で思うよりもはなはだしきもの多く、これが農村疲弊思想濫《らん》違《い》の主たる源由《げんゆ》となりおり申し候。小生自分の予言の当たりしは、国家衰運に向かいしと同然で決して喜ぶべきにあらざれども、とにかく国民としていうべきことをいい憂うべきことを憂いたるは本心において慙《は》ずるところなし。研究所の件のごときも、すでに一度いい出せしことはひくべきにあらず。いわんや数万円の金ができ集まりおるにおいてをやで、この上いかに難儀するとも、鉄眼《てつげん》が◆91一切経を翻刻せし時の心がけで集金すべく、ずいぶん骨を折りおり申し候。

ずいぶん諸方よりいろいろの事を問い合わせ来るを一々叮嚀《ていねい》に能う限り返事を出し、さて趣意書を送って寄付を求むるに、十の四、五は何の返事さえ下されぬもの多し。つまりこの貧乏な小生に多大の時間と紙筆を空費せしむるものなり。されど、世には無情の人ばかりでなく、この不景気に、小包郵便は一週間に二度しか扱わぬという大和の僻陬《へきすう》より、五円贈られたる人あり。また水兵にして小生と見ず知らずの人なるに、一日五十銭の給料を蓄えて十円送られたるもあり。亡父が常に小生の話をせしとて三円送り来たり、素焼きの植木鉢一つでも買ってくれと申し込まれし少年あり（植木屋を小生が開業すると心得違うたるなり）。幸いに命さえつづかば早晩このことは成るべしと楽しみおり申し候。

むかし鉄眼、一切経を開板するため勧化《かんげ》するに、阿部野で武士の飛脚らしき者を見、一切経の功徳《くどく》を説きながら一里ばかりつき行きしに、その人一文を取り出し地になげ、われ一切経をありがたく思うて寄付するにあらず、貴僧の執念つよきに感心せるなりと言い、さて茶屋に腰かけ女のすすむる茶一椀に八文とか十文とか余計に抛《なげう》ちし由、鉄眼これを見て涙を落とし、合掌して三宝を敬礼《きようらい》し、わが熱心かかる無慚《むざん》の男をして一文をわれに与えしめたるを見て、わが志は他日必ず成就《じようじゆ》するを知ると悦び帰りし由。

『南水漫遊』とかいうものには鉄眼、菴《いおり》に夜分籠りおりしに美婦一人来たり、雪の夜なれば歩進まず、何とぞ宿《やど》しくれと頼む。いかに拒むも、この雪中に死せしむるつもりかといわれて、止むを得ずそこに宿せしめ、子細をきくに、人の妾《めかけ》たりしが本妻の妬《ねた》みで追い出されたるが、里へ帰る途上日暮れ大雪に逢いしという。さてその女終夜身の上を案じ眠られざるに、艾《もぐさ》の臭気絶えず、へんなことに思い、ひそかに次の間をのぞけば、鉄眼の一物蛟竜《こうりゆう》雲を得た勢いで脈を打たせはね上がるを制止せんとて、終夜灸《きゆう》をすえおりたるなり。その女のちに本妻死して夫の家にかえり本妻となり、このことを夫に話せしに、その夫は大富なりしゆえ、感心して、その志に報いんため寺を建て鉄眼を置きし、とあり。真偽は知らざるも、鉄眼の伝にも、某という富家の婦人より大寄付を得て一切経出板を資《たす》けたことあれば、なにか似寄ったことはあるべしと思う。小生はずいぶん名だたる大酒なりしが、九年前にこの家を購《か》うため和歌山に上《のぼ》る船中、感冒に伝染して肺炎を疾むこと九十日ばかり、それより酒をやめ申せしが、近年このことにかかりてよりは滴《しずく》も用いず候。他の諸事もこれに准ず。一物も鉄眼以上の立派な物なりしが、只今は毎日失踪届けを出さねばならぬほど、あってなきに等《ひと》しきものになりおわり候。

咄《はなし》もここまでくれば末なり。よって珍妙なことを申し上げ候。大正十一年春東京にありしとき、四月十二日に代議士中村啓次郎、堂野前種松（小石川音羽墓地三万坪をもち一坪いくらと売りし人）二氏に伴われ、山本達雄氏（子か男か記臆せぬゆえ氏と書く）を訪《おとな》いし。明治三十年ごろ、この人正金銀行の今西豊氏と英国に来たり（当時山本氏は日本銀行総裁）、小生今西氏とサンフランシスコにて知人たりしゆえ、大英博物館に案内し、その礼に山本氏と並び坐して食事を供せられしことあり。その時山本氏問いに、西洋の婦女は日本のと味が同じかとは、よく好きな人と覚えたり。さて山本氏は小生を知らぬ由をいう。この人小生の研究所の発起人なるに知らずというを小生は面白く思わず、渡英されしときのことどもをいろいろ咄《はな》せしに、ようやく臆い出したらしかりしが、なお貴公がそんなに勉学しおるものなら農相たる予が多少聞き知るはずなるに、一向聞き知りしことなきは不思議などいう。

かかることとは、欧米の挨拶にはよほど人を怒らすを好む人にあらざればいわぬことに候。小生の旧知にて小生キュバ島へ行きし不在中に、小生が預けおいた書籍を質に入れた小手川豊次郎というせむしありし。日本へ帰りてちょっと法螺《ほら》を吹きしが死におわれり。この者都築馨六男と電車に同乗中、君の郷里はどこかと問われて、おれの生れ場所を知らぬ者があるかといいしに、都築男聒《かつ》となりて汝ごとき奴の郷里を知るはずなしといいしを、板垣伯仲裁せしことあり、と新紙で見たことあり。小手川の言は無論として、都築男も品位に不相応な言を吐かれたものと思う。

関ヶ原の戦争に西軍あまり多勢なので東軍意気揚がらず、その時坂崎出羽守（西軍の大将浮田秀家の従弟兼家老たりしが、主を怨《うら》むことありて家康に付きし者、この軍ののち石見国《いわみのくに》浜田一万石に封ぜられしが、大阪の城落つるとき、秀頼の妻をとり出したらその者の妻にやると聞き、取り出せしに秀頼の後家《ごけ》本多忠刻にほれその妻となる。出羽守怒ってこれを奪わんとし、兵を構えんとするを家臣に弑《しい》せらる。故福地源一郎氏はこのこと虚談といいしが、小生コックスの[◆92]『平戸日記』を見るに、コックス当時江戸にあり、このことを記したれば実事なり）進み出で、西軍などおそるるに足らず、某《それがし》一人あれば勝軍《かちいくさ》受合いなりと言いしを家康賞美する。出羽守出でてのち小姓ども大いにその大言を笑いしに、家康、かようの際に一人なりとも味方のために気を吐く者あらば味方の勇気が増すものなり、その者の言葉を笑うべきにあらず、と叱りしという。咄《はなし》の始終も履歴も聞かぬうちに、われは汝にあいし覚えなしなどいわれたら、その者の心はたちまちその人を離るるものなり。スペインのアルフォンソ何世たりしか、華族にあえば知らぬ顔して過ぎ、知らぬ百姓に逢うても必ず色代《しきだい》せしより、百姓ども王に加担して強梁せる華族をことごとくおさえ、王位を安きに置きたり、と承りしことあり。

小生いわく、秦の王猛はどてらを着て桓温を尋ねしに、桓温勝軍《かちいくさ》の威に乗じこれを見下し、関中の豪傑は誰ぞと問いしという。実は関中にも支那中にも王猛ほどの人物なかりしに、見下して挨拶が悪かったから、王佐の才を空しく懐《いだ》いて何の答えもせずに去って苻堅に就《つ》き秦を強大にせり。周の則天武后が宰相人を失すと歎ぜしも、かかる大臣あるに出づ。されば政府や世に聞こえた学者にろくなやつなしとて、東廧《とうしょう》という藜《あかざ》ごときものは、蒙古では非常に人馬の食料となるものなり、しかるに参謀本部から農商務省にこの物の調査どころか名を知ったものなし。支那では康熙帝親征のときみずから沙漠でこの物を食い試み、御製の詩さえあるなり。万事かくのごとしとていろいろの例を挙げ、学問するものは愚人に知られずとて気に病むようでは学問は大成せずとて、貧弱な村に一生おって小学の教師の代用などした天主僧メンデルは、心静かに遺伝の研究をしていわゆるメンデル法則を確定したるに、生前誰一人その名をさえ知らず、死後数年にしてたちまちダーウィン以後の有力な学者と認められた。人の知る知らぬを気兼ねしては学問は大成せず、と言い放つところへ鶴見商務局長入り来たる。この日英皇太子入京にて、諸大臣大礼服で迎いにゆくとて大騒ぎなり。

　小生山本氏をしてこの出迎いに間に合わざらしめやらんと思いつき、いろいろの標品を見せるうち、よい時分を計《はか》り、惚れ薬になる菌《きのこ》一をとり出す。これはインド諸島より綿を輸入したるが久しく紀州の内海《うつみ》◆93という地の紡績会社の倉庫に置かれ腐りしに生えた物で、その物図〔次頁〕のごとくまるで男根形、茎に疳積《かんしゃく》筋あり、また頭より粘汁を出すまで、その物そっくりなり。六、七十年前に聞いたままでこれを図したる蘭人あるも、実際その物を見しは小生初めてなり。牛蒡《ごぼう》のような臭気がする。それを女にかがしむると眼を細くし、歯をくいしばり、髣髴《ほうふつ》として誰でもわが夫《おっと》と見え、大ぼれにほれ出す。それを見せていろいろ面白くしゃべると、山本問うていわく、それはしごく結構だがいっそ処女を悦ばす妙薬はないものかね。小生かねて政教社の連中より、山本の亡妻はとても夫の勇勢に堪えきれず、進んで処女を撰み下女におき、二人ずつ毎夜夫の両側に臥せしむ、それが孕めば出入りの町人に景物を添えて払い下げ、また処女を置く、しかるに前年夫人死し、その弔いにこれも払い下げられて夫ある女が来たりしを、花橘の昔のにおい床《ゆか》しくしてまた引き留め宿らせしが、情《なさけ》が凝って腹に宿り、夫の前を恥じて自殺したということを聞きおったので、それこそお出《い》でたなと、いよいよ声を張り挙げ、それはあるともあるとも大ありだが、寄付金をどっしりくれないと啻《ただ》きかす訳には行かぬというと、それは出すからとくる。

　よって説き出す一条は紫《し》稍花《しょうか》で、これは淡水に生ずる海綿の細き骨なり。海から海綿をとり出し、ただちに水につけて面を掃うと、切られ与三郎◆94ごとく三十余ヵ処もかすり疵《きず》がつく。それは海綿には、こんなふうの細きガ

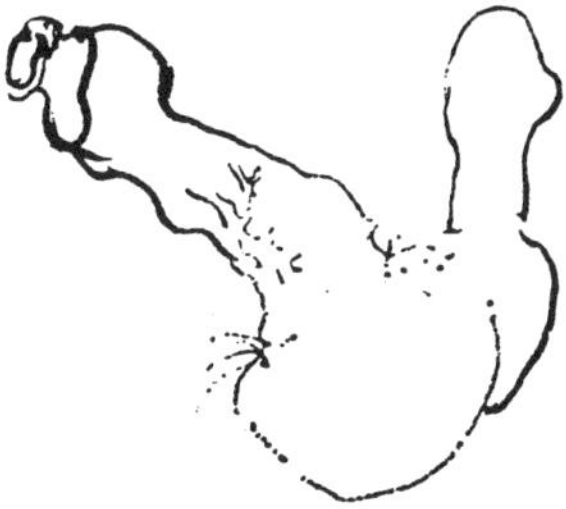

ラス質の刺《はり》あり、それを骨として虫が活きおるなり。その虫死してもこの刺《はり》はのこる。故に海綿を手に入れたら苛性カリで久しく煮てこの刺を溶かし去り、さて柔らかくなりたるを理髪店などに売り用いるなり。痛いというのと痒いというのとは実は程度のちがいで、海綿の海に生ずるものは件《くだん》の刺大なる故つくと痛む。しかるに、淡水に生ずる海綿は至って小さなもの故、その刺《はり》したがって微細で、それでつかれても痛みを感ぜず、鍋の尻につける鍋墨に火がついたごとく、ここに感じここに消えすること止まず。すなわちハシカなどにかかりしごとく温かくて諸処微細に痒くなり、その痒さが動きあるきて一定せず、いわゆる漆にかぶれたように感ずるなり。それを撫でるとまことに気持がよい。むかし男色を売る少年を仕込むにその肛門に山椒の粉を入れしも、かくのごとく痒くてならぬところを、金剛《こんごう》（男娼における妓丁のごときもの）が一物をつきこみなでまわして快く感ぜしめ、さてこのことを面白く感ぜしむべく仕上げたるなり。ちょうどそのごとく、この淡水生海綿の微細なる刺をきわめて細かく粉砕し（もっとも素女にはきわめて細かく、新造にはやや粗く、大年増には一層粗く、と精粗の別を要す）貯えおき、さて一儀に莅《のぞ》み、一件に傅《つ》けて行なうときは、恐ろしさも忘るるばかり痒くなる。（これをホメクという。ホメクとは熱を発して微細に痒くなり、その痒さが種々に移りあるくをいうなり。）時分はよしと一上一下三浅九深の法を活用すると、女は万事夢中になり、妾悔《く》ゆらくは生まれて今までこんなよいことを知らざりしこ

ととを一生懸命に抱きつき、破《わ》れるばかりにすりつけもち上ぐるものなり、と説教すると、山本農相はもちろん鶴見局長も鼠色の涎《よだれ》を流し、ハハハハハ、フウフウフウ、それはありがたい、などと感嘆やまず。初めの威勢どこへやら小生を御祖師さんの再来ごとく三拝九拝して、寄付帳はそこへおいて被下《いらっしゃ》い、いずれ差し上げましょう、洵《まこと》にありがとうございました、と出口まで見送られた。

それから十五日に山本氏より寄付金もらい、二十五日朝、岡崎邦輔氏を訪い寄付金千円申し受けた。そのとき右の惚れ薬の話せしに、僕にもくれぬかとのこと、君のは処女でないからむつかしいが何とか一勘弁《ひとかんべん》して申し上げましょう、何分よろしく、今夜大阪へ下るからかの地でも世話すべしとのことで別れ、旅館へ帰るとすぐさま書面で処女でない女にきく方法を認《したた》め、即達郵便で差し出した。

それには山本農相など処女をすくようだが、処女というもの柳里恭◆95も言いしごとく万事気づまりで何の面白くもなきものなり。しかるに特にこれを好むは、その締《しま》りがよきゆえなり。さて、もったいないが仏説◆96を少々聴聞《ちょうもん》させよう。釈迦《しゃか》、菩《ぼ》提樹《だいじゅ》下に修行して、まさに成道《じょうどう》せんとするとき、魔王波旬の宮殿震動し、また三十二の不祥《ふしょう》の夢を見る。よって心大いに楽しまず、かくては魔道ついに仏のために壊《やぶ》らるべしと懊悩す。魔王の三女、姉は可愛、既産婦の体を現じ、中は可喜、初嫁婦の体、妹は喜見と名づけ山本農相専問の処女たり。この三女菩薩の処に現じ、ドジョウスクイを初め雑多の踊りをやらかし、ついに丸裸となりて戯《たわむ》れかかる。最初に処女の喜見が何としたって仏心《ぶつしん》動かず。次に中の可喜が昨夜初めて男に逢うた新婦の体で戯れかかると、釈尊もかつて妻との新枕を思い出し、少しく心動きかかる。次に新たに産をした体で年増女の可愛が戯れかかると、釈尊の心大いに動き、すでに仏成道をやめて抱きつこうかと思うたが、諸神の擁護で思いかえして無事なるを得た、とある。されば処女は顔相がよいのみで彼処《かしこ》には何たる妙味がなく、新婦には大分面白みがあるが、要するに三十四、五のは後光がさすと諺《ことわざ》の通りで、やっと子を産んだのがもっとも勝《まさ》れり。それは「誰《た》が広うしたと女房小言《こごと》いひ」とあるごとく、女は年をとるほど、また場数を経るほど彼処《かしこ》が広くなる。西洋人などはことに広くなり、吾輩のなんかを持って行くと、九段招魂社の大鳥井《とりい》のあいだでステッキ一本持ってふるまわすような、何の手ごたえもなきようなが多い。故に洋人は一たび子を生むと、はや前からするも興味を覚えず、必ず後から取ること多し。これをラテン語で Venus aversa と申すなり。(支那では隔山取火という。)されど子を生めば生むほど雑具が多くなり、あたかも烏賊《いか》が鰯をからみとり、章魚《たこ》が梃《てこ》に吸いつき、また丁字型凸起で亀頭をぞっとするように撫でまわす等の妙味あり。膣壁の敏感ますます鋭くなれるゆえ、女の心地よさもまた一層で、あれさそんなにされるともうもう気が遠くなります、下略、と夢中になってうなり出すゆえ、盗賊の禦《ふせ》ぎにもなる理屈なり。

マックス・ノールドーの説に装飾は男女交会より起るとあったようだが、南方大仙《みなかたたいせん》などはそこどころでなく、人倫の根底は夫婦の恩愛で、その夫婦の恩愛は、かの一儀の最中に、男は女のきをやるを見、女は男のきをやるを見る（仏経には究竟《くきょう》という）、たとえば天人に種々百千の階級あるが、いかな下等の天人もそれ相応の下等の天女を見てこれほどよい女はないと思うがごとく、平生はどんな面相でもあれ、その究竟の際の顔をみるは夫妻の間に限る。それを感ずるの深き、忘れんとして忘られぬから、さてこそ美女も悪男に貞節を持し、好男も醜妻に飽かずに倫理が立って行くのだ。むかし深山を旅行するもの、荷持ちの山がつのおやじにこんな山中に住んで何が面白いかと問いしに、こんな不《ぶ》躾《しつけ》の身にも毎夜妻の悦ぶ顔を見るを楽しみにこんなかせぎをすると言いしも同理なり。されば年増女のよがる顔を見るほど極楽はなしと知らる。しかるに、右にいうごとくトンネルの広きには閉口だ。ここにおいて石榴《ざくろ》の根の皮の煎じ汁で洗うたり、いろいろしてその緊縮の強からんことを望むが、それもその時だけで永くは続かず。

ここに岡崎老の好みあるく大年増の彼処を処女同前に緊縮せしむる秘法がある。それは元の朝に真臘国へ使いした同達観の『真臘風土記』◆97に出でおり。そのころ前後の支那の諺に、朝鮮より礼なるはなく、琉球より醇なるはなく、倭奴より狡なるはなく、真臘より富めるはなし、と言うた。真臘とは、今の後インドにあって仏国に属しおるカンボジア国だ。むかしは一廉《ひとかど》の開化あって、今もアンコン・ワットにその遺跡を見る、非常に富有な国だった。しかる故に支那よりおびただしく貿易にゆくが、ややもすれば留《とど》まって帰国せぬから支那の損となる。周達観、勅を奉じてその理由を研究に出かけると、これはいかに、真臘国の女は畜生ごとく黒い麁鄙《そひ》な生れで、なかなか御目留《おめどま》りするような女はない。しかるにそれを支那人が愛して、むかし庄内酒田港へ寄船した船頭はもうけただけ土地の娘の針箱に入れ上げたごとく、貿易の利潤をことごとくその国の女に入れてしまう。故に何度往っても「お松おめこは釘貫《ぬ》きおめこ、胯《また》で挾《はさ》んで金をとる」と来て、ことごとくはさみとられおわり、財産を作って支那に還るは少ない。かかる黒女のどこがよいかとしらべると、大いにわけありで、このカンボジア国の女はいくつになってもいくら子を産んでも彼処は処女と異ならず、しめつける力はるかに瓶詰め屋のコルクしめに優れり。どうして左様かというと、この国の風として産をするとすぐ、熱くて手を焼くような飯をにぎり、彼処につめこむ。一口《ひとくち》ものに手を焼くというが、これはぼぼを焼くなり。さて少しでも冷えれば、また熱いやつを入れかえる。かくすること一昼夜すると、一件が処女同然にしまりよくなる。「なんと恐れ入ったか、汝邦輔、この授文を百拝して牢《かた》く秘中の秘とし、無増女を見るごとにまず飯を熱くたかせ、呼び寄せてつめかえやるべし、忘るるなかれ」と書いて即達郵便でおくりやりしに、大悦狂せんばかりで、いつか衆議院の控室でこのことを洩らし大騒ぎとなりし由。

件《くだん》の紫稍花◆98は朝鮮産の下品のもの下谷区に売店あり、と白井〔光太郎〕博士より聞けり。しかし災後は如何《いかが》か知らず。小生は山本、岡崎等の頼み黙《もだ》しがたく、東京滞在中日光山へゆきし時、◆99 六鵜《ろくう》保《たもつ》氏（当時三井物産の石炭購入部次席）小生のために大谷《だいや》川に午後一時より五時まで膝まである寒流（摂氏九度）に立ち歩みて、ようやく小瓶に二つばかりとり集めくれたるが今にあり。防腐のためフォルマリンに入れたるゆえ万一中毒など起こしては大変ゆえ、そのうちゆっくりとフォルマリンを洗い去り尽して、大年増、中年増、新造、処女、また老婆用と五段に分けて一小包ずつ寄付金をくれた大株連へ分配せんと思う。山本前農相の好みの処女用のはもっとも難事で、これは琥珀《こはく》の乳鉢と乳棒で半日もすらねばならぬと思う。

　植物学よりもこんな話をすると大臣までも大悦びで、これは分かりやすい、なるほど説教の名人だと感心して、多額を寄付さるる。貴殿はお嫌いかしらぬが、世間なみに説教申し上ぐることとかくのごとし。かかるよしなし言《ごと》を永々書きつけ御笑いに入るるも斯学献《こん》立《りゅう》のためと御愍笑を乞うなり。

　小生前般来申しのこせしが、◆100 三神と船はこんなふうに〔次頁図〕、船が視る者に近いでも三神が見る者に近いでもなく、視る目より同じ近さにある体《てい》に画くが故実と存じ候。しかるときは、会社を主とせるにも連合会を主とせるにもなく、はなはだ対等でよろしかりしことと存じ候。しかし、今はおくれて事及ばざるならん。

　小生は他の人々のごとく、何年何月従何位に叙《じょ》し、何年何月いずれの国へ差遣《さけん》されたというような履歴碑文のようなものはなし。欧米で出した論文小引は無数あり。それは人類学、考古学、ことには民俗学、宗教学等の年刊、索引に出でおるはずなり。帰朝後も『太陽』[101]、『日本及日本人』[102]へは十三、四年もつづけて寄稿し、また『植物学雑誌』[103]、『人類学雑誌』[104]、『郷土研究』[105]等へはおびただしく投書したものあり。今具するに及ばず。もっとも専門的なは日本菌譜で、これは極彩色の図に細字英文で記載をそえ、たしかにできた分三千五百図有之《これあり》、実に日本の国宝なり。これを一々名をつけて出すに参考書がおびただしく必要で、それを調うるに基本金がかかることに御座候。

　また仏国のヴォルニーの語に、智識が何の世の用をもなさぬこととなると、誰人も智識を求めぬと申され候。わが国によく適用さるる語で、日本の学者は実用の学識を順序し整列しおきて、ことが起こるとすぐ引き出して実用に立てるという備えはなはだ少なし。友人にして趣意書を

書きくれたる田中長三郎氏の語に、今日の日本の科学は本草学、物産学などいいし徳川時代のものよりはるかに劣れりとのことなり。これはもっともなことで、何か問うと調べておく調べておくと申すのみ、実用さるべき答えをしかぬる人のみなり。小生はこの点においてはずいぶん用意致しあり、ずいぶん世用に立つべきつもりに御座候。箇人としても物を多くよく覚えていても、埒《らち》もなきことのみ知ったばかりでは錯雑な字典のようで、何の役に立たず。それよりはしまりのよき帳面のごとく、一切の智識を整列しおきて、惚れ薬なり、処女を悦ばす剤料なり、問わるるとすぐ間に合わすようの備えが必要に御座候。

八年ばかり前に、東京の商業会議所の書記寺田という人より問合せに、インドよりチョールムーグラが日本ではけ行く量と価格を問に来たが、何のことやら知ったものなし。貴下は御存知だろうという人あるゆえ、伺い上ぐるとのことなりし。これは大風子《たいふうし》とて（大風とは癩病のこと）、むかしより諸邦で癩病薬として尊ぶものに候。専門もよいが、専門家が他のことを一向顧みぬ風もっぱらなるより、チョールムーグラといえば何のことと問うに知った人ちょっとなし。ポルトガル語の専門家へ聞きにゆくと、それはポルトガル語にあらずというて答えがすむ。マレー語の専門家、支那語の専門家等に尋ぬるも、それはマレー語にあらず、支那語でないというて答えがすむ。知らぬという代りにそれは予の専門にあらずといえば、その学者の答えがすむなり。もしこれが、詳しからずとも一《ひと》通りの諸国の語を知った学者があり、それに問い合わせたなら、それはインド語だとの答えはすぐ出るところなれど、そんな人が日本に少ないらしい。さてインド語と分かったところで字書を引いて大風子と訳すると分かりて、その大風子はどんなもの、何の役に立つということに至っては、また漢医学家あたりへ聞き合わさざるべからず。いよいよその何物たるやを詳知《しょうち》せんと思わば植物学者に聞き合わすを要す。しかるに、植物学者は今日支那の本草などは心得ずともすむから、大風子と問たばかりでは答えができず、学名をラテンで何というか調べてのち問いにこいなどいう。それゆえ本邦で、一つなにか調べんと思うと、十人も二十人も学者にかけざるべからず。槍が専門なればとて、向うの堤を通る敵を見のがしては味方の損なり。そのとき下手ながらも鉄砲を心得おり、打って見れば中《あた》ることもあるべし。小生何一つくわしきこととなけれど、いろいろかじりかきたるゆえ、間に合うことは専門家より多き場合なきにあらず。一生官途にもつかず、会社役所へ出勤もせず、昼夜学問ばかりしたゆえ、専門家よりも専門のことを多く知ったこともなきにあらず。

小生『大阪毎日』より寄稿をたのまれ、今朝より妻子糊口のため、センチ虫の話と庭木の話をかきにかかり申し候。それゆえ履歴書は、これほどのところにて止めに致し候。もし御知人にこの履歴書を伝聞して同情さるる方もあらば、一円二円でもよろしく、小生決して私用せず、万一自分一代に事成らずば、後継者に渡すべく候間、御安心して寄付さるるよう願い上げ候。また趣意書御入用ならば送り申し上ぐべし。御出立も迫りおれば、とても望むべきこととは存ぜねども一口でもあらばと存じ願い上げ置き候。

日本の学者に、小生があきるるほど、小生よりもまだ世上のことにうとき人多し。名を申すはいかがなれど原摂祐《かねすけ》というは岐阜の人で、独学で英、仏、独、伊、拉の諸語に通じ、前年まで辱知白井光太郎教授の助手として駒場農科大学にありしが、白井氏の気に合わず廃止となり、静岡県の農会の技手たり。この人二千五百円あらば、年来研究の日本核菌譜を出板し、内外に頒ち得るなり。しかるに世上のことにうときより今に金主なし。小生何とかして自分の研究所確立の上その資金を出したく思えど、今のところ力及ばず、小生在京中右に申せし処女の薬に感心されたる鶴見局長（今は農務次官?）の世話をたのみ、啓明会より出金しもらわんと小生いろいろ世話したるも、原氏本人が大分変わった人で、たとえば資金輔助申請書にそえて身体診断証を出せといわるると、今日健康でも明日どんな死にあうかもしれず、無用のことなり、などいい張るゆえ、出《で》るべき金も出しくれず。この人東京に出で来たり小生を旅館に訪れし時、その宿所を問いしに、浅草辺なれど下谷かもしれず、酒屋のある処なりなど、漠たることをいう。こんな人に実は世界に聞こえおる大学者多く候。小生は何とぞかかる人の事業を輔成して国のために名を揚げさせたきも、今に思うのみで力及ばざるは遺憾に候。◆106この人はよほど小生をたよりにしおると見え、前年みずから当地へ小生を来訪されたることあり。

匆々謹言

（平凡社版『南方熊楠全集』第七巻5～62頁）

《語註》――中瀬喜陽

◆1　**矢吹義夫**（やぶきよしお　一八八五―一九三九）――岡山県出身。日本郵船入社、大阪、ロンドン、ニューヨークの支店長、副支店長を歴任した。熊楠との文通は、小畔四郎を介してのものだった。

◆2　**拙考案**――大正十三年十一月二十九日付矢吹宛書簡で答えた「『棉の神』について」、を指す。この書簡は後に、小畔四郎によって『南方熊楠氏研究　棉の神に就いて』と題する小冊子に編まれた。

◆3　**小畔四郎**（こあぜしろう　一八七五―一九五一）――新潟県出身、日露戦争に従軍し陸軍中尉となる。近海郵船、内国通運、石原汽船の各支店長、専務等を歴任。熊楠との出会いは、一九〇二年（明治三十五）、趣味としていたランを求めて那智に行き、偶然、植物調査中の熊楠に声をかけてからで、以来、粘菌に興味をいだき高弟として育っていった。

◆4　**杉村楚人冠**（すぎむらそじんかん　一八七二―一九四五）――和歌山県出身、本名広太郎。朝日新聞社に入り、縦横の筆をふるった。子息の武は一時喜多幅武三郎の養子となり、熊楠に目をかけられた。ここでは楚人冠の「三年前の反吐」（明治四十二年五月二十二、三日付、大阪朝日新聞）を指すか。

◆5　**河東碧梧桐**（かわひがしへきごとう　一八七三―一九三七）――愛媛県出身、本名秉《へい》五郎。正岡子規につき、虚子とともに双璧と称された。明治三十九年より全国旅行をして新風の唱道開発につとめたが、その途次、田辺に熊楠を訪ねた。ここではその訪問記「続一日一信」（明治四十四年六月『日本及日本人』）を指すか。

◆6　**福本日南**（ふくもとにちなん　一八五七―一九二一）――福岡県出身、新聞記者・史論家。『九州日報』、『新潟新聞』の主筆をつとめた。ここでは、ロンドン時代の交遊を回想した「出て来た歟」（明治四十三年七月二十一日―二十六日　大阪毎日新聞）を指すか。

◆7　**寒村の庄屋の二男なり**――和歌山県日高郡矢田村（現川辺町）字入野、向畑庄兵衛の二男。

◆8　**御坊町**（ごぼうちょう）――和歌山県日高郡御坊町（現御坊市）。御坊の名は、浄土真宗の道場（本願寺御坊）に由来するという。

◆9　**清水**（しみず）――清水平右衛門　和歌山市の富商。

◆10　**雑賀屋町**（さいかやまち）――和歌山城下の町人町。板問屋、廻船問屋などを手広く営んだ豪商の雑賀屋（安田）長兵衛の雑賀屋新田に由来する町名（『角川日本地名大辞典30和歌山県』）とある。ここは熊楠の思い違いか。

◆11　**成長せしものは男子四人と女子一人なり**――兄藤吉、弟常楠、楠次郎、姉くま。妹藤枝は明治二十年九月、十六歳で死去。

◆12　『**和漢三才図会**』（わかんさんさいずえ）――正徳二年（一七一二）、浪華の医師寺島良安の著わした図説百科辞典。和漢古今の事物を漢文で解説している。

◆13　『**本草綱目**』（ほんぞうこうもく）――明の李時珍著、五十二巻。本草一八九〇余種を解説している。

◆14　『**大和本草**』（やまとほんぞう）――正徳五年、貝原篤信（益軒）著、十八巻。

◆15 **漢字の先生**――倉田績（つむぐ　一八二七―一九一九）を指すか。倉田は伊勢神官の子に生まれ、嘉永二年（一八四九）和歌山に来住。一時江戸に出て佐藤一斎の門に入り、安政五年（一八五八）和歌山に戻り家塾を開いた。明治六年（一八七三）に和歌山水門（みなと）吹上神社祠官となる。明治十四年の熊楠の日記にその名が出る。歌、禅、能楽にも堪能だったという。

◆16 『**文選**』（もんぜん）――梁の蕭統編。周から梁に至る千年の詩文を編集した。

◆17 **病気になり**――「疾を脳漿に感ずるをもって」とも表現するようにはげしい頭痛に悩まされた。日記では、明治十九年二月二十四日、父に伴われ帰郷の途につくが、この日も「朝二番汽車に乗り出立すべき処、頭痛劇きにより延引す」とある。

◆18 **スウィングル氏田辺に来たり**――明治四十二年九月に渡米を求める書簡を受けて以来文通を重ね、大正四年五月五日、田中長三郎の案内で熊楠を訪ね、翌六日には共に神島に渡るなど歓待した。

◆19 **父は和歌山にて死亡す**――父弥右衛門（六十四歳）の死は、明治二十五年八月八日のことだったが、熊楠はロンドンへ向け移動中だったため、それを知ったのはロンドン上陸後となった。

◆20 **中井芳楠**（なかいよしくす　一八五四―一九〇三）――和歌山市出身。和歌山第四十三銀行を経て横浜正金銀行入社。一八九〇年（明治二十三）同行の倫敦支店長となった。在勤十二年で帰国、翌年没した。

◆21 **兄弥兵衛**――父弥兵衛は、明治二十年七月十五日、家督を長男藤吉に譲り弥右衛門を名乗り、藤吉が弥兵衛を襲名した。

◆22 **酒造を創められ候**――常楠が父と共同して酒造業に着手したのは、明治二十二年のことである（熊楠宛常楠書簡、未刊）。

◆23 『**藩翰譜**』（はんかんふ）――一七〇二年（元禄十五）、新井白石の著わした諸藩の年譜。

◆24　**足芸人美津田**――足芸人とは、仰むいて寝て足で種々のわざを演ずる曲芸師のこと。美津田は美津田滝治郎。一八九三年（明治二十六）七月の日記に「美津田滝治郎を訪、色々の奇談をきく」とあるように、しばしば往来し親交を結んだ。

◆25　**片岡プリンス**――片岡政行のこと。美津田の友人で骨董商。大英博物館のフランクスやリードとは片岡の紹介で知り合った。日記では、初めて出会ったのが一八九三年九月三日、ブリチッシュ・ミュージェムに行ったのは同九月二十日となっている。

◆26　**答文を草し**――日記の一八九三年八月十七日に「本日のネーチュールにM・A・Bなる人、星宿構成のことに付、五条の問を出す。予其最期二条に答んと起稿す」とあり、つづいて八月三十日「ネーチュールへの答弁稿成」と出る。

◆27　**見るかげもなき風して**――続いて「乞食もあきるるような垢じみたるフロックコートで」とあるように、この時期、熊楠は粗服で通したようで、一八九二年八月二十八日の日記にも、セントラルパークで巡査に呼び止められたのは衣服がきたないからであろうとしている。

◆28　**中本大の五十三冊**――後年の「田辺抜書」に対し「ロンドン抜書」と呼ばれている。五十三冊とあるが五十二冊か。現存五十二冊目は「明治三十三年七月二十六日―至（空白）」と終りの月日はなく、約一九〇ページを写したのみで余白となっている。

◆29　**孫逸仙**（そんいっせん　一八六六―一九二五）――孫文、字は逸仙、中山の号もある。在日時は中山樵を名乗った。清朝打倒を企て失敗、日本亡命後ハワイ、アメリカを経て一八九六年、ロンドンに至った。同年十一月十日の日記に熊楠は「博物館にてダグラス氏に遇ふ。昨日支那人スンワンにあひし由、是は前日支那公使館に捕縛されしものなり。（スンワンは孫逸仙也）」と記し。翌年三月十六日「ググ氏オフイスにて孫文氏と面会す」と出る。これ以後、毎日のように往来し親交を結んだ。

◆30　**名号**（みょうごう）――仏・菩薩の名。「南無阿弥陀仏」など。

◆31　**『ネーチュール』**――一八六九年、イギリスで創刊された週刊科学雑誌。第一巻『南方マンダラ』173頁参照。

◆32　**ジキンス**――第一巻『南方マンダラ』325頁参照。

◆33　**『武功雑記』**（ぶこうざつき）――松浦鎮信（詮）著、十七巻。元禄九年刊。

◆34　**『戊子入明記』**（ぼしにゅうみんき）――天与清啓著、応仁二年刊。

◆35　**烈しくその鼻を打ちしことあり**――一八九七年十一月八日の出来事で、読者ダニエルに暴行を働いたとする。その日の日記に「午後博物館書籍室に入りさま毛唐人一人ぶちのめす」と出る。

◆36　**グスタヴ・シュレッゲル**（Gustav Schlegel　一八四〇―一九〇三）――落斯馬（ろすま、原文では落廼馬）論争は、一八九七年のこと。一月下旬から三月上旬まで数回の書簡の応酬があった。

◆37　**『正字通』**（しょうじつう）――明の張自烈撰、十二巻。

◆38　**遠州に『方丈記』専門の学者あり**――簗瀬一雄を指すか。

◆39　**オステン・サッケン男**（Baron Osten-sacken　一八二八―一九〇六）

◆40　**母また死せり**――母・すみは明治二十九年二月二十七日死去、五十九歳。

◆41　**また怒って博物館で人を撃つ**――一八九八年十二月七日の出来事。女性の高声を制して事が起ったという。

◆42　**書をダグラス男に贈って**――同日付の「陳状書」には、前回の事件を含めて、日本人への度重なる侮辱があったと述べている。

◆43　**ヴィクトリアおよびアルバート博物館**――ロンドン抜書五〇～五二には、一八九九年五月二十一日以後「ヴィクトリアアルバールト博物館」での抄写である旨記されている。

◆44　**南阿戦争**（なんあせんそう）――一八九九～一九〇二年、トランスヴァール共和国及びオレンジ自由国とイギリスとの間に行われた戦争。

◆45　**蚊帳のごとき洋服一枚まとうて帰国致し候**――一九〇〇年（明治三十三）九月一日丹波丸に乗船、十月十五日神戸に上陸した。

◆46　**理智院**（りちいん）――大阪府泉南郡深日《ふけ》村（現、岬町）多奈川谷川にある真言宗御室派の寺院。

◆47　**菊池大麓**（きくちだいろく　一八五五―一九一七）――理学者、文相。東大・京大総長、学士院院長などを歴任した。

◆48　**スペンセル**（Herbert Spencer　一八二〇―一九〇三）――イギリスの哲学者。鉄道技師、新聞編集員を経て著述に専念した。主著に『総合哲学体系』（全十巻）がある。

◆49　**ダーウィン**（Charles Robert Darwin　一八〇九―一八八二）――イギリスの生物学者。大学で医学、神学を修める。幼時から動植物への関心が深く、『種の起源』で進化論を提唱した。

◆50　**福沢諭吉**（ふくざわゆきち　一八三五―一九〇一）――啓蒙思想家。諭吉の唱えた独立自尊、経済実学の思想は、若い日の熊楠に大きな感化、影響を与えた。

◆51　**竜の口の勧工場《かんこうば》**――一八七八年（明治十一）一月、第一回国内勧業博覧会の残品により、物産陳列所を丸の内に龍ノ口《たつのくち》勧工場として開いた。百貨店の前身。

◆52　**細井平洲**（ほそいへいしゅう　一七二八―一八〇一）――江戸中期の儒学者、名は徳民。

◆53　**熊野**（くまの）――和歌山県南部の西牟婁郡から三重県北部の北牟婁郡にかけての地の総称で、南方酒造の支店のあった勝浦方面を奥熊野、その後移り住んだ田辺付近を口《くち》熊野と分けて呼ぶこともある。

◆54　沙翁（William　Shakespeare　一五六四―一六一六）――イギリスの劇作家、詩人。Love's Labour's Lost は喜劇『恋の骨折り損』。

◆55　松葉蘭（まつばらん）――マツバラン科のシダ植物。熱帯・亜熱帯地方に広く分布し、日本では中部以南に自生する。一名箒蘭。

◆56　桀紂（けっちゅう）――夏《か》の桀王と殷《いん》の紂王のこと。共に中国暴君の代表者として併称される。

◆57　蟹は甲に応じて穴をほる――「蟹は甲に似せて穴を掘る、鳥は翼にしたがって巣を作る」と『俳諧毛吹草』にあることばで、人は自分の力量、身分に応じた言動をするものだということ。

◆58　お三どん――女中、下女。

◆59　ナギラン――Cymbidium lancifolium Hook『熊野物産初志』（畔田翠山）に「鵜殿王子権現森　尾鷲海島ニ産ス。葉スズ蘭に似て細小一茎二葉出ル、夏茎を抽き白花ヲ開　蘭花に似テ小也」と出る。

◆60　喜多幅武三郎（きたはばたけさぶろう　一八六六―一九四一）――和歌山中学卒業後、京都で眼科、東京に出て産婦人科を学び、明治二十二年、田辺に帰り今福町に医院を開業した。熊楠が喜多幅を訪ねたのは明治三十五年五月二十二日のことである。

◆61　闘鶏神社（とうけいじんじゃ）――社伝によれば允恭天皇八年創祀とし、『紀伊国続風土記』は熊野別当十八代湛快の時代に熊野三所権現を勧請したとする。祭神は伊邪那美命をはじめ熊野十二神。新熊野鶏合権現と呼ばれていたが、明治に入って改称された。

◆62　神主の第四女なり――神官田村宗造の四女まつゑ。

◆63　『女今川』（おんないまがわ）――絵入り、仮名書きの往来物、一巻。沢田きち著、貞享四年刊行。今川貞世の『今川帖』に擬して書かれたもので、女性の習字手本としても珍重された。

◆64　**上松蓊**（うえまつしげる）――熊楠によれば、小畔と同郷の越後・長岡の出身で、古河鉱業入社後、東京で自営する実業家。香道の研究家で、書も能くした。

◆65　**大正九年に同氏と和歌山に会し、高野山に上り、土宜法主にロンドン以来二十八年めで謁せり**――この文脈で読めば、土宜法竜との面会を目的の高野山行ともとれるが、熊楠の主目的は「高野山を今のやうに伐木しては三十年立ぬ内に対岸の葛城山同様禿山となるから、其の永続法と、今一つは保護植物の事を書上て徳川侯に呈すべき為めと、今一つは菌類譜の作成にゆく也」（上松蓊宛書簡）ということにあった。

◆66　**和歌山に上りて談判**――弟常楠の寄付金（二万円）の未済について話し合うこと。

◆67　**楠本秀男**（くすもとひでお　一八八九―一九六一）――西牟婁郡秋津村（現、田辺市秋津町）の人。薬舗壺屋主人。画号竜仙。この時の楠本の同行記は、後に信時潔が雑誌『心』（昭和三十九年十一月号）に「高野の一と月」として発表した。

◆68　**関白自害の場**――高野山金剛峰寺の一室に「関白秀次自害の間」がある。

◆69　**フィサルム・クラテリフォルム**――原文「チデルマ・クラテリフォルム」を小畔の注意によってこう改めた。

◆70　**アーサー・リスター**（Arthur Lister　一八三〇―一九〇八）――その娘グリエルマ・リスター（Gulielma Lister　一八六〇―一九四九）の著わした『粘菌』第三版（一九二五年）にミナカテルラ・ロンギフィラが紹介された。

◆71　**『ジョーナル・オヴ・ボタニー』へ出しおけり**――上松蓊宛書簡（大正八年十月十二日付）では「近日『ネーチュール』へ出すつもり」とある。

◆72　**花千日の紅なく**――出典、「人無千日好、花無百日紅」（『水滸伝』）。人の親しい交際も花の盛りと同様に長続きしないものだということ。

◆73 **『太平記』**（たいへいき）――吉野朝と北朝の複雑な確執・戦乱を主題とした戦記物。一三七〇年ごろ完成された。

◆74 **安堵ヶ峰**（あんどがみね）――西牟婁郡兵生村《ひょうぜい》（現、中辺路町兵生）北部にあり、標高一一八三メートル。大塔宮護良親王が熊野落ちして大和国十津川へ行く途中、この峰に至ってようやく安堵したところから名付けられた（『紀伊続風土記』）という。

◆75 **上野**（うわの）――現、串本町潮岬にある半農半漁の浦。

◆76 **川添村**（かわぞえむら）――現、西牟婁郡日置川町川添。

◆77 **へまをやらかし申し候**――大正十年三月に起った出来事を述べたもので、当時の大阪毎日新聞には「新設される南方植物研究所、鶏小屋事件が誘因」の題で、「近頃南隣に移つて来た某は去年の秋、前記研究園の直後にあつた小さな納屋を取壊つて其処《そこ》に鶏小屋を建てるのだと云つてゐたが、何と思つたか長さ七間、高さ一丈四尺もあらうと云ふ可なり大きな建築に取りかかつた。（中略）驚いた南方氏から種々懸合つたが、埒明かずお互に感情の行きちがひから問題が益々大きくなつて仲裁者も飛び出したがとうとう妥協が出来ず偉大な『鶏小屋』は研究園を圧して聳え立つた。」と出る。

◆78 **一昨々年三十六年めで上京せし時**――大正十一年三月二十六日から八月十五日まで上京滞在する。

◆79 **則天武后**（そくてんぶこう　六二四―七〇五）――唐の高宗の皇后。自ら即位して国号を改めるなど横暴な振舞いがあった。

◆80 **平政子**（たいらのまさこ　一一五七―一二二五）――源頼朝の妻。鎌倉幕府の実権をにぎり、尼将軍といわれた。

◆81　**物徂徠**（ぶつそらい　一六六六―一七二八）――江戸中期の儒者。荻生《おぎゅう》徂徠のこと。

◆82　**孔子からつりをとるような顔**――聖人孔子をしのぐような聖人君子ぶりの顔。

◆83　**『壒嚢抄』**（あいのうしょう）――原文では『埃嚢抄』とする。室町時代中期の辞書。十五巻。仏教風俗など和漢の故事を記す。行誉の撰になるもので一四四六年（文安三）成立。

◆84　**『今昔物語』**（こんじゃくものがたり）――十一世紀後半に成立した説話集。巻二十四に「女行医家治瘡逃語《をむなくすしのいへにゆきてかさをじしてにぐること》」がある。

◆85　**房玄齢**（ぼうげんれい　五七八―六四八）――唐初の名相、太宗の貞観の治を助けた。

◆86　**戚継光**（せきけいこう）――明代の武将、倭寇の時期、浙江にあって功をたてた。

◆87　**福島正則**（ふくしままさのり　一五六一―一六二四）――豊臣秀吉に仕え、賤ヶ岳七本槍の功名を立てた。

◆88　**『類聚名物考』**（るいじゅうめいぶつこう）――山岡浚明（明阿弥）著。

◆89　**前日上りしも**――大正十四年一月、自ら談判に行しに」（上松翁宛書簡）

◆90　**十八日間未決監につながれしことあり**――一九一〇年（明治四十三）八月二十二日～九月七日のことで、ことの起りは、前日（二十一日）田辺中学校講堂を借りて行っていた紀伊教育会主催の夏期講習会閉会式場へ、神社合併を奨める衝にあった県吏に面会を求め、制止を振り切って乱入したかどで拘置されたもの。

◆91　**鉄眼**（てつげん　一六三〇―一六八二）――江戸前期の黄檗《おうばく》宗の僧、隠元に師事、大蔵経の翻刻のため資金を募集した。

◆92　**コックス**（Richard Cocks　?―一六二四）――一六一三年、平戸に来着、英国商館設立と共に商館長となり、日本における商権の拡張につとめた。『日本英商館日記』がある。

◆93 **内海**（うつみ）――海南市内海。
◆94 **切られ与三郎**――歌舞伎脚本「与話情浮名横櫛《よはなさけうきなのよこぐし》」中の人物。伊豆屋与三郎。
◆95 **柳里恭**（りゅうりきょう　一七〇四―一七五八）――江戸中期の儒者で文人画家としても知られた柳沢棋園のこと。
◆96 **波旬**（はじゅん）――悪者を意味する悪魔の名。
◆97 **周達観の『真臘風土記』**――一巻、一二九五年（元貞元）の旅行記。
◆98 **災後**――大正十二年九月一日に起った関東大地震の災害後。
◆99 **日光山へゆきし時**――日光山採集は大正十一年七月十七日から八月七日まで。
◆100 **前般来申しのこせしが**――大正十三年十一月二十九日付矢吹義夫宛書簡、通称「綿神考」の補足をさす。
◆101 **『太陽』**（博文館、創刊明治二十八年一月）――明治四十五年一月号「猫一疋の力に憑って大富となりし人の話」を寄稿、その後大正三年より毎年の干支に関する史話と伝説、民俗を寄稿した。
◆102 **『日本及日本人』**（政教社、創刊明治四十年一月）――明治四十五年三月号「本邦詠梅詩人の嚆矢」ほかを投稿、没年まで寄稿をつづけた。
◆103 **『植物学雑誌』**（日本植物学会、創刊明治二十年二月）――明治四十一年九月「本邦産粘菌類目録」を掲載。なお熊楠宛常楠の書簡（未刊、明治二十二年四月二十四日付）には「(植物学雑誌は)来月分よりは御申越通り植物会会員と相成可申」とあり、創刊当初より逐次購入していたのが、五月から会員となったことがうかがわれる。
◆104 **『人類学雑誌』**（日本人類学会、創刊明治四十四年四月）――明治四十四年六月号「仏教に見えたる古話二則」ほかを寄稿。以後しばしば寄稿している。

◆105 『郷土研究』（郷土研究社、創刊大正二年三月）――大正二年四月号「善光寺詣りの出処」ほかを寄稿、以後大正六年、同誌の休刊まで小品を夥しく投じた。

◆106 小生を来訪されたる――原摂祐の熊楠訪問は大正十年五月十五日のことである。

河出文庫版《南方熊楠コレクション》は、熊楠の著作をテーマ別に編集して全五巻（『南方マンダラ』『南方民俗学』『浄のセクソロジー』『動と不動のコスモロジー』『森の思想』）にまとめた文庫オリジナルシリーズです。詳細な解題と語注を付すことで、熊楠を身近な存在として読めるように配慮しました。

各収録著作の末尾には、その底本と該当頁数を明記しました。

本巻底本：平凡社版『南方熊楠全集』（一九七一―七五）第三・七巻、別巻二

＊

本書は《南方熊楠コレクション》第四巻として、一九九一年に刊行されました。

南方熊楠《みなかたくまぐす》コレクション
動《どう》と不《ふ》動《どう》のコスモロジー

一九九一年一二月 四 日 初版発行
二〇一五年 四 月二〇日 新装版初版印刷
二〇一五年 四 月三〇日 新装版初版発行

著　者　南方熊楠《みなかたくまぐす》
編　者　中沢新一《なかざわしんいち》
発行者　小野寺優
発行所　株式会社河出書房新社
〒一五一―〇〇五一
東京都渋谷区千駄ヶ谷二―三二―二
電話〇三―三四〇四―八六一一（編集）
〇三―三四〇四―一二〇一（営業）
http://www.kawade.co.jp/

ロゴ・表紙デザイン　粟津潔
印刷・製本　中央精版印刷株式会社

Printed in Japan ISBN978-4-309-42064-6

南方マンダラ

南方熊楠　中沢新一〔編〕　42061-5

日本人の可能性の極限を拓いた巨人・南方熊楠。中沢新一による詳細な解題を手がかりに、その奥深い森へと分け入る《南方熊楠コレクション》第一弾は、熊楠の中心思想＝南方マンダラを解き明かす。

南方民俗学

南方熊楠　中沢新一〔編〕　42062-2

近代人類学に対抗し、独力で切り拓いた野生の思考の奇蹟。ライバル柳田國男への書簡と「燕石考」などの論文を中心に、現代の構造人類学にも通ずる、地球的規模で輝きを増しはじめた具体の学をまとめる。

浄のセクソロジー

南方熊楠　中沢新一〔編〕　42063-9

両性具有、同性愛、わい雑、エロティシズム——生命の根幹にかかわり、生成しつつある生命の状態に直結する「性」の不思議をあつかう熊楠セクソロジーの全貌を、岩田準一あて書簡を中心にまとめる。

森の思想

南方熊楠　中沢新一〔編〕　42065-3

熊楠の生と思想を育んだ「森」の全貌を、神社合祀反対意見や南方二書、さらには植物学関連書簡や各種の論文、ヴィジュアル資料などで再構成する。本書に表明された思想こそまさに来たるべき自然哲学の核である。

郵便的不安たちβ　東浩紀アーカイブス1

東浩紀　41076-0

衝撃のデビュー「ソルジェニーツィン試論」、ポストモダン社会と来るべき世界を語る「郵便的不安たち」など、初期の主要な仕事を収録。思想、批評、サブカルを郵便的に横断する闘いは、ここから始まる！

サイバースペースはなぜそう呼ばれるか＋　東浩紀アーカイブス2

東浩紀　41069-2

これまでの情報社会論を大幅に書き換えたタイトル論文を中心に九十年代に東浩紀が切り開いた情報論の核となる論考と、斎藤環、村上隆、法月綸太郎との対談を収録。ポストモダン社会の思想的可能性がここに！

正法眼蔵の世界

石井恭二　41042-5

原文対訳「正法眼蔵」の訳業により古今東西をつなぐ普遍の哲理として道元を現代に甦らせた著者が、「眼蔵」全巻を丹念に読み解き、簡明・鮮明に道元の思想を伝える究極の道元入門書。

文明の内なる衝突　9.11、そして3.11へ

大澤真幸　41097-5

「９・11」は我々の内なる欲望を映す鏡だった！　資本主義社会の閉塞を突破してみせるスリリングな思考。十年後に奇しくも起きたもう一つの「11」から新たな思想的教訓を引き出す「３・11」論を増補。

日本

姜尚中／中島岳志　41104-0

寄る辺なき人々を生み出す「共同体の一元化」に危機感をもつ二人が、日本近代思想・運動の読み直しを通じて、人々にとって生きる根拠となる居場所の重要性と「日本」の形を問う。震災後初の対談も収録。

退屈論

小谷野敦　40871-2

ひとは何が楽しくて生きているのだろう？　セックスや子育ても、じつは退屈しのぎにすぎないのではないか。ほんとうに恐ろしい退屈は、大人になってから訪れる。人生の意味を見失いかけたら読むべき名著。

心理学化する社会　癒したいのは「トラウマ」か「脳」か

斎藤環　40942-9

あらゆる社会現象が心理学・精神医学の言葉で説明される「社会の心理学化」。精神科臨床のみならず、大衆文化から事件報道に至るまで、同時多発的に生じたこの潮流の深層に潜む時代精神を鮮やかに分析。

定本　夜戦と永遠　上

佐々木中　41087-6

『切りとれ、あの祈る手を』で思想・文学界を席巻した佐々木中の第一作にして主著。重厚な原点準拠に支えられ、強靭な論理が流麗な文体で舞う。恐れなき闘争の思想が、かくて蘇生を果たす。

社会は情報化の夢を見る ［新世紀版］ノイマンの夢・近代の欲望

佐藤俊樹 41039-5

新しい情報技術が社会を変える！ ——私たちはそう語り続けてきたが、本当に社会は変わったのか？ 「情報化社会」の正体を、社会のしくみごと解明してみせる快著。大幅増補。

現代語訳 歎異抄

親鸞 野間宏〔訳〕 40808-8

悩める者や罪深き者を救う念仏とは何か、他力本願の根本思想とは何か。浄土真宗の開祖である親鸞の著名な法話「歎異抄」と、手紙をまとめた「末燈鈔」を併録。野間宏の名訳で読む分かりやすい現代語の名著。

思想をつむぐ人たち 鶴見俊輔コレクション1

鶴見俊輔 黒川創〔編〕 41174-3

みずみずしい文章でつづられてきた数々の伝記作品から、鶴見の哲学の系譜を軸に選びあげたコレクション。オーウェルから花田清輝、ミヤコ蝶々、そしてホワイトヘッドまで。解題＝黒川創、解説＝坪内祐三

身ぶりとしての抵抗 鶴見俊輔コレクション2

鶴見俊輔 黒川創〔編〕 41180-4

戦争、ハンセン病の人びととの交流、ベ平連、朝鮮人・韓国人との共生……。鶴見の社会行動・市民運動への参加を貫く思想を読み解くエッセイをまとめた初めての文庫オリジナルコレクション。

旅と移動 鶴見俊輔コレクション3

鶴見俊輔 黒川創〔編〕 41245-0

歴史と国家のすきまから、世界を見つめた思想家の軌跡。旅の方法、消えゆく歴史をたどる航跡、名もなき人びとの肖像、そして、自分史の中に浮かぶ旅の記憶……鶴見俊輔の新しい魅力を伝える思考の結晶。

ことばと創造 鶴見俊輔コレクション4

鶴見俊輔 黒川創〔編〕 41253-5

漫画、映画、漫才、落語……あらゆるジャンルをわけへだてなく見つめつづけてきた思想家・鶴見は日本における文化批評の先駆にして源泉だった。その藝術と思想をめぐる重要な文章をよりすぐった最終巻。

道徳は復讐である　ニーチェのルサンチマンの哲学

永井均　40992-4

ニーチェが「道徳上の奴隷一揆」と呼んだルサンチマンとは何か？　それは道徳的に「復讐」を行う装置である。人気哲学者が、通俗的ニーチェ解釈を覆し、その真の価値を明らかにする！

なぜ人を殺してはいけないのか？

永井均／小泉義之　40998-6

十四歳の中学生に「なぜ人を殺してはいけないの」と聞かれたら、何と答えますか？　日本を代表する二人の哲学者がこの難問に挑んで徹底討議。対話と論考で火花を散らす。文庫版のための書き下ろし原稿収録。

イコノソフィア

中沢新一　40250-5

聖なる絵画に秘められた叡智を、表面にはりめぐらされた物語的、記号論的な殻を破って探求する、美術史とも宗教学とも人類学ともちがう方法によるイコンの解読。聖像破壊の現代に甦る愛と叡智のスタイル。

後悔と自責の哲学

中島義道　40959-7

「あの時、なぜこうしなかったのだろう」「なぜ私ではなく、あの人が？」誰もが日々かみしめる苦い感情から、運命、偶然などの切実な主題、そして世界と人間のありかたを考えて、哲学の初心にせまる名著。

集中講義 これが哲学！　いまを生き抜く思考のレッスン

西研　41048-7

「どう生きたらよいのか」——先の見えない時代、いまこそ哲学にできることがある！　単に知識を得るだけでなく、一人ひとりが哲学するやり方とセンスを磨ける、日常を生き抜くための哲学入門講義。

軋む社会　教育・仕事・若者の現在

本田由紀　41090-6

希望を持てないこの社会の重荷を、未来を支える若者が背負う必要などあるのか。この危機と失意を前にし、社会を進展させていく具体策とは何か。増補として「シューカツ」を問う論考を追加。

対談集 源泉の感情

三島由紀夫 40781-4

自決の直前に刊行された画期的な対談集。小林秀雄、安部公房、野坂昭如、福田恆存、石原慎太郎、武田泰淳、武原はん……文学、伝統芸術、エロチシズムと死、憲法と戦後思想等々、広く深く語り合った対話。

道元

和辻哲郎 41080-7

『正法眼蔵』で知られる、日本を代表する禅宗の泰斗道元。その実践と思想の意味を、西洋哲学と日本固有の倫理・思想を統合した和辻が正面から解きほぐす。大きな活字で読みやすく。

神の裁きと訣別するため

アントナン・アルトー 宇野邦一／鈴木創士〔訳〕 46275-2

「器官なき身体」をうたうアルトー最後の、そして究極の叫びである表題作、自身の試練のすべてを賭けて「ゴッホは狂人ではなかった」と論じる三十五年目の新訳による「ヴァン・ゴッホ」。激烈な思考を凝縮した二篇。

クマのプーさんの哲学

J·T·ウィリアムズ 小田島雄志／小田島則子〔訳〕 46262-2

クマのプーさんは偉大な哲学者⁉ のんびり屋さんではちみつが大好きな「あたまの悪いクマ」プーさんがあなたの抱える問題も悩みもふきとばす！ 世界中で愛されている物語で解いた、愉快な哲学入門！

人間の測りまちがい 上・下 差別の科学史

S·J·グールド 鈴木善次／森脇靖子〔訳〕 46305-6 46306-3

人種、階級、性別などによる社会的差別を自然の反映とみなす「生物学的決定論」の論拠を、歴史的展望をふまえつつ全面的に批判したグールド渾身の力作。

ロベスピエール／毛沢東 革命とテロル

スラヴォイ·ジジェク 長原豊／松本潤一郎〔訳〕 46304-9

悪名たかきロベスピエールと毛沢東をあえて復活させて最も危険な思想家が〈現在〉に介入する。あらゆる言説を批判しつつ、政治／思想を反転させるジジェクのエッセンス。独自の編集による文庫オリジナル。

アンチ・オイディプス　上・下　資本主義と分裂症

G・ドゥルーズ／F・ガタリ　宇野邦一〔訳〕　46280-6 46281-3

最初の訳から二十年目にして"新訳"で贈るドゥルーズ＝ガタリの歴史的名著。「器官なき身体」から、国家と資本主義をラディカルに批判しつつ、分裂分析へ向かう本書は、いまこそ読みなおされなければならない。

意味の論理学　上・下

ジル・ドゥルーズ　小泉義之〔訳〕　46285-1 46286-8

『差異と反復』から『アンチ・オイディプス』への飛躍を画する哲学者ドゥルーズの主著、渇望の新訳。アリスとアルトーを伴う驚くべき思考の冒険とともにドゥルーズの核心的主題があかされる。

記号と事件　1972−1990年の対話

ジル・ドゥルーズ　宮林寛〔訳〕　46288-2

『アンチ・オイディプス』『千のプラトー』『シネマ』などにふれつつ、哲学の核心、政治などについて自在に語ったドゥルーズの生涯唯一のインタヴュー集成。ドゥルーズ自身によるドゥルーズ入門。

差異と反復　上・下

ジル・ドゥルーズ　財津理〔訳〕　46296-7 46297-4

自ら「はじめて哲学することを試みた」著と語るドゥルーズの最も重要な主著、全人文書ファン待望の文庫化。一義性の哲学によってプラトン以来の哲学を根底から覆し、永遠回帰へと開かれた不滅の名著。

千のプラトー　上・中・下　資本主義と分裂症

G・ドゥルーズ／F・ガタリ　宇野邦一／小沢秋広／田中敏彦／豊崎光一／宮林寛／守中高明〔訳〕　46342-1 46343-8 46345-2

ドゥルーズ／ガタリの最大の挑戦にして、いまだ読み解かれることのない二十世紀最大の思想書、ついに文庫化。リゾーム、抽象機械、アレンジメントなど新たな概念によって宇宙と大地をつらぬきつつ生を解き放つ。

哲学の教科書　ドゥルーズ初期

ジル・ドゥルーズ〔編著〕　加賀野井秀一〔訳注〕　46347-6

高校教師だったドゥルーズが編んだ教科書『本能と制度』と、処女作「キリストからブルジョワジーへ」。これら幻の名著を詳細な訳注によって解説し、ドゥルーズの原点を明らかにする。

ディアローグ　ドゥルーズの思想

G・ドゥルーズ／C・パルネ　江川隆男／増田靖彦〔訳〕　46366-7

『アンチ・オイディプス』『千のプラトー』の間に盟友パルネとともに書かれた七十年代ドゥルーズの思想を凝縮した名著。『千のプラトー』のエッセンスとともにリゾームなどの重要な概念をあきらかにする。

ニーチェと哲学

ジル・ドゥルーズ　江川隆男〔訳〕　46310-0

ニーチェ再評価の烽火となったドゥルーズ初期の代表作、画期的な新訳。ニーチェ哲学を体系的に再構築しつつ、「永遠回帰」を論じ、生成の「肯定の肯定」としてのニーチェ／ドゥルーズの核心をあきらかにする著。

批評と臨床

ジル・ドゥルーズ　守中高明／谷昌親〔訳〕　46333-9

文学とは錯乱／健康の企てであり、その役割は来たるべき民衆＝人民を創造することなのだ。「神の裁き」から生を解き放つため極限の思考。ドゥルーズの思考の到達点を示す生前最後の著書にして不滅の名著。

フーコー

ジル・ドゥルーズ　宇野邦一〔訳〕　46294-3

ドゥルーズが盟友への敬愛をこめてまとめたフーコー論の決定版。「知」「権力」「主体化」を指標にフーコーの核心を読みときながら「外」「襞」などドゥルーズ自身の哲学のエッセンスを凝縮させた比類なき名著。

知の考古学

ミシェル・フーコー　慎改康之〔訳〕　46377-3

あらゆる領域に巨大な影響を与えたフーコーの最も重要な著作を気鋭が42年ぶりに新訳。伝統的な「思想史」と訣別し、歴史の連続性と人間学的思考から解き放たれた「考古学」を開示した記念碑的名著。

ピエール・リヴィエール　殺人・狂気・エクリチュール

M・フーコー編著　慎改康之／柵瀬宏平／千條真知子／八幡恵一〔訳〕46339-1

十九世紀フランスの小さな農村で一人の青年が母、妹、弟を殺害した。青年の手記と事件の考察からなる、フーコー権力論の記念碑的労作であると同時に希有の美しさにみちた名著の新訳。

著訳者名の後の数字はISBNコードです。頭に「978-4-309」を付け、お近くの書店にてご注文下さい。